Ernest Callenbach
Billig leben mit Stil
Rotbuch Taschenbuch 1018

Ernest Callenbach,
geboren 1929, ist Lektor bei der University of California Press und lebt in Berkeley. Bekannt geworden ist er durch den alternativen Bestseller *Ökotopia* (Rotbuch, 3. Aufl., 1995), den »Zukunftsentwurf für eine Gesellschaft nach menschlichem Maß« (FAZ).

Zu diesem Buch: Das Dauerbombardement durch die Werbung hat die meisten von uns zu »Konsumzombies« gemacht. Wir kaufen, kaufen, kaufen – und meinen, daß dies das Glück auf Erden sei. Je mehr Geld einer ausgeben kann, desto bedeutender ist er.

Wie der Volksmund weiß, macht Geld allein jedoch nicht glücklich. Und darum ist es das Ziel dieses Buches, viele Möglichkeiten für ein Leben zu zeigen, das entspannter, selbstbewußter, rücksichtsvoller und von Grund auf befriedigender ist, als es selbst mit viel Geld zu erreichen wäre. Wenn wir lernen, intelligenter und unabhängiger von der Welt des Geldes zu leben, mehr auf unsere Grundbedürfnisse achten, erschließt sich ein reiches Potential, das uns hilft, ein gesundes, schöpferisches und glücklicheres Leben zu führen – ein Leben mit einem wirklich persönlichen Stil.

Ernest Callenbach

Billig leben mit Stil

Aus dem Amerikanischen von Leo Strohm

Rotbuch Verlag

Die Deutsche Bibliothek – CIP-Einheitsaufnahme

Callenbach, Ernest:
Billig leben mit Stil / Ernest Callenbach. Aus d. Amerik.
von Leo Strohm. – Hamburg : Rotbuch-Verl., 1995
(Rotbuch-Taschenbuch ; 1018 : Rotbuch-Sachbuch)
Einheitssacht.: Living cheaply with style < dt. >
ISBN 3-88022-463-3
NE: GT

2. Auflage 1996
Gekürzte und überarbeitete Ausgabe
© der deutschsprachigen Ausgabe
Rotbuch Verlag, Hamburg 1995
Originaltitel: Living Cheaply With Style,
Ronin Publishing, Berkeley
© 1993 der Originalausgabe
by Ernest Callenbach
Umschlaggestaltung: MetaDesign
Herstellung: Das Herstellungsbüro, Hamburg
Satz, Druck und Bindung: Druckerei Wagner, Nördlingen
Printed in Germany 1995
ISBN 3-88022-463-3

Inhalt

EINLEITUNG

Ziel dieses Buches ist es, Sie mit vielen Möglichkeiten für ein Leben bekanntzumachen, das entspannter, selbstbewußter, widerstandsfähiger, liebevoller, rücksichtsvoller, befriedigender und von Grund auf besser ist, als es auch mit sehr viel mehr Geld zu erreichen wäre. Es ist nicht leicht, in unserer hochindustrialisierten Welt zu leben, und für viele wird es zusehends schwerer. Wenn wir jedoch lernen, intelligenter und unabhängiger von der Geldwirtschaft zu leben, läßt sich ein reiches Potential erschließen, das uns hilft, ein gesundes, schöpferisches und glückliches Leben zu führen – ein Leben mit einem wirklich persönlichen Stil. Dieses Buch will sowohl Wissen vermitteln als auch zu einem Wandel des Denkens anregen. So können wir der geistigen Unterdrückung in unserer warenorientierten Gesellschaft entfliehen und uns auf die wirklich wichtigen Dinge konzentrieren: auf unsere Beziehungen in und außerhalb der Familie, unsere Gemeinschaften, unsere körperliche und seelische Gesundheit, unseren Beitrag zum Fortbestand dieser Welt und die unendlichen Freuden des Lebens, die *nicht* vom Geld abhängig sind.

Die folgenden Kapitel verlangen von niemandem den Verzicht auf elementare Grundbedürfnisse. Doch wer schon einmal in Länder mit wesentlich niedrigerem Durchschnittseinkommen gereist ist, hat wahrscheinlich bemerkt, daß die Menschen dort keineswegs unglücklicher wirken als bei uns zu Hause. Vielmehr führen dort Menschen, die uns bettelarm erscheinen, ein fröhliches und schöpferisches Leben. Viele Dinge kaufen zu können ist also nicht der entscheidende Auslöser für menschliches Glück.

Entscheidend ist vielmehr unsere Einstellung. Die jahrzehntelange Gehirnwäsche durch die Werbung hat viele Amerikaner und Westeuropäer davon überzeugt, daß Glück aus dem Kauf von Waren resultiert. Einkaufen ist zu unserem Lebensstil geworden. Auf unserem Weg zum Erwachsenwerden wird uns in Werbespots hunderte, tausende Male gesagt: Geh einkaufen, wenn du deprimiert bist; kauf etwas, wenn du dich klein und schwach fühlst, und du wirst attraktiv. Bei vielen von uns sind die Kaufreflexe so gut ausgebildet, daß wir zu regelrechten »Konsumzombies« geworden sind. Wir scheinen lebendig, doch wird unser Leben nur durch Kauftransaktionen aufrechterhalten, die wir festen Schrittes und mit glänzenden Augen in Angriff nehmen.

Wahrscheinlich haben Sie schon selbst festgestellt, daß das Leben nicht so funktioniert, wie die Werbung glauben machen will. Die Befriedigung durch den Kauf von Waren ist meist vergänglich. Möglicherweise haben Sie schon eine Unmenge Zeug angesammelt, von dessen Kauf Sie sich eine Art grundlegender Zufriedenheit versprochen hatten, die dann aber nicht eingetreten ist. Vielleicht fühlen Sie sich beim Einkaufen manchmal ein bißchen unwohl, als würden Sie von unsichtbaren Mächten ausgebeutet. (Genau so ist es!)

Die Lebenshaltung eines »Konsumzombies« mag denjenigen normal erscheinen, die im Fernseh- und Konsumzeitalter aufgewachsen sind. Historisch betrachtet ist sie nur eine unnatürliche und vorübergehende Verwirrung. Unsere Vorfahren wußten, daß Zufriedenheit in dem Gefühl wurzelt, gebraucht zu werden, in irgendeiner Weise nützlich zu sein; in dem Gefühl, zu einer Gemeinschaft von Menschen – und vielleicht auch anderen Lebewesen auf unserem kleinen Planeten – zu gehören, die einander gegenseitig unterstützen; daß sie in der Freude an Liebe, Sex, Musik und Tanz, in sinnvoller Arbeit und geistiger Erleuchtung wurzelt. Während des größten Teils der

Menschheitsgeschichte wäre es eine Beleidigung gewesen, jemanden als »Konsumenten« (als Person, die durch das, was sie verbraucht, definiert wird) zu bezeichnen. Erst in den letzten Jahrzehnten sind Gier und Selbstsucht in Westeuropa und den USA zu Lebenszielen geworden.

Was heißt Stil?

Stilvoll leben bedeutet, selbstbestimmt und authentisch zu leben, Dinge zu tun, weil man selbst Spaß daran hat und nicht, weil man gelesen oder gehört hat, daß irgendwelche reichen Leute und Berühmtheiten ihre Zeit damit verbringen. Stilvoll leben bedeutet, einen klaren Kopf zu behalten und Gefühle, Denk- und Handlungsweisen zu entwickeln, die dem eigenen Selbst entsprechen und nicht dem der Marketingabteilung eines Großkonzerns. Stilvoll leben bedeutet, sich auf das eigene Urteil zu verlassen statt auf die Erklärungen anderer.

Stil ist also eine Frage der Unabhängigkeit, ja sogar der Auflehnung, und nicht etwa ein kommerziell geförderter Modegag. Die westliche Welt bietet eine widersprüchliche Lebenswelt, da wir einerseits die Freiheit des Geistes rühmen, uns aber in unserem Konsumverhalten wie eine Herde Schafe benehmen, die regelmäßig von Werbestrategen übertölpelt wird. Im kommerziellen und politischen Leben regiert die chronische Lüge. Stilvoll leben bedeutet, sich von der Lüge abzuwenden, bedeutet, man selbst zu sein und gleichzeitig zu begreifen, daß wir Menschen soziale und gesellige Wesen sind, deren Sicherheit und Wohlbehagen untrennbar von anderen Menschen abhängt. Ein Teil der Freude am billigeren und doch besseren Leben liegt darin, Kniffe und Erkenntnisse mit anderen zu teilen und eine Gegenkultur zu errichten, in der die Menschen angenehmer und zufriedener leben können. So können wir dazu beitragen, unsere Gesellschaft gesünder und menschlicher zu gestalten.

Sparen und Genügsamkeit

Bis vor kurzem war Amerika ein sparsames Land. Die Menschen betrachteten es als Tugend, wirtschaftlich mit Dingen umzugehen, nichts zu verschwenden und mit dem Vorhandenen auszukommen. Während der verschwenderischen Jahre nach dem Zweiten Weltkrieg – angekurbelt durch einen gewaltigen Verbrauch an fossilen Brennstoffen – kam die Sparsamkeit aus der Mode. Auf lange Sicht jedoch sind wir auf diese Tugend angewiesen, und es wird Zeit, wieder auf sie zu bauen. Viele Informationen in diesem Buch helfen Ihnen, nach Art unserer Großeltern zu sparen: gebrauchte Sachen wiederverwerten statt sie wegzuwerfen und neue zu kaufen; Dinge erhalten und reparieren; mit anderen teilen; nicht mehr Benötigtes gegen andere Sachen oder Leistungen tauschen; begrenzte Vorratshaltung; aufbrauchen und dann erst Neues kaufen.

Manche Menschen sind fanatische Sparer. In Amerika gibt es sogar eine Zeitung mit dem Namen *The Tightwad Gazette* (»Der Geizhals-Anzeiger«), die mit Hilfe sorgfältig berechneter Beispiele zeigt, wieviel man durch einfallsreiche Wiederverwertung alter Milchtüten oder durch die Reparatur beschädigter Spielsachen sparen kann. Es ist eine faszinierende Herausforderung, das absolute Minimum für ein wirklich gutes Leben herauszufinden – und es liegt bedeutend niedriger, als die meisten es sich vorstellen können.

Fanatismus ist jedoch nicht notwendig, ein klarer Kopf reicht völlig aus. Versuchen Sie möglichst ehrlich herauszufinden, was »genug« ist. Wenn für Ihre Grundbedürfnisse nach Essen, einem Dach über dem Kopf und medizinischer Versorgung gesorgt ist, nimmt die Befriedigung, die Sie durch zusätzliche Ausgaben erreichen können, immer weiter ab. Jenseits dieses Punktes verschwenden Sie ihre wertvolle Lebenszeit – die einzige Ressource, die Sie mit der Geburt erhalten – dafür, sich Dinge zu verschaffen, die Sie nur halbwegs zufriedenstellen oder die schlicht überflüssig sind. Mit einem Lebensstil, der sich mehr auf die Zeit und weniger auf Wohlstandsmüll konzentriert, wären Sie wahrscheinlich weitaus glücklicher.

Kompetenz

Zwei weitere, von unseren Großeltern hochgeschätzte Tugenden sind Geschick und Einfallsreichtum – die Fähigkeit, zu verstehen, wie bestimmte Geräte und Werkzeuge funktionieren, sie effektiv zu nutzen, sie zu pflegen und wenn nötig zu reparieren, oder sich andere Möglichkeiten auszudenken, falls sie kaputtgehen. In der Konsumgesellschaft hängen wir mittlerweile von Produkten ab, deren Funktionsweise wir nicht verstehen und die wir nicht reparieren können. In diesem Buch finden Sie daher viele Informationen zum Umgang mit Grundfragen des täglichen Lebens – Dinge, die Sie nicht von Ihren Eltern oder in der Schule gelernt haben, die aber notwendig sind, um mit wenig Geld einen komfortablen Lebensstandard zu erreichen.

Auch die Frage der Ernährung wird ausführlich behandelt, denn mit der zunehmenden Fast-Food-Kultur haben wir die Notwendigkeit einer sinnvollen Ernährung aus den Augen verloren. Zwar werden sich immer mehr Menschen der Bedeutung einer richtigen Ernährung bewußt, doch benötigen wir in dieser Hinsicht noch immer umfangreiche Aufklärung.

Kompetenz setzt Selbstbewußtsein voraus, und der Weg zum Selbstbewußtsein ist das Vertrauen in die eigenen Lern- und Handlungsfähigkeiten. Wir sollten versuchen, uns so wenig wie möglich auf »Experten« zu verlassen, seien es nun Klempner oder Psychotherapeuten. In sogenannten »primitiven Gesellschaften« wissen alle Mitglieder, wie man ein Haus baut, Abfälle beseitigt, Nahrung findet, anpflanzt und zubereitet, mit Krankheiten und Unfällen zurechtkommt, Kinder zur Welt bringt und versorgt, usw. Es sollte unser Ziel sein, in unseren modernen Lebenszusammenhängen ein ähnliches Kompetenzniveau zu erreichen. Während des ganzen Lebens stoßen wir auf nützliche Informationen. Dieses Buch will eine handliche und kompakte Quelle für viele solcher Hinweise sein und gleichzeitig einen Rahmen zum Verständnis derjenigen Informationen bieten, die Sie sich selbst aneignen.

Das durchgängige Motiv der folgenden Seiten lautet: »Denke selbst!« Die üblichen Methoden *können* sinnvoll sein, doch oft sind sie es hauptsächlich für diejenigen, die damit Geschäfte machen, und Sie wären mit einer selbst gefundenen Lösung vielleicht besser dran. Gewöhnen Sie sich einen kritischen und analytischen Umgang mit Informationen an; auch scheinbar verläßliche Quellen können kleine oder größere Fehler enthalten. Wer klug ist, wird sich immer wieder rückversichern und Angaben überprüfen.

Das Grüne Dreieck

Ein Leben in ökologischer Verantwortung ist nicht gleichbedeutend mit Selbstaufopferung und Entbehrung. Im Gegenteil, es dürfte Ihnen ein reicheres, interessanteres, ausgefüllteres, längeres und gesünderes Leben bescheren. Doch bisher ist es noch niemandem gelungen, dieses Prinzip so einfach und überzeugend vorzuleben, wie es Ronald Reagan und Ivan Boesky in Sachen Habgier getan haben.

Ist ein ökologisch verantwortliches Leben für Menschen unserer Zeit attraktiv? Hoffentlich, denn anderenfalls können wir gleich damit beginnen, einen passenden Grabstein für Amerika und den Rest der Welt, der in unsere kulturellen Fußstapfen tritt, zu bestellen. Um dies zu verhindern, reicht es nicht aus, aus 50 oder auch 750 Tips für ökologisches Handeln die passenden herauszusuchen – so hilfreich sie auch sein mögen.

Glücklicherweise können wir uns im großen und ganzen auf die beruhigenden Regeln des Universums verlassen. In der Naturwissenschaft versteht sich das von selbst, da Experimente ohne die Vorhersage bestimmter Regelmäßigkeiten nicht möglich sind. Doch trifft diese beruhigende Tatsache genauso auf unser tägliches Leben zu. Wie chaotisch es auch manchmal scheinen mag, es gibt doch immer wiederkehrende Muster. Wir können uns ein Bild davon machen, wie die Dinge funktionieren, und entsprechend reagieren.

Eine Möglichkeit, einige wichtige alltägliche Regelmäßigkeiten besser zu verstehen, bietet sich mit dem, was ich das »Grüne Dreieck« nenne. Es ist ein nützliches Hilfsmittel, um Ideen für einen persönlichen, kommunalen und staatlichen Wandel zu entwickeln. (Ökologische Fragen sind immer auch gesellschaftlicher Natur, sie lassen sich nicht nur individuell lösen.)

Die Eckpunkte des Dreiecks sind Umwelt, Gesundheit und Geld. Sie werden von folgendem Grundsatz zusammengehalten: *Wann immer Du etwas für einen dieser Punkte tust, bewirkst Du fast automatisch auch etwas für die beiden anderen – ob Du willst oder nicht.*

Ein Beispiel: Angenommen, Sie wollen sich gesundheitsbewußter ernähren, wollen weniger fetthaltige Fleisch- und Milchprodukte essen. Dies mindert natürlich die Wahrscheinlichkeit von Kreislauferkrankungen und dürfte zu einem längeren Leben und zu mehr Kraft und Ausdauer beitragen. Da Fleisch- und Milchprodukte auch relativ teuer sind, sparen Sie gleichzeitig eine ansehnliche Geldsumme. Darüber hinaus helfen Sie so auch der Umwelt – Fleischproduktion ist sehr landintensiv, benötigt eine Menge Ressourcen und nimmt viel Kapazität in Anspruch.

Sie können jedoch an jedem Punkt des Grünen Dreiecks beginnen. Wenn Sie zu Fuß gehen oder fahrradfahren, verringern Sie den Abgasausstoß und damit auch die Gefahr von Smog, saurem Regen oder Lungenkrankheiten. Auch tragen Sie zu einer Verzögerung des Treibhauseffektes bei. Sie verbessern aber durch regelmäßigere Bewegung auch Ihre Gesundheit – und Sie sparen Geld für Benzin und Autoreparaturen. Zudem verliert Ihr Auto nicht so schnell an Wert.

Der dritte Eckpunkt ist genauso wirkungsvoll wie die beiden anderen. Wann immer Sie Ihren Geldbeutel schonen und ein teures Produkt, dessen Herstellung viel Energie und Rohstoffe verbraucht, nicht kaufen oder eine kostspielige Reise, die eine Menge Erdöl in Luftverschmutzung und Lärm verwandelt, nicht machen, helfen Sie auch der Erde. Höchstwahrscheinlich schonen Sie damit auch Ihre Gesundheit, da Sie sich nicht den Streß machen müssen, das Geld für das Produkt oder die Reise zu verdienen. Außerdem: Wer sich nicht ständig mit irgendwelchen gekauften Dingen beschäftigt, spart eine Menge emotionaler Energie, Zeit und Aufmerksamkeit für andere Menschen und für jene Art spontaner Improvisation, in der sich die menschliche Spezies als gut erwiesen hat.

Wenn Sie das Grüne Dreieck auf Ihr tägliches Leben anwenden, werden Sie überall herrliche Synergie-Effekte erzielen und nützliche neue Einsichten gewinnen. Hier einige Beispiele: Es ist fast immer ökologisch und finanziell erstrebenswerter, sich für wenig oder gar kein Geld mit anderen Menschen zusammen zu amüsieren, als hart zu arbeiten und dafür heftig zu konsumieren. Es war mit Sicherheit kein Irrtum der Evolution, uns mit einem gewissen Spieltrieb auszustatten. Tauschgeschäfte außerhalb der Geldwirtschaft – Massagen beispielsweise oder Gemüse für den Nachbarn, der dann seinerseits Ihr handwerkliches Problem löst – haben keine monetären Nebenwirkungen, um die Sie sich sorgen müßten. Wenn Sie jedoch für eine Massage Geld bezahlen, wandert das Geld vielleicht auf eine Bank, und Sie wissen ja, was *die* damit macht. Dinge selbst anzubauen oder herzustellen ist normalerweise billiger, gesünder und ökologisch sinnvoller.

Eine letzte Sache noch: Auch wer das Grüne Dreieck anwendet, sollte sich bewußt sein, daß es keinen »Konsum ohne Reue« gibt. Das gilt auch für Produkte mit dem »Grünen Punkt« oder dem »Umweltengel«. Selbst das gründlichste Recyclingprogramm kann die enormen Schäden, die z. B. durch das Auto, durch Fleischkonsum oder das vereinzelte Leben in Einfamilienhäusern entstehen, nicht aufwiegen. Sie können wahrscheinlich nicht alles auf einmal ändern, doch wie wäre es damit, an einem Punkt anzufangen?

Das andere, schwer zu akzeptierende grüne Prinzip lautet: *Kauf weniger!* Es gibt nur wenige Dinge, die wir, die reichen Nationen der nördlichen Industrieländer, kaufen können und die der Erde wirklich guttun: Photovoltaische Zellen und Sonnenkollektoren z. B., die uns einer auf Solarenergie gestützten Wirtschaft näherbringen. Das beste Mittel, unsere ökologisch verheerende Wirkung zu mildern, ist jedoch, zu lernen, mit geringerem Einkommen und weniger Konsum zufriedener zu leben. Es mag seltsam scheinen, aber der einfache Schritt, weniger zu konsumieren, ist wahrscheinlich der radikalste Beitrag, den Sie persönlich zur Rettung der Erde leisten können.

KAPITEL 1
BILLIG EINKAUFEN

Es gibt nichts, das nur Vorteile hätte. Jedes Ding hat seinen Preis, und jede Handlungsweise bringt neben Vorzügen auch Nachteile mit sich. Wer sehr gut auf der Schreibmaschine schreiben will, bekommt zwangsläufig eine schlechtere Handschrift, und wer Auto fährt, hat eine schwächere Beinmuskulatur als ein passionierter Fußgänger. Tagtäglich treffen wir alle, bewußt oder unbewußt, Hunderte solcher abwägenden Entscheidungen, ziehen eine Handlungsweise einer anderen vor, wiegen die jeweiligen Vor- und Nachteile gegeneinander ab. Ein normales Leben hängt zu großen Teilen davon ab, ob diese Abwägungen vernünftig gehandhabt werden.

Eine dieser immer wiederkehrenden Entscheidungen ist die zwischen Zeit und Geld. Auf den ersten Blick wirkt die Vorstellung, länger zu arbeiten, dadurch mehr Geld zu verdienen und so die Lebensqualität zu verbessern, verlockend. Doch ist ein solcher Schritt nur vorübergehend sinnvoll. Wenn Sie Ihrer Arbeit mehr Zeit opfern, geraten nämlich nicht nur Sie selbst unter größeren Druck, sondern Sie beeinträchtigen wahrscheinlich auch die Beziehungen zu Ihren Freunden und Ihrer Familie. Zum anderen verändern Sie dadurch die Summe Ihrer »Handelsbeziehungen« zur Welt zu Ihrem Nachteil. Wer mehr Einkommen hat, muß auch mehr Steuern bezahlen. Wahrscheinlich müssen Sie dann auch bestimmte Dinge und Dienstleistungen kaufen, die sie selbst anfertigen oder erledigen könnten, wenn Sie mehr Zeit hätten (dazu kommen noch zusätzliche indirekte Steuern). Statt Holz, Nägel und anderer Einzelteile erwerben Sie hauptsächlich Fertigprodukte. Und schließlich, da Sie wohl auch weniger Gartenprodukte oder andere Tauschobjekte haben, müssen Sie für alles, was Sie verbrauchen, bezahlen.

Einer der Vorteile der Tauschwirtschaft liegt darin, daß sie außerhalb der Geldwirtschaft stattfindet und daher nicht steuerpflichtig ist. Doch gibt es auch andere Möglichkeiten, die private, unbesteuerte Produktivität anstelle der besteuerten Arbeitsplatzproduktivität zu nutzen. Das zugrundeliegende Prinzip lautet: *Private, unbesteuerte Produktivität bringt höhere »Renditen«.*

Um zu einem Sofa zu kommen, das, sagen wir, 1500 DM kostet, gibt es zwei Möglichkeiten. Wenn Sie es kaufen, geben Sie 1500 DM plus 15 Prozent Mehrwertsteuer aus, insgesamt also 1725 DM. Um diese 1725 DM überhaupt zu bekommen, müssen Sie, je nach Steuersatz, vielleicht 2500 oder 3000 DM verdienen. Die zum Bau des Sofas verwendeten Materialien haben schätzungsweise einen Wert von 500 DM. Wenn Sie das Sofa also selber bauen, selbst wenn Sie dazu länger brauchen als die Möbelfabrik, sparen Sie wahrscheinlich pro Stunde viel mehr, als Sie verdienen und für den Sofakauf zur Seite legen könnten. Zusätzlich haben Sie eine schöne, produktive und befriedigende Aufgabe gelöst und sich mit einem Sofa beschenkt, das genau ihrem Geschmack entspricht.

Manche denken diesen Gedanken konsequent zu Ende und ziehen aufs Land, wo sie ihre eigenen Vorstellungen besser verwirklichen können – vom selbständigen Hausbau bis hin zu einem Pferd als Transportmittel. Stadtbewohner sind diesbezüglich eingeschränkter, aber trotzdem haben wir alle solche Lebensbereiche, wo wir uns, wenn wir wollen, ökonomisch wie emotional besser stellen können als bisher.

Natürlich unterscheiden sich die Vorlieben, Geschmäcker, Fähigkeiten und Bedürfnisse verschiedener Menschen ungemein. Jemand, der immer vegetarisch kocht, und sich dabei für etwa die Hälfte des Geldes ernährt, das die meisten von uns für Essen ausgeben, muß nicht das geringste Bedürfnis nach einem Sofa haben, geschweige denn danach, eines zu bauen, und könnte er noch so viel dabei sparen. Doch irgendwo können auch Sie den Grundsatz, daß ein Rückzug aus der Geldwirtschaft generell Geld spart, anwenden. Die Kunst besteht darin, diejenigen Bereiche herauszufinden, wo dies *gleichzeitig* ein entspannteres, sichereres und gesünderes Dasein bedeutet. Das Ziel besteht also nicht einfach darin, die Ausgaben einzuschränken, obwohl dies ein Nebeneffekt des gesamten Prozesses ist.

Viele Menschen in den westlichen Industrienationen haben heute ein sinkendes Realeinkommen zu beklagen, so daß eine Strategie der Minimierung bezahlter Arbeit und der Maximierung privater Produktivität sehr sinnvoll ist. Doch gibt es auch Menschen, die hochbezahlte Arbeitsstellen haben, ein Haus oder andere Besitztümer erben oder aus einem sonstigen Grund ein weit überdurchschnittliches Einkommen haben. Wie wirkt sich diese Tatsache auf die Anwendung des oben skizzierten Prinzips aus? Wer nennenswertes Kapital zur Verfügung hat, sucht nach sicheren Anlagemöglichkeiten. Wer genügend Anlagekapital zur Verfügung hat, kann es arbeiten lassen und so einen Zinsgewinn erzielen, der höher ist als das, was er mit der oben skizzierten »Minimierungsstrategie« sparen könnte. Für solche Menschen ist es daher zumindest ökonomisch sinnvoll, immer mehr in ihrer Arbeit oder in anderen geldbringenden Geschäften aufzugehen. Ob dies auch psychisch, geistig oder politisch Sinn macht, steht natürlich auf einem anderen Blatt. Möglicherweise schon, wenn man das Geld systematisch spart, um frühzeitig finanziell unabhängig zu werden und dann seine Energie zum Wohl der ganzen Welt einsetzt – mit oder ohne Bezahlung.

Ohne eine gewisse Disziplin bei der Durchführung eines solchen Vorhabens kann es jedoch leicht geschehen, daß man unentwegt damit beschäftigt ist, Geld zu verdienen und schließlich mit fünfzig oder sechzig Jahren aufwacht und merkt, daß man nur dieses eine Leben hat und nun endlich einmal damit anfangen könnte, ohne Rück-

sicht auf wirtschaftliche Verluste. An diesem Punkt steigen viele Menschen aus, erleben eine fast religiöse Bekeh-
rung und lassen oft langjährige Ehen und Bindungen hinter sich. Sie stellen dann zu ihrem Erstaunen fest, daß sie
sehr gut ohne die meisten Sachen auskommen, für die sie
früher so hart gearbeitet haben. Nun legen sie ihre gesamte Energie in neue, dynamische Beziehungen mit
neuen Freunden, neuen Geliebten oder einst entfremde-
ten Kindern. Sie fangen an, Risiken einzugehen, die sie
vorher gescheut haben und entdecken ganz allgemein
eine neue Spannung und Vitalität in ihrem Leben.

A. Die eigene Kaufkraft maximieren

1. Der Realkostenvergleich

Geschäftsleute und viele Angehörige der Mittelschicht
versuchen ständig, alle möglichen Sachen immer noch billiger zu bekommen oder zu machen. Eine solche Lebensweise ist ziemlich öde. Vielleicht kann man so eine Art
Wirtschaftswunder werden, das alles kühl und arithme-
tisch berechnet, aber sich nur selten freut. In unserer Gesellschaft jedoch ist man, wenn man keine Kosten berechnen kann, oft verloren. Wenn die Schule uns also
sinnvolle Dinge beibrächte, würden wir dort auch lernen,
wie man in vielen Alltagssituationen verschiedene Handlungsweisen miteinander vergleichen kann.

Servietten zum Beispiel. (Wieso eigentlich nicht Servietten?) Sie verwenden zu Hause wahrscheinlich Papierservietten, ohne jemals darüber nachgedacht zu haben.
Und wenn, dann dachten Sie wahrscheinlich, daß die
Stoffservietten ihrer Großeltern, die ständig gewaschen
und gebügelt werden müssen, viel zu viel Aufwand mit
sich bringen und sicher teurer sind. Obwohl sie vielleicht
gerne Stoffservietten hätten.Wie kriegen Sie raus, was billiger ist? Irgendwie müssen Sie die durchschnittlichen
Kosten errechnen – ob pro Mahlzeit oder pro Woche
spielt keine Rolle.

Die folgenden Zahlen sind vielleicht überholt, wenn Sie sie lesen, die grundsätzliche Berechnungsweise jedoch nicht. 100 billige Papierservietten kosten etwa 2 DM. Eine Serviette kostet also 2 Pfennige. Bei vier Personen sind das 8 Pfennige pro Mahlzeit, 24 Pfennige pro Tag und 1,68 DM pro Woche.

Bügelfreie Stoffservietten bekommt man ab etwa 3 DM. Sie können sie natürlich auch selber machen und die Kosten dadurch reduzieren. Etwa einmal pro Woche müssen sie gewaschen werden. Um nun in einem solchen Fall die durchschnittlichen Kosten zu ermitteln, muß man einen längeren Zeitraum in den Blick nehmen.

Welche Lebensdauer kann man von Stoffservietten erwarten? Eine genaue Voraussage ist natürlich nicht möglich, aber mehr als ein paar Monate werden es auf jeden Fall sein, wenn auch nicht gerade viele Jahre. Nehmen wir also eine Lebensdauer von etwa einem Jahr an (sie halten zwar länger, aber was soll's). Die Waschkosten sind kaum genau festzulegen, da die Servietten mit anderen Sachen mitgewaschen werden. Also begnügt man sich mit einer ungefähren Schätzung ihres Anteils an den Waschkosten.

Nun können Sie die Gesamtkosten vergleichen. Wenn die Stoffservietten ein Jahr lang halten und eine 3 DM kostet, müssen Sie pro Woche einen Betrag von ca. 6 Pfennigen, für eine vierköpfige Familie also 24 Pfennige, ansetzen. Die Wäsche dürfte nochmal 20 bis 30 Pfennige ausmachen, so daß Sie auf einen Gesamtbetrag von 44 bis 54 Pfennigen pro Woche kommen.

Überrascht? Sie haben gerade ermittelt, daß die Benutzung von Papierservietten drei- bis viermal so teuer ist wie die Verwendung von Stoffservietten. Hierin liegt die große Bedeutung eines Kostenvergleichs. Zudem können Sie, wenn Sie Stoffservietten verwenden, ausgefallen gestylte Serviettenringe oder -halter anfertigen. Verschiedenfarbige Wäschklammern eignen sich gut dafür, aber auch phantasievollere und elegantere Stücke sind leicht zu machen: geschnitzte Ringe aus schönen Hartholzresten, Metallringe mit Kupferstichen oder Emailmustern.

So können Sie auch die Serviette jedes Familienmitgliedes individuell kennzeichnen, falls Sie sich vor Bazillen fürchten – obwohl, wenn Sie ein wenig über Bazillen wissen, sich Ihre Angst in Grenzen halten wird. Was unseren Großeltern wohl am besten gefallen hat, war die Vorstellung, daß so jedes Kind einen persönlichen Gegenstand auf dem Familientisch hatte, den es benutzen und mit dem es spielen konnte. Kein schlechte Idee.

Die Anschaffungskosten eines Gegenstandes sind nur ein Teil der Gesamtkosten, und manchmal, wie z. B. bei einer Glühbirne, nur ein Bruchteil dessen, was für den Betrieb aufgewendet werden muß. Um alle wirtschaftlichen Konsequenzen einer Anschaffung abzuschätzen, bedarf es einer Gesamtrechnung. Sie enthält den Zinsverlust, der dadurch entsteht, daß Sie etwas kaufen und das Geld nicht auf die Bank legen, bzw. die Finanzierungszinsen, wenn Sie sich zur Anschaffung Geld leihen müssen. Außerdem die Betriebskosten, die in manchen Fällen, wie z. B. bei einem Bootsliegeplatz, sogar höher sein können als der Preis des Erworbenen, sowie Reparatur-, Unterhalts- und Entsorgungskosten. All diese Beträge werden für die zu erwartende Lebensdauer des entsprechenden Objektes berechnet. So erhalten Sie die jährlichen Realkosten, die mit großer Sicherheit weit höher sind, als Sie zunächst gedacht haben.

2. Markenartikel vermeiden

Die Industrie versucht systematisch, uns zu suggerieren, daß Markennamen von einem gewissen Zauber umgeben sind: daß Bayer-Aspirin anderen Aspirinpräparaten überlegen sei (obwohl der Wirkstoff Acetyl-Salycilsäure chemisch identisch ist), daß nur Mariacron oder Asbach oder Chantré wirklich guten Weinbrand brennen und so weiter. Tatsächlich besteht diese »Überlegenheit« aus einem sehr kostspieligen Werbemythos. Es gibt zwar minimale Unterschiede zwischen den einzelnen Produkten, aber die bekanntesten Marken sind nur selten die (kaum) besseren, und normalerweise sind sie auch noch teurer.

Wer große Marken wie Ariel oder Jacobs vertraut, kauft mit seinem hartverdienten Geld in erster Linie Fernseh-werbezeit und nicht etwa qualitativ hochwertige Pro-dukte. Wenn Sie wissen möchten, welche Produkte wirk-lich gut sind, helfen Ihnen die Publikationen der Stiftung Warentest.

Die einzig sinnvolle Regel im Umgang mit Markenna-men lautet: Seien Sie besonders vorsichtig bei denen, de-ren guter Ruf schon etliche Jahre alt ist und nur durch Werbung aufrecht erhalten wird. Halten Sie Ausschau nach neuen Marken, die durch Mund-zu-Mund-Propa-ganda empfohlen werden, von Leuten, die etwas von Elektronik, Autos oder worum es sonst geht verstehen. Eine neue, kleine Firma, die gegen die marktführenden Giganten ankämpft, wird vielleicht von Leuten gemacht, die sich wirklich mit ihrem Produkt identifizieren. (Spä-ter, mit steigendem Erfolg und stetiger Vergrößerung, werden auch sie mehr Augenmerk auf finanzielle Mani-pulationen als auf die Qualität richten.)

3. Vorsicht vor Mogelpackungen

Die Verpackung ist eine der Hauptwaffen beim Versuch der Hersteller, die Kunden zu übervorteilen. Die Firmen gehen dabei absolut schamlos vor – und haben meistens Erfolg damit. Verpackungen sind nicht nur irreführend, sondern auch umweltschädlich und ausgesprochen nutz-los. In manchen Fällen kosten der aufwendige Druck, die besondere Gestaltung und die Plastikverpackung so viel wie das ganze Produkt. Ganz allgemein ist man bei ähnli-chen Preisen mit einfach verpackten Dingen besser be-dient. Was die gewieften Verpackungskünstler für die Hülle ausgeben, sparen sie oft bei der Qualität des Inhalts ein.

Übrigens werden auch einfache Verpackungen oft irre-führend eingesetzt: Karotten z. B. werden in Plastikbeu-tel mit dünnen orangenen Streifen gesteckt, damit sie leuchtender wirken. Bei grünem Gemüse verfährt man ebenso mit der Farbe Grün, bei Äpfeln mit Rot. Sprechen

Sie den Zweigstellenleiter Ihres Supermarktes auf solche billigen Täuschungsmanöver an und drängen Sie auf einen anderen Großhändler. Bei Fleisch werden ähnliche Mittel eingesetzt, um es röter erscheinen zu lassen. Versuchen Sie daher, bei Naturkostläden oder Bio-Schlachtereien einzukaufen, die solche Praktiken ablehnen, und in denen Sie zudem noch vieles gänzlich unverpackt bekommen.

4. Vorsicht vor irreführenden Preisen
Läßt sich überhaupt ein »fairer« Preis für ein bestimmtes Produkt festsetzen? Eigentlich nicht, denn in unserem monopolkapitalistischen Wirtschaftssystem werden die Preise von Konzernen gemacht. Dabei spielt nicht der Wert einer Ware die Hauptrolle, sondern die Einschätzung der Firmen, wieviel sie wohl dafür verlangen können. Gewöhnlich sprechen sie sich auch untereinander ab, was nirgendwo besser sichtbar wird als bei den Flugpreisen.

Nehmen Sie sich also Zeit zu eingehenden Preisvergleichen und achten Sie auf die Inhaltsangaben. Manchmal erscheint Ihnen ein Produkt billig, und Sie merken erst nach gründlichem Studium des Verpackungsaufdrucks, daß nicht nur der Preis, sondern auch die Menge reduziert wurde.

5. Handelt es sich wirklich um ein anderes Produkt?
In einem Wirtschaftssystem, das sich auf gigantische Werbekampagnen stützt, die einen Hersteller oft mehr kosten als die Herstellung des angepriesenen Produkts, muß man ständig vor angeblichen »Verbesserungen« auf der Hut sein. Sie dienen nur dazu, Preiserhöhungen zu rechtfertigen.

Um ein Waschmittel mit Duftstoff oder einem rosa Farbstoff anzureichern, müssen keinerlei zusätzliche Kosten zu entstehen. Der Kaufpreis wird aber mit Sicherheit höher sein als der für das »unverbesserte« Mittel. Auch Seife mit einem aufwendigen Etikett oder einem besonderen Duft wäscht nicht sauberer als die billigste, in einfaches Papier verpackte. Sie ist allerdings so preiswert, daß viele Geschäfte sie gar nicht erst verkaufen. Leider gibt es auch viele »Boutiquen«, die praktisch nur luxuriöse Hochpreisware anbieten. Einfach links liegenlassen!

Genau die Industriezweige, die die irreführendste Werbung machen, werben auch am meisten: Autos, Tabak, Seifen, Waschmittel, Kosmetika, Alkohol usw. Mit anderen Worten: Sie können ziemlich sicher sein, daß hier mehr Energie auf die Werbung als auf die Verbesserung der Produktqualität verwendet wurde. Die einzelnen Marken unterscheiden sich nur minimal, und so hat man eine Menge Geld eingesetzt, um Sie davon zu überzeugen, daß es diese Unterschiede überhaupt gibt.

Die Werbestrategen bedienen sich dabei eines einfachen Grundmusters: Sie versuchen, Ihnen einzureden, daß Sie sich nach dem Kauf eines bestimmten Erzeugnisses irgendwie besser fühlen – sexy, klüger, schöner, sauberer, sorgenfreier usw. Aber natürlich kann kein Produkt Ihre Gefühlslage ändern – selbst, wenn es hält, was es verspricht.

6. Tauschhandel mit Gütern und Dienstleistungen

Sie sollten etwas, das Sie nicht mehr brauchen, niemals wegwerfen, schon deshalb nicht, weil Sie es gegen etwas anderes eintauschen können. Der Tauschhandel ist eine alte und ehrbare Sitte und aus einem einfachen, aber ungemein schwerwiegenden Grund von besonderer Bedeutung: Er findet außerhalb des offiziellen Wirtschafts- und Geldkreislaufs mit seinen besteuerten Gehältern, Verkaufssteuern und all den anderen Mitteln zur Schwächung Ihrer finanziellen Reserven statt.

Tauschen Sie Dienstleistungen

Sie können Gegenstände gegen andere Dinge eintauschen, Sie können aber auch Dienste zum Tausch anbieten. Wenn Sie etwas gut können – stricken, Brot backen, Holz- oder Elektroarbeiten –, dann gibt es in Ihrem Bekanntenkreis bestimmt jemanden, der genau das lernen möchte und Ihnen im Gegenzug ebenfalls etwas beibringt, Ihren Garten bestellt, Holz hackt oder Besorgungen macht. Sie können Ihre Dienste sogar an öffentlichen »Schwarzen Brettern« anbieten.

Der Tauschhandel wirkt sich auch oft freundschaftsfördernd aus, was man von Kaufs- und Verkaufsgeschäften nicht gerade sagen kann. Sie brauchen nicht einmal sofort eine Gegenleistung für das Tauschobjekt zu bekommen. Erfahrene Tauschhändler machen in der Regel gute Erfahrungen, wenn sie sagen: »Nimm es einfach mit. Früher oder später findest du etwas Passendes für mich.« Beim Tauschen muß man auch die unterschiedlichen Geschmäcker und Persönlichkeiten berücksichtigen, müssen die Tauschpartner einander als Menschen behandeln.

Vervielfachen Sie Ihre Kaufkraft

Angenommen, Sie gehen in ein Geschäft und kaufen etwas für, sagen wir, 100 DM. Um diese 100 DM überhaupt in der Tasche zu haben, mußten Sie wahrscheinlich 130 bis 150 DM brutto verdienen. Wenn Sie aber denselben Gegenstand im Tausch erwerben, »bezahlen« Sie ja mit etwas, wofür Sie schon Geld ausgegeben haben. Sie recyclen sozusagen Ihre frühere Investition. So dürfte das Objekt kaum halb so teuer sein wie bei einem Neukauf, und vielleicht sogar, wenn Sie ihn gegen eine Dienstleistung tauschen, noch deutlich billiger – je nachdem, welchen Wert Sie Ihrer Zeit beimessen.

Treiben Sie Tauschhandel mit Eigengewächsen

Ein Grund dafür, Gemüse anzupflanzen, Bienen zu halten oder Hühner zu züchten, ist, daß der Ertrag normalerweise größer ist, als Sie selbst verbrauchen könnten. So erhalten Sie Überschüsse zum Tauschen, was mit selbstgezogenen Sachen noch einmal soviel Spaß macht.

7. Nahrung und mehr zum Nulltarif

Eine ganz besondere Freude liegt darin, etwas aus dem Abfall zu bergen, dessen Schönheit oder Nützlichkeit nur

Sie allein würdigen können. Der Geschmack von Geheimnis und Abenteuer umgibt solche Bergungsexpeditionen: Man weiß nie, was man findet. Manchmal kommen Sie mit Sachen nach Hause, deren wirkliche Bestimmung Ihnen immer ein Rätsel bleiben wird – wie die vier Metallkisten, die ich einmal im Müll gefunden und jahrelang als Stützen für Regale oder Pflanzen verwendet habe.

Stöbern auf der Müllhalde

Früher waren die kommunalen Mülldeponien öffentlich zugänglich. Heute ist dies nur noch in wenigen Orten der Fall. Sowohl Privathaushalte als auch Industriebetriebe werfen eine höchst erstaunliche Anzahl brauchbarer Pfannen, Kleider, Bretter, Federn, Werkzeuge, Metalle, Tücher sowie Papier und Glas einfach weg. Offensichtlich sind viele Menschen von bestürzender Unfähigkeit, wenn es darum geht, selbst einfachste Reparaturen auszuführen. So werfen sie wertvolle Motoren, Angelausrüstungen, Reifen, Gartengeräte oder Stühle weg, denen lediglich eine in zehn Minuten ersetzbare Strebe fehlt. Etliche der interessantesten Sachen, wie z. B. metallene Waschzuber, Wagenheber oder Fensterrahmen, werden nur deshalb ausrangiert, weil sie alt sind. Oft sind diese Gegenstände aber sogar von besserer Qualität als vergleichbare neue.

Stöbern bei Industriebetrieben

Wenn ein Gang zur örtlichen Müllhalde nicht gerade Ihrer Vorstellung von einem netten Ausflug entspricht, können Sie bei Industriebetrieben fündig werden. Jedes Unternehmen hat einen eigenen Müllplatz, wo Dinge gelagert werden, die später abtransportiert werden sollen. Diesen können Sie mit Erlaubnis der Geschäftsleitung oder der Sicherheitsbediensteten durchstöbern. Firmen werfen die verschiedensten Sachen weg: schadhafte Produkte und alte Maschinenteile ebenso wie Büromöbel oder Nachschlagewerke. Sehen Sie sich in Ihrem örtlichen Industriegebiet um und sehen Sie, was sich dort tut. Gelegentlich findet sich auch ein leeres Grundstück, wo

verschiedene Firmen Kisten und Gerümpel für Selbstab-
holer abstellen. In Sägemühlen bekommt man Abfall-
stücke wie z. B. Baumscheiben (unbearbeitet, aber nützlich) fast umsonst.

Stöbern nach Nahrungsmitteln

Jeder Supermarkt wirft täglich welkes Gemüse und ange-
schlagenes Obst weg. Das meiste davon ist absolut eßbar,
nur nicht mehr schön genug, um zum üblichen Preis verkauft zu werden. Etliche Geschäfte lassen es zu, daß man
vorbeikommt, um Brauchbares herauszusuchen, bevor es
vergammelt. Außerdem findet man oft verbeulte Büchsen, undichte Waschmittelkartons usw. Normalerweise
liegen dort auch Kartons oder Kisten herum, mit denen
Sie die Sachen abtransportieren können. In den USA gibt
es ganze Familien, die auf diese Weise ihren Obst- und
Gemüsebedarf decken.

Umsonst essen

Auch bei Großküchen, die Krankenhäuser, Kinder-
heime, Kantinen oder Schulen beliefern, lassen sich Nahrungsmittel zum Nulltarif auftreiben, besonders die
täglichen Überreste. Theoretisch dürfen diese Betriebe
überschüssiges Essen nicht weitergeben. Wenn Sie sich
jedoch in der Nähe aufhalten, treffen Sie wahrscheinlich
auf jemanden, der die Verschwendung völlig intakter Lebensmittel nicht für richtig hält und Ihnen etwas abgibt.
Tragen Sie für solche Fälle einen neutralen Karton bei
sich, um Ihre Beute zu verstecken, und bringen Sie den
freundlichen Spender nicht in Schwierigkeiten. In einigen
Restaurants – auch in solchen der Spitzenklasse – gibt es
Personal, das auf diskrete Anfrage spät abends an der
Hintertür Essen zur Verfügung stellt.

Ideen entwickeln

Das einzige Hindernis für die Verwendung von »Abfall«
ist die Grenze Ihres eigenen Einfallsreichtums. Wenn Sie
davon genug haben, können Sie theoretisch ohne einen
Pfennig ein ganzes Haus bauen, es vollständig und
gemütlich einrichten und Ihre Ernährung auf gesunde
Weise ergänzen. Der Schlüssel dazu liegt in einer unvor-

eingenommenen Wahrnehmung der Sie umgebenden Dinge. Vielleicht könnte dieser merkwürdige Metallträger ein Kleiderständer werden? Und dieses breite Holzstück? Ein schönes Regal. Und lassen sich nicht diese beiden Räder abmontieren, die so wunderbar an den Handkarren der Kinder passen würden?

8. Sonderangebote nutzen

In der Regel sollte man Dinge des täglichen Bedarfs in großen Mengen kaufen, um entsprechende Mengenrabatte zu nutzen: Toilettenpapier, Seife, Shampoo, Büchsen, Gefrierkost, Reis, Linsen und andere Grundnahrungsmittel, Putzmaterial, Glühbirnen usw. So spart man auch Benzin und Einkaufsfahrten.

Natürlich gibt es auch eine Grenze – normalerweise die begrenzte Kapazität Ihrer Vorratskammer. Außerdem sollte man nur unverderbliche Waren einlagern. Überschätzen Sie Ihren Verbrauch nicht – die meisten haltbaren Lebensmittel verlieren einen Großteil Ihres Nährwertes, wenn sie länger als sechs Monate lang aufbewahrt werden. Konzentrieren Sie sich also auf den Nonfood-Bereich. Machen Sie eine Bestandsaufnahme in Ihrem Haushalt und notieren Sie sich die Dinge, die bei Sonderangeboten interessant sind: Kaffee, Zahncreme (falls Sie die verwenden), Papierartikel, Handtücher usw.

B. Einkaufen, wo es billig ist

1. Auktionen

Versteigerungen sind eine gute Gelegenheit, um Möbel, Teppiche, Kleidung, Bücher und vieles andere mehr zu erwerben. Allerdings sollten Sie sich dabei jederzeit unter Kontrolle haben. Wenn Sie sich zu leicht mitreißen lassen, bezahlen Sie für ein Stück möglicherweise mehr, als es neu gekostet hätte. Vielerorts gibt es Auktionshäuser, die wöchentlich oder noch öfter Möbel und Haushaltswaren versteigern. Darüber hinaus lassen sich auch Wochenend- oder Gelegenheitsauktionen ausfindig machen. Entsprechende Hinweise entnehmen Sie am besten dem Anzeigenteil Ihrer Tageszeitung. Vor Beginn der Veranstaltung können Sie sich in Ruhe umschauen und ungefähr abschätzen, wann die jeweiligen Stücke an die Reihe kommen. Bieten Sie nur bei solchen Dingen mit, die Sie wirklich wollen, und setzen Sie sich vorher für jeden Gegenstand eine Höchstgrenze. Ich habe schon Auktionen besucht, bei denen die Bieter völlig über die Stränge schlugen, so daß ein altes Fahrrad, das höchstens zehn Dollar wert war, für fünfzig Dollar den Besitzer wechselte. Andererseits kann man auch funktionstüchtige Kühlschränke für zwanzig Dollar bekommen. Im großen und ganzen jedoch sind Auktionen weitaus zeitaufwendiger als Second-Hand-Läden. Der Reiz besteht eben darin, möglicherweise etwas ganz Besonderes zu einem guten Preis zu ergattern (vorausgesetzt, die Antiquitätenhändler überbieten Sie nicht).

Wer regelmäßig Auktionen besucht, entwickelt ein feines Gespür für die Abläufe: wann es sich totläuft, wann der Preis aussichtslos hochschnellt, wann Sie gegen einen zielstrebigen Profi bieten, der möglicherweise einen reichen Kunden an der Hand hat, wann es um alten Trödel geht, den niemand außer Ihnen haben will, oder wann jemand – vielleicht ein Freund des Auktionators? – nur gegen Sie bietet, um den Preis hochzutreiben.

2. Achten Sie auf »Schwarze Bretter«

Öffentlich zugängliche Infobretter, an denen jeder einen Zettel mit Kaufs- und Verkaufswünschen anbringen kann, sind eine großartige Erfindung. Man findet sie normalerweise in Universitäten, Waschsalons und Supermärkten oder auch einfach an Hauswänden. Falls es in Ihrer Nachbarschaft noch keins gibt, suchen Sie sich eine belebte Stelle und fragen Sie einen Ladenbesitzer, ob Sie bei ihm irgendwo ein Brett anbringen können. Pinnen Sie einige Zettel daran fest, und warten Sie ab, was passiert. Neben Kaufs- und Verkaufsangeboten lassen sich auf diesem Weg auch Mitfahrgelegenheiten, Wohnraum oder Tauschobjekte anbieten oder suchen. Vorausgesetzt, Sie lassen eine gewisse Vorsicht walten, fahren Sie immer besser, wenn Sie direkt beim Besitzer kaufen anstatt bei einem Händler. (Natürlich müssen Sie einen Kauf in jedem Fall sehr sorgfältig prüfen, doch gilt das ganz besonders bei solchen Direktkäufen.)

3. Einkauf in Schnäppchenmärkten

Besonders in deutschen Großstädten finden sich mittlerweile verschiedene Läden, die Waren aus Konkursmassen oder aus Versicherungsschäden anbieten. Das Angebot reicht in der Regel von sinnlosem Kitsch über Kleidung, Bücher und Haushaltswaren bis hin zu Elektrogeräten und Unterhaltungselektronik. Die Preise liegen teilweise erheblich unter den üblichen Ladenpreisen, allerdings werden hier nur selten Produkte von guter Qualität verkauft, so daß Sie in jedem Fall das Preis-Leistungs-Verhältnis sehr kritisch prüfen sollten. Ein billiges T-Shirt kann sehr teuer werden, wenn es bei der ersten Wäsche auf die halbe Größe schrumpft.

4. Second-Hand-Läden

In den letzten Jahren sind fast überall Geschäfte entstanden, die gebrauchte Kleidung anbieten. Die Bandbreite ist dabei sehr groß. Was auf den ersten Blick als gute Gelegenheit zum Kauf billiger Klamotten erscheinen mag, kann sich bei näherem Hinsehen als »Second-Hand-Boutique« entpuppen, mit Preisen, die zwar deutlich unter dem Neuwert liegen, aber trotzdem kaum erschwinglich sind. Auch hier heißt es also, sorgfältig auszuwählen und erst nach eingehendem Preis- und Qualitätsvergleich zu kaufen.

5. Flohmärkte

Für Flohmärkte sollten Sie einen schnellen Blick entwickeln, um sich nicht zu lange mit jedem einzelnen Gerümpelstapel aufzuhalten. Es ist bestimmt hilfreich, für solche Gelegenheiten eine ungefähre Einkaufsliste im Kopf zu haben. Aber das Schönste ist natürlich, unverhofft auf etwas zu stoßen, woran man überhaupt nicht mehr gedacht hat. Und auch Feilschen, das für die meisten Händler ebenfalls dazugehört, macht eine Menge Spaß. Eigentlich lohnt sich nur der Besuch gelegentlich stattfindender Flohmärkte, die von einer Gruppierung oder einer Organisation veranstaltet werden. Auf den fest etablierten Märkten finden sich fast ausschließlich Gebrauchtwarenhändler mit den ewig gleichen verbogenen Werkzeugen, alten Radios, überteuerten antiken Schmuckstücken und ausgeleierten Küchengeräten. (Etliches davon, wie Kleider, Kameras und Elektronikgeräte, könnte auch »heiße Ware« sein.)

6. Sperrmüll und Recyclinghöfe

Der Sperrmüll ist eine wahre Fundgrube für erfahrene Zweitverwerter. Es gibt nichts, was es nicht gibt – von funktionstüchtigen Herden, Waschmaschinen und Fernsehern bis hin zu allerhand nützlichem Krimskrams wie Schrauben oder Holzlatten –, und es ist immer wieder erstaunlich, was in unserer Konsumgesellschaft alles weggeworfen wird. Doch heißt es schnell sein, denn an den Abenden vor der Abholung machen sich ganze Völkerscharen auf die Suche nach einem gut erhaltenen Sofa oder Tisch, nach Fahrradteilen, Skistiefeln oder sonstigen Dingen. Immer mehr Städte schaffen die regelmäßige Sperrmüllabholung (ca. einmal im Monat) jedoch ab, um zu vermeiden, daß die Entdecker bei ihrer Suche die Straßen in Müllhalden verwandeln. Statt dessen erfolgt der Abtransport von Sperrgut auf telefonische Vorbestellung. Alles, was noch verwendbar erscheint, wird dann in »Recyclinghöfen« zwischengelagert und kann dort unentgeltlich abgeholt werden. Dadurch geht allerdings viel Entdeckerromantik verloren, und die Auswahl wird sehr stark eingeschränkt.

KAPITEL 2
BILLIG, ABER GESUND ESSEN

A. Hochwertige Lebensmittel so billig wie möglich einkaufen

Beim Lebensmittelkauf sind einige Grundregeln zu beachten (und wie bei allen Regeln macht es Spaß, sie gelegentlich zu brechen).

1. Nicht in kleinen Läden einkaufen

Am günstigsten kauft man in großen Supermärkten, die meist am Stadtrand gelegen sind. Machen Sie dort Ihre Wocheneinkäufe, auch wenn Sie dafür einen längeren Weg in Kauf nehmen müssen. Spezielle Gemüsegeschäfte, Bäckereien oder Schlachtereien bieten jedoch, wenn Sie verantwortungsbewußt geführt werden, oftmals qualitativ bessere Waren als Supermarktketten, wenn auch meist zu einem höheren Preis.

2. Nicht mit leerem Magen einkaufen

Es gibt Untersuchungen, die zeigen, daß man bei einem Einkauf mit hungrigem Magen mehr und teurere Sachen einkauft – ob mit oder ohne Einkaufsliste.

3. Vorgeschnittene und verpackte Waren meiden

Fertig aufgeschnittene und in Plastik verpackte Brot-, Wurst- oder Käsescheiben sind meist wesentlich teurer als frische Ware am Stück.

4. Keine Babynahrung aus Büchsen oder Gläsern

Ein Kleinkind ißt alles, was weich genug und gründlich

zerdrückt ist. Das können Sie in der Regel mit einer normalen Gabel erreichen. Mit einem Mixer läßt sich vom Apfel bis zur Zucchini alles pürieren. Auch etliche »Erwachsenengerichte« wie Apfelmus, Kartoffelpüree oder Rührei sind für Babies geeignet. Die vorgefertigte Babynahrung aus den Supermärkten ist oft mit Zucker, Salz oder Konservierungsmitteln überfrachtet.

5. Keine Süßigkeiten
Süßigkeiten haben wenig Nährwert. Sie machen dick. Sie zerstören die Zähne. Und vor allem sind sie teuer. Falls Sie dem Drängen Ihrer Kinder nicht widerstehen können, geben Sie Ihnen Fruchtsaft mit wenig Zuckerzusätzen.

6. Wocheneinkäufe
Bereiten Sie eine Einkaufsliste vor und halten Sie sich auch daran. Kaufen Sie alle Grundnahrungsmittel auf einmal und soviel, daß Sie eine Woche lang damit auskommen. Je seltener Sie in einen Laden kommen, desto weniger Geld geben Sie aus.

7. Gute Nahrungsmittel in angemessener Menge
Ein Nachteil eines knapp bemessenen Haushaltsbudgets ist das Gefühl, nie qualitativ hochwertige Lebensmittel zu bekommen. Daher sollten Sie, wenn Sie einen Vorrat an Reis, Bohnen, Kartoffeln usw. angelegt haben, bei teuren Nahrungsmitteln wie Fisch, Fleisch, Käse u. a. eher auf die Qualität als auf die Quantität achten. Ein halbes Pfund guter, gegrillter Heilbutt bekommt Ihnen mit Sicherheit besser als ein Pfund fettiges Hackfleisch.

8. Innereien
Vielleicht haben Sie noch nie Niere, Lunge, Milz, Leber, Herz, Hirn oder ähnliches gekocht. Das heißt aber nicht, daß diese Stücke ungenießbar wären. Sehen Sie Ihr Kochbuch nach entsprechenden Rezepten durch und probieren Sie eines aus. Herz z. B., in etwa 5 Millimeter dicke Scheiben geschnitten und wenige Minuten lang gebraten,

schmeckt ganz hervorragend mit einer Tomaten-Zwiebel-Soße. Das sehr proteinhaltige Hirn läßt sich sehr gut mit Rührei zusammen zubereiten. Generell sollten Sie jedoch nicht öfter als ein- oder zweimal pro Monat Innereien essen. Denn Hirn ist sehr cholesterinhaltig, und in der Leber finden sich viele Giftstoffe (es sei denn, das Tier wurde »biologisch« aufgezogen).

9. Kein Büchsenfraß
Büchsengemüse hat im Vergleich zu frischem oder tiefgefrorenem Gemüse fast immer wenig Geschmack. Gemüse sollte, wenn irgend möglich, während der jeweiligen Erntesaison gekauft werden, dann ist es billig und gut. Geben Sie bei Obst und Gemüse nicht zuviel auf den äußeren Schein – die größten und glänzendsten Exemplare sind manchmal auch die fadesten und mehligsten, weil sie mit Hilfe von Wachstumsbeschleunigern und Kunstdünger gezogen wurden. Obst aus Übersee wird meist zu früh geerntet, und reift dann während der Schiffsreise an den Bestimmungsort nach. Am besten nehmen Sie immer nur eine kleine Menge Obst, das kurz vor der vollständigen Reife steht. Kaufen Sie keinesfalls mehr als eine Tagesration reifer, weicher Früchte wie z. B. Aprikosen oder Pflaumen. Obst und Gemüse sind sehr gesund, so daß man kaum zuviel davon essen kann.

10. Fallen Sie nicht auf »Portionspackungen« herein
Jeder portionsweise verpackte Artikel (z. B. Teebeutel, Müsli in Portionsbeutelchen, Kartoffelchips in kleinen Tüten usw.) kostet mehr als eine größere Menge desselben Produkts.

11. Lassen Sie die Kinder zu Hause
Oder kaufen Sie irgendwo ein, wo es eine Art Kinderhort gibt. Anderenfalls liegen Ihnen die lieben Kleinen ständig in den Ohren, weil sie teure, gezuckerte Frühstücksflocken und Schokoriegel etc. haben möchten.

12. Einpersonenhaushalte

Alleinlebende Menschen haben beim Einkaufen zusätzliche Schwierigkeiten, weil bei Packungsgrößen und Preisgestaltung in Supermärkten in der Regel von einer vierköpfigen Familie ausgegangen wird. Da ist die Versuchung groß, bei Fertiggerichten Zuflucht zu suchen, doch die sind im Vergleich zu ihrem Proteingehalt und Nährwert relativ teuer. Außerdem enthalten sie meist viel Zucker, zu viel Salz, Fette und andere eher schädliche Bestandteile und schmecken langweiliger als einfache selbstgemachte Speisen. Bevor Sie also fertig abgepackte Artikel in zu großen Mengen kaufen, suchen Sie sich das, was Sie brauchen, an der Gemüse-, Obst-, Fleisch- oder Käsetheke selbst aus. Bitten Sie zur Not einen Mitarbeiter oder eine Mitarbeiterin, einen Eierkarton oder ein Karottenbündel zu halbieren. Oder kaufen Sie gleich in kleineren Läden mit individueller Bedienung.

13. Lesen Sie die Produktinformationen!

In jahrzehntelangem Kampf haben verschiedene Verbraucherorganisationen erreicht, daß die Nahrungsmittelindustrie nun ihre Verpackungen mit Aufdrucken versehen muß, die über den Nährwert des enthaltenen Produktes informieren. Bedienen Sie sich dieser Aufdrucke, um genau zu wissen, was Sie essen und worin die jeweiligen Vor- und Nachteile bestehen.

Zunächst einmal müssen alle Zutaten angegeben sein – die ohne Aufdruck oft nur sehr schwer zu erraten sind –, und zwar in quantitativer Reihenfolge. Wenn also ein Produkt hauptsächlich aus Zucker besteht, was oft vorkommt, so muß Zucker als erste Zutat aufgeführt werden, gefolgt von Wasser, Mehl, Salz und was sonst noch darin enthalten ist, auch alle Konservierungsstoffe, Zusätze (Additive) und Farbstoffe. Leider wurden Aromastoffe (oftmals chemische Verbindungen) von der Deklarierungspflicht ausgenommen, da sie als »Betriebsgeheimnisse« gelten. Wenn Sie also in der Liste auf nicht näher bezeichnete »Aromastoffe« stoßen, dann ist es das Beste, ganz auf das jeweilige Produkt zu verzichten.

Auf vielen Packungen finden Sie außerdem eine Nährwerttabelle mit Angaben zum Protein-, Kohlehydrat- und Fettgehalt, sowie zu den enthaltenen Vitaminen und Mineralien. Meist sagt Ihnen die Tabelle auch, wieviel Prozent des Tagesbedarfs des jeweiligen Stoffes Sie durch den Genuß einer Portion zu sich nehmen. Diese Angaben sind in den USA Pflicht, (noch) nicht jedoch im Bereich der Europäischen Union.

Umstritten ist nach wie vor die Haltbarmachung von Nahrungsmitteln durch Bestrahlung, da immer noch nicht geklärt ist, ob dies in den bestrahlten Lebensmitteln nicht gesundheitsschädliche Nebenwirkungen hervorruft.

B. Essen selber fangen, züchten, sammeln oder herstellen

1. Fische fangen

Fischen, Jagen und Sammeln sind urzeitliche menschliche Überlebenstechniken, die wir besser nicht ganz in Vergessenheit geraten lassen. Selbst in der Nähe großstädtischer Ballungsräume gibt es oft genug Flüsse oder Seen mit guten Fischgründen. Wenn Sie in Deutschland angeln möchten, brauchen Sie allerdings die Sportfischerprüfung und einen sog. staatlichen Jahresfischereischein, den Sie nach bestandener Prüfung bei jedem Ortsamt gegen eine moderate Gebühr beantragen können. Informieren Sie sich auch vorab über die Gefahren durch die Verschmutzung der örtlichen Gewässer.

2. Eßbare Wildpflanzen

Durch das Sammeln wilder Pflanzen können Sie sich mit vielen wohlschmeckenden Lebensmitteln versorgen. Man findet sie reichlich, sowohl in Städten als auch auf dem Land. Dabei ist es natürlich gut zu wissen, welche

Pflanzen eßbar sind. Im folgenden beschreibe ich einige der weitverbreitetsten und am leichtesten erkennbaren.

Löwenzahn: Dieses oft geschmähte »Unkraut« (als Unkraut gilt im Grunde jede Pflanze, die da wächst, wo es den Leuten nicht paßt) kann man als Salat zubereiten oder wie Spinat kochen. Er enthält viele Vitamine, und die neuen, kleinen Blätter schmecken am zartesten. Im Frühjahr kann man Löwenzahnwurzeln ausgraben, aufschneiden und kochen. Auch die Blütenkeime sind eßbar, und aus den getrockneten und zermahlenen Wurzeln läßt sich ein Getränk aufbrühen.

Senf: Diese weitverbreitete Pflanze wird auch gezüchtet. Gut schmecken die großen Blätter junger Sträucher, möglichst nicht von der Spitze und ca. 30 Minuten lang gekocht.

Wilder Spargel: Zubereitung durch Kochen wie beim gezüchteten Spargel.

Rohrkolbengewächse: Das Sammeln von Rohrkolben kann eine schwierige und ziemlich feuchte Angelegenheit sein, doch hat diese Pflanze verschiedene eßbare Teile. Die neuen Kolben (kurz bevor sie sich aus der Blattscheide schieben) kann man kochen, ebenso geschälte neue Stiele. Die Wurzelknollen lassen sich herausziehen und, nach gründlicher Reinigung, mit Wasser zu einem stärkehaltigen Püree verarbeiten. Die auf der Knolle sitzenden kleinen Auswüchse kann man braten, und der Blütenstaub ist als Mehl verwendbar.

Eicheln: Eicheln waren ein Grundnahrungsmittel der amerikanischen Ureinwohner. Um sie eßbar zu machen, müssen sie in jedem Fall ausgelaugt werden. Dazu kocht man sie zwei Stunden lang und läßt dann entweder eine Zeitlang Wasser darüberlaufen oder badet und spült sie mehrfach und gründlich. Sie lassen sich ganz oder als Püree, ja sogar kandiert essen. Um haltbares Mehl zu bekommen, müssen die frischen Eicheln gemahlen, zum Auslaugen mit kochendem Wasser vermischt und durch ein Tuch ausgedrückt werden. Dieser Vorgang wird einige Male wiederholt. Anschließend breitet man die

Masse dünn in einer Pfanne, im Ofen oder in der heißen Sonne zum Trocknen aus.

Beeren: Die Brombeere ist die wahrscheinlich am weitesten verbreitete wilde Beerenart. Ein Brombeerstrauch, der einmal irgendwo angewachsen ist, ist praktisch unverwüstlich. Vielerorts wachsen auch wilde Heidelbeeren, Erdbeeren und Kirschen. Wie für alle Arten von Wildpflanzen gilt auch für Beeren: Informieren Sie sich mit Hilfe von Bestimmungsbüchern und unter Anleitung eines kundigen Menschen, bevor sie etwas essen. Manche Arten sind giftig!

Pilze: Viele Menschen haben eine irrationale Angst vor Pilzen. Mit einem guten Bestimmungsbuch und kundiger Anleitung, die Sie auf die gefährlichen Arten aufmerksam macht, läßt sich mit Pilzen eine Menge anfangen. Etliche sind ausgesprochen köstlich, und die Pilzsuche ist eine der vergnüglichsten Möglichkeiten, einen eintönigen und naßkalten Tag zu verbringen.

Nüsse: Walnüsse und Haselnüsse schmecken gut und sind, wie auch Sonnenblumenkerne, hervorragende Proteinlieferanten.

Es gibt noch viele andere eßbare Wildpflanzen. *Brunnenkresse* wächst oftmals an natürlichen Quellen und Brunnen, wo man auch *Kapuzinerkresse* findet, deren Blätter einen delikaten Salat ergeben. Wilde Zwiebeln eignen sich zum Würzen von Speisen, und mit Zichorie läßt sich eine Art Kaffee herstellen. Kleeblüten und Minzeblätter ergeben guten Tee (nicht in direkter Hitze oder in der Sonne trocknen), und Tee aus Katzenminze gilt als gutes Beruhigungsmittel.

3. Selbstgebackenes Brot

In vielen Kochbüchern finden sich Rezepte für selbstgebackenes Brot, das weit besser schmeckt als das meiste, was man im Geschäft kaufen kann. Viele Leute sind überrascht, wie einfach das Brotbacken ist. Man muß lediglich die Zutaten vermischen, kneten und etwas warten, bis der Hefeteig gegangen ist. Wer einmal mit dem Backen angefangen hat, wird wahrscheinlich bald die verschiedensten Köstlichkeiten – Gebäck, Kuchen, Brötchen – preisgünstig aus dem eigenen Backofen zaubern können. Lassen Sie sich auch nicht vom üblichen Angebot an Mehlsorten einschränken. Im Naturkostladen gibt es eine breite Auswahl, und viele Mühlen sowie etliche Bauern bieten verschiedenste Sorten vom Auszugsmehl bis zum Schrot im Direktverkauf an. Wer selbst backt, geht dadurch auch Zusätzen und Konservierungsstoffen aus dem Weg. Selbstgebackenes Brot wird in der Regel schnell gegessen, läßt sich im Tiefkühlfach oder im Kühlschrank aber auch lange lagern.

4. Selbstgemachter Joghurt

Joghurt ist nicht das einzige Milchprodukt, das sich mit Kulturen herstellen läßt – mit Buttermilch oder Kefir ist das ebenfalls möglich –, aber er ist sehr einfach zu machen. So erhalten Sie ein köstliches und gesundes Dessert oder eine kleine Zwischenmahlzeit, die besonders mit ein wenig Obst oder Marmelade ausgesprochen lecker schmeckt.

Sie brauchen dazu keine teure Joghurtmaschine – ein Kochthermometer tut's auch. Am Anfang besorgen Sie sich einen Joghurt aus dem Laden, der die Mikroorganismen enthält, die Milch umwandeln können. Dann geben Sie jeweils einen bis zwei Teelöffel Joghurt in Gläser, füllen diese mit etwa 40° Celsius warmer Milch und lassen die Mixtur sieben bis acht Stunden lang ungestört stehen, während die Kultur arbeitet. (Joghurt verträgt es überhaupt nicht, geschüttelt zu werden. Wenn Sie ihn beim Umwandlungsprozeß irgendwie stören, müssen Sie die Prozedur wieder von vorne anfangen.) Wenn Sie in einer alten Kühltasche eine Glühbirne installieren, bleibt die Kultur warm, aber nicht zu heiß. Am einfachsten ist es jedoch, die Gläser in eine Schachtel zu stellen, die auch an Boden und Deckel mindestens drei Zentimeter dick mit Styropor ausgekleidet ist. Behalten Sie immer ein bißchen Joghurt zurück, um damit neue Kulturen ansetzen zu können. Nach etwa zehn Mal sollten Sie sich dann im Laden eine neue »Startportion« besorgen.

C. Sinnvoll kochen

1. Gemüse dämpfen statt kochen
Dazu brauchen Sie keinen Dampfkochtopf. Im Haushaltswarengeschäft sind Einsätze erhältlich, die in jeden Topf passen. Dann brauchen Sie nur soviel Wasser zu erhitzen, daß es nicht völlig verdunstet – anderthalb Zentimeter reichen normalerweise völlig aus. Gemüse sieht besser aus und schmeckt auch besser, wenn es nicht verkocht, sondern noch ein bißchen knackig ist. Auch manche Fischsorten, wie z. B. Seezunge, schmecken gedämpft sehr gut.

2. Nicht braten
Beim Braten fügen Sie Ihrer Nahrung zusätzliche Fettkalorien hinzu, auch wenn Sie mehrfach ungesättigte Gemüseöle verwenden. Ausbacken im Teig bedeutet zu viel Cholesterin und nochmals zusätzliche Kalorien. Außerdem geht es Ihnen ja wahrscheinlich um den Geschmack von Fisch, Fleisch oder Geflügel und nicht um den des Teigs. Eine der folgenden Zubereitungsarten dürfte daher besser geeignet sein.

3. Grillen
Dazu braucht man kein zusätzliches Fett (höchstens ein bißchen Öl, das Sie auf der Oberfläche verreiben, damit das Fleisch nicht anbrennt). Beim Grillen tropft im Fleisch enthaltenes Fett heraus und es entsteht eine wohlschmeckende Kruste. Außerdem ist es die einfachste aller Zubereitungsarten, da man keine besonderen Pfannen und Geräte braucht, vom Entfernen der Fettspritzer, die beim Braten auftreten, ganz zu schweigen.

4. Kochen im Dampfkochtopf

Mit dieser energiesparenden Methode kann man festes Fleisch, wie z. B. Zunge, in relativ kurzer Zeit garen und den Nährwert erhalten. Wenn Sie solche Fleischarten aber nur unregelmäßig zubereiten oder ihren Dampfkochtopf nicht auch zum Sterilisieren von Einmachgläsern verwenden wollen (wofür ein großer Emailtopf sowieso besser geeignet ist), reicht Ihnen in den meisten Fällen wahrscheinlich ein normaler Topf mit Dämpfeinsatz.

5. Backen oder Rösten

Einen Backofen kann man nicht nur zur Zubereitung von Bratenstücken und Geflügel nutzen, sondern auch für Aufläufe, Kasserollengerichte, Backäpfel, Kartoffeln und vieles mehr. Besonders schön ist es, wenn es draußen kalt ist und der Ofen den Raum langsam aufheizt. Kombinierte Toast-Grill-Geräte sind übrigens nur sehr schlecht isoliert und bergen daher ein Brandrisiko, wenn sie zwischen anderen Gerätschaften eingekeilt werden. Trotzdem kann man darin eine einzelne Kartoffel oder auch eine Putenbrust relativ energiesparend zubereiten.

6. Suppe

Früher köchelte in vielen Bauernhöfen fast immer ein Suppentopf auf dem Herd, und bis heute gehören Suppen zu den nahrhaftesten, interessantesten und preisgünstigsten Speisen überhaupt. Eine wirklich herzhafte Suppe kann, zusammen mit einem Salat und gutem Brot, eine komplette Mahlzeit ergeben. Zudem lassen sich Suppen aus schmackhaften und trotzdem preisgünstigen Zutaten wie z. B. Halsstücken, Fisch, proteinreichen Bohnen oder Linsen sowie aus Lauch und anderen Gemüsen herstellen. In einem großen Suppentopf können Sie auch viele Reste verwerten: Werfen Sie diese einfach mit in den dampfenden Pott. Suppen halten sich im Kühlschrank etliche Tage lang frisch, und ihr Geschmack läßt sich mit Hilfe von Gewürzen und Kräutern ganz einfach variieren.

Besonderes Vergnügen bereitet es, immer wieder verschiedene Variationen derselben Basissuppe auszuprobieren.

Fleischsuppen

Eine Fleischbrühe erhält man durch Kochen von Suppenknochen (die Sie beim Metzger »für Ihren Hund« vielleicht umsonst bekommen), mit Hilfe sehr preiswerter Brühwürfel oder durch die Überreste des Hühnchens vom Vortag. Schöpfen Sie das ungesunde Fett ab. Manchmal, wenn Sie krank sind beispielsweise, mag Ihnen eine solche klare Brühe völlig ausreichen. Sie läßt sich aber auch nach Belieben mit grünem Gemüse, Kartoffeln, Karotten und Zwiebeln ergänzen.

Fischsuppen

Für eine wirklich preisgünstige und nahrhafte Suppe kaufen Sie Fischteile (Kopf, Schwanz und Kleinteile), legen sie in einen Leinensack und kochen das Ganze. Oder Sie werfen den Fisch einfach in den Topf und sieben dann die Brühe ab. Fischsuppe wird auf sehr viele verschiedene Arten zubereitet, z. B. als Bouillabaisse mit vielen verschiedenen Arten von Meeresfrüchten. Wenn Sie Ihre Suppe etwas sämiger mögen, fügen Sie einfach fettarme Milch oder Tomatensoße hinzu.

Gemüsesuppen

Aus billigen Gemüsen wie Kohl, Rüben, Kartoffeln, Karotten, grünen Bohnen, Zwiebeln usw. wird leicht eine gesunde und sättigende Suppe. Mit Hilfe eines Mixers erhält man aus Kartoffeln, Brokkoli, Spinat, Karotten etc. auch wirklich leckere kalte Suppen. Die Grenze zwischen flüssigem Püree und dicker Suppe ist fließend! Probieren Sie auch Curry und andere Gewürze aus.

Obstsuppen

Oh ja, so etwas gibt es, besonders in Skandinavien, und sie schmecken hervorragend. Die Schwierigkeit besteht darin, sie nicht zu süß oder zu klebrig werden zu lassen (was passieren kann, wenn man sie zu lange kocht). Obstsuppen werden kalt gegessen.

Bohnensuppen

Sojabohnen sind am nahrhaftesten und eignen sich für viele verschiedene Suppen. Auch rote und weiße Bohnen, Linsen, Erbsen und weitere Hülsenfrüchte ergeben dicke, herzhafte Suppen.

Um sie noch sättigender zu machen, fügen Sie einer Suppe am besten Nudeln, Reis, Buchweizengrütze oder was Ihnen sonst schmeckt hinzu.

Angesichts der Bedeutung von Suppen für eine vielseitige und doch preiswerte Ernährung sollten Sie sich schöne Suppenteller besorgen, robust und groß genug für eine Mahlzeit. Wer weniger essen will, nimmt einfach eine Tasse.

7. Essen Sie mehr Salat

Manche Gemüse schmecken roh genauso gut wie gekocht. Probieren Sie einmal Erbsen, Bohnen, Zucchini, Karotten, Brokkoli oder Blumenkohl im Salat oder als Beilagen zu größeren Menüs aus. Für jedes Gemüse gilt: Kochen oder Schälen verringert den Vitamin- und Mineralstoffgehalt erheblich, da sich ein großer Teil dieser Nährstoffe direkt unter der äußersten Schicht befindet. Salate sind, ebenso wie Suppen, sehr gut, nahrhaft und nicht teuer. Außerdem bilden sie eine sehr gute Ergänzung bei schwerer und kohlehydrathaltiger Kost, da die grünen Gemüse im Salat reichlich Vitamine und Ballaststoffe liefern. Sie wirken krebsvorbeugend und sind gut für die Verdauung.

Für einen guten Salat braucht man eine sehr große Schüssel. Ist sie aus Holz, reibt man sie am besten vorher mit Knoblauch aus. Kopfsalat sollte dunkelgrün und knackig sein, wobei es besonders reizvoll ist, verschiedene Sorten zu verwenden. Im Salat machen sich aber auch viele andere Gemüse gut: geraspelter roher Kohl, Gurken, sehr dünne Karottenstreifen, grüner Paprika, grüne Bohnen, Erbsen, kleine Stücke von rohem Blumenkohl usw. Auch Büchsen- oder Gefrierkost ist gut verwendbar. Wenn Sie es sich leisten können, verfeinern

Sie das Ganze mit pikanten Extras wie Gewürzgurken, Mixed Pickles, Sardellen, Avocados oder kleinen Käse- oder Geflügelhäppchen.

Salatsoßen sind, ähnlich wie Kaffee, eine sehr individu- elle Angelegenheit. Am besten besorgen Sie sich gute Zu- taten (Olivenöl, Weinessig, Pfeffer und andere Gewürze) und erproben verschiedene Mischungsverhältnisse, bis Sie Ihren eigenen Geschmack getroffen haben. Etwas Senf, ein Spritzer Zitronensaft, Sojasoße oder Tabasco können ein Dressing zusätzlich beleben. Falls Ihnen das Zubereiten von Salatsoßen nicht besonders viel Spaß macht, dann rühren Sie am besten immer gleich einen ganzen Krug voll an und bewahren ihn im Kühlschrank auf. Selbst bei Verwendung feinster Zutaten ist das Sel- bermachen in jedem Fall billiger als gekaufte Fertigdres- sings.

Natürlich gibt es noch sehr viel mehr wohl- schmeckende Salatvariationen wie z. B. Thunfisch- oder Geflügelsalat.

8. Lernen Sie kochen

Manche Leute sind regelrechte Kochbuchsammler. An- dere wiederum nehmen ein einziges als Ausgangsbasis für eigene Experimente. Es gibt exzellente Köche und Köchinnen, die nie ein Kochbuch benutzt haben, deren Kopf aber voller Rezepte steckt, die von Eltern und Großeltern überliefert wurden. In jeder Buchhandlung finden Sie eine breite Auswahl mit unterschiedlichen Schwerpunkten.

Zu Anfang werden Sie sich für die Grundlagen interes- sieren: wie lange Fleisch gekocht werden muß, wie man eine Soße macht, wie die Zutaten abgemessen werden, wie man Brot backt usw. Danach entwickeln Sie unter Umständen speziellere Interessen, z. B. für das Essen ei- ner bestimmten Kultur oder für Schmortöpfe, die so zu- bereitet werden können, daß sie fertig sind, wenn Sie von der Arbeit nach Hause kommen.

Für all dies brauchen Sie kein einziges Kochbuch zu

kaufen. Gehen Sie einfach in die nächste öffentliche Bibliothek, schnappen Sie sich ein halbes Dutzend vielversprechender Exemplare und schreiben Sie sich ansprechende Rezepte ab. Oder lesen Sie in einer Buchhandlung die wichtigsten Zutaten zu einigen Gerichten durch, die Ihre Phantasie anregen. Vor allem aber sollten Sie nach dem Rezept fragen, wenn Sie bei Freunden etwas Gutes essen. Rezepte tauschen ist eine der Grundformen kulturellen Austauschs; indem wir einander helfen, besser zu essen, geben wir einander Unterstützung, die durch den Magen geht.

D. Das Richtige essen

Es gibt kein Nahrungsmittel, das für die menschliche Gesundheit absolut unverzichtbar wäre. Selbst Spinat, der zusammen mit Brokkoli, Kohl u. a. zu den besten grünen Gemüsen überhaupt zählt, enthält Eisen in einer Form, die der Körper nicht aufnehmen kann. All jene Kinder, die »wegen des Eisens« Spinat essen mußten, haben also umsonst gelitten. Auch sind Karotten keineswegs die einzige Quelle für Vitamin A (wichtig für die Augen). Heutzutage ist Margarine mit mehr als genug Vitamin A angereichert, und auch in der Butter ist es enthalten.

Kurz: Es gibt keinen Grund, etwas zu essen, was man nicht mag. Die Welt ist voller gesunder Nahrungsmittel, und mit einem abwechslungsreichen Speiseplan ernähren Sie sich wahrscheinlich richtig. Ernährungsmängel treten im allgemeinen nur bei Menschen auf, die stets dasselbe essen. Auch eine einfache Kost kann völlig ausgewogene Ernährung bieten. Wer aber ständig nur ganz bestimmte Sachen zu sich nimmt, erhöht das Risiko von Mangelerscheinungen. (Außer Wasser und Luft braucht der Körper normalerweise 43 Stoffe, um zu funktionieren.)

Viele Ernährungshandbücher und offizielle Publikationen stellen autoritäre Regeln auf, wie: »Nehmen Sie täglich etwas aus jeder der vier Nahrungsgruppen zu sich«. Diese Gruppen sind: Milchprodukte (1); Fleisch, Fisch, Geflügel (2); Obst und Gemüse (3); Brot und Getreideprodukte (4). Man muß aber weder Fleisch essen, solange man das Protein aus anderen Nahrungsmitteln ergänzt, noch muß man unbedingt Milchprodukte zu sich nehmen (es gibt viele Menschen, die dagegen allergisch sind). Es besteht auch keine Notwendigkeit, sich tagtäglich zwanghaft mit Nahrung aus den anderen Kategorien zu versorgen, solange man im Verlauf einer Woche auf einen ausgewogenen Speiseplan achtet.

Ein Tag ist, bezogen auf physiologische Prozesse, eine relativ kurze Zeit, der Körper ist keine Stechuhr. Es ist also relativ einfach, die notwendigen Dinge im Auge zu behalten. (Auch ist es nicht schwierig, Kinder an gutes Essen zu gewöhnen, die dann mit der richtigen Ernährung aufwachsen und wiederum ihre Kinder sinnvoll ernähren.)

1. Fettarme Milchprodukte

Aus Milch, Käse, Joghurt oder Milcheis holt sich der Körper lebensnotwendige Proteine, also aufbauende und nützliche, fettlose Stoffe (Milchpulver enthält genausoviel Protein wie die Milch selbst). Kinder und stillende Mütter brauchen etwa drei Tassen Milch täglich, ca. fünf Liter pro Woche. In vielen Teilen der Welt trinken Erwachsene gar keine Milch, doch stellt sie bei uns eine relativ preiswerte Proteinquelle dar, die fast überall auch in fettarmer oder fettloser Form erhältlich ist. Der Proteingehalt eines Käsewürfels mit ca. 2,5 Zentimetern Kantenlänge entspricht etwa dem einer Tasse Milch. Auch Joghurt ist eine echte Alternative zu Milch, und als Erfrischung ist gefrorener Joghurt einer Portion Eiscreme aus gesundheitlichen Gründen in jedem Fall vorzuziehen.

Der Nährwert der Milch ist so hoch, daß man sich tagelang nur davon ernähren könnte. Das gilt jedoch nur für Menschen, deren Verdauungssystem das Enzym Lactase auch im Erwachsenenalter produziert. Dies ist hauptsächlich in den westeuropäischen Ländern mit ihrer langen Tradition der Milchproduktion und -verarbeitung der Fall. Kuhmilch, die ja schließlich auf die Bedürfnisse von Kälbern ausgerichtet ist, ruft bei vielen Kindern und gelegentlich auch bei Erwachsenen Allergien hervor.

Sollten Sie aus finanziellen Gründen ihren Speiseplan einschränken und sich weitgehend von Bohnen, Reis und Gemüse ernähren müssen, sollten Sie versuchen, sich einen großen Sack fettlosen Milchpulvers zu besorgen, der dann für einen langen Zeitraum ausreicht.

Milch kann man flüssig oder in Pulverform erwerben. Vollmilch ist fetthaltig und muß im Kühlschrank aufbewahrt werden. Außerdem ist sie umständlicher zu transportieren als Milchpulver und kostet etwa das Dreifache. Fettarme oder fettlose Milch ist auch nur unwesentlich billiger.

Übrigens: Milchkartons nicht verbrennen! Die innere Plastikbeschichtung gibt sonst giftige Stoffe ab.

Milchpulver verwenden

Milchpulver enthält fast nie Fett. Daher schmeckt die so zubereitete Milch ganz anders. Pulver ist wesentlich billiger und besser zu lagern, da es im trockenen Zustand keine Kühlung benötigt. Der Behälter wird einfach an einem kühlen Ort aufbewahrt – gut verschlossen, damit der Inhalt nicht schal wird.

Milch aus Trockenpulver muß kälter getrunken werden als normale Vollmilch. Sie enthält genau gleichviel muskelbildendes Protein, lediglich die Vitamine A und D fehlen. (Manchmal wird das Pulver auch mit Vitaminen angereichert, was auf dem Etikett vermerkt ist. Falls Sie aus anderen Nahrungsmitteln nicht viel Vitamin D bekommen, empfehlen sich Vitaminkapseln.) Vom gesundheitlichen Standpunkt aus ist Milchpulver aufgrund seiner geringen Fettmenge der Vollmilch weit überlegen.

Milchpulver hat insgesamt viel mehr Vorteile. Wenn Sie also bisher »normale« Milch trinken, versuchen Sie, sich an fettlose zu gewöhnen. Der Wechsel läßt sich langsam vollziehen, indem sie erst ein, zwei Wochen lang fettarme Milch trinken und dann nach und nach fettlose dazugeben.

Wer Milchpulver nicht gewöhnt ist, weiß oft nicht recht, wie es anzuwenden ist, und die Gebrauchsanleitungen auf den Packungen sind nicht immer sehr hilfreich. Also: Verwenden Sie einen Krug, der mindestens einen Liter faßt, je größer, desto besser, solange er in Ihren Kühlschrank paßt. Angerührte Milch wird besser, wenn sie etwa einen Tag lang steht, also sollten Sie so viel wie möglich davon zubereiten. Das Mischungsverhältnis Pulver zu Wasser sollte etwa 1:3 betragen. Das Milchpulver löst sich am besten auf, wenn sie es in das halbvolle Gefäß geben und kräftig schütteln. Das ist wirkungsvoller als einfaches Rühren und macht außerdem mehr Spaß (Legen Sie dazu Musik auf!). Danach stellen Sie die Milch in den Kühlschrank bis der Schaum sich gesetzt hat und füllen dann den Krug mit kaltem Wasser auf.

Versuchen Sie, Ihren Milchnachschub rechtzeitig anzurühren – der Kühlschrank braucht seine Zeit. Ich mache das immer beim Aufräumen nach dem Abendessen; dann ist die nächste Tagesration am Morgen gut durchgekühlt.

Sie können mit Milchpulver auch problemlos kochen. Wenn in einem Rezept eine Tasse Milch verlangt wird, nehmen Sie einfach fünf Eßlöffel Milchpulver und eine Dreivierteltasse Wasser. So können Sie bei Suppen, Gebäck, Aufläufen, Omeletts, Puddings usw. verfahren. Um den Proteingehalt von Gebackenem zu erhöhen, können Sie auch bis zu einem Viertel der im Rezept angegebenen Mehlmenge durch Milchpulver ersetzen. Dadurch werden die Sachen etwas brauner. Auch Kartoffelpüree, Soßen und Getreidegerichte kann man durch Milchpulver mit Protein anreichern.

Der phantasievolle Umgang mit Milch
Geben Sie normaler Milch durch Einrühren von etwas Milchpulver zusätzliches Protein bei (besonders gut für Schwangere, stillende Mütter und Kinder). Joghurt und Buttermilch sind nicht besonders billig, aber sie

schmecken gut und enthalten etwa dieselben Nährstoffe wie normale fettlose Milch. Im Kühlschrank hält sich Milch mindestens vier Tage lang. Lassen Sie sie auf keinen Fall in der Sonne stehen – so werden das Riboflavin zerstört und der Geschmack verändert.

Milch sollte nur langsam erhitzt werden. Bei hohen Temperaturen bildet sie eine Haut und kann anbrennen, was ihr einen merkwürdigen Geschmack verleiht. Säuren wie Zitronensaft oder Tomatensoße können zur Gerinnung führen.

Nicht nur Sahne läßt sich schlagen, es funktioniert auch mit Kondensmilch. Allerdings müssen Schüssel, Mixer und Flüssigkeit dazu sehr kalt sein. Am besten stellen Sie die Kondensmilch so lange ins Eisfach, bis sich am Rand Eiskristalle bilden.

Kaufen Sie keinesfalls Sahne in Druckbehältern. Sie kostet ein Vermögen und schmeckt nicht annähernd so gut wie normale Schlagsahne, die Sie mit einem Schneebesen schlagen. Ein Mixer, handbetrieben oder elektrisch, ist dazu eigentlich gar nicht nötig.

Lagern Sie Milch und Milchprodukte auf jeden Fall dicht verschlossen, da sie gerne den Geschmack anderer Nahrungsmittel annehmen.

Käse

Käse hält sich auch ohne Kühlung über lange Zeit frisch und ist ein konzentrierter Proteinträger. Er ist daher seit Jahrhunderten ein Hauptbestandteil der Ernährung in Europa. (Völker, die sich ohne Milch ernähren, wie die Chinesen, finden Käse abstoßend.) Es gibt ihn in faszinierender Vielfalt in Hunderten verschiedener Arten, und er liefert die gleichen Proteine, die auch in Fleisch, Fisch und Eiern enthalten sind.

Leider sind die meisten Käse, mit Ausnahme von fettarmem Hüttenkäse, reich an gesättigten Fettsäuren. Wem aber der hohe Fettgehalt nichts ausmacht, der kann schnell zum Käseliebhaber werden. Im folgenden einige Beispiele:

Bel Paese: Milder, cremiger, leichter italienischer Käse.

Blauschimmel: Benannt nach den bläulich schimmernden Streifen, die ihn durchziehen und die von unschädlichen Algenpilzen stammen. Es gibt ihn in milder oder scharfer Form, cremig oder relativ hart. Er wird oft in Salaten verwendet.

Brie und Camembert: In reifem Zustand sehr weich, fast flüssig, besonders zum Frühstück und Dessert geeignet. Camembert schmeckt insgesamt etwas schärfer. Beide Käse haben eine eßbare Kruste.

Cheddar: Der Gouda der Briten. In verschiedenen Reifegraden, Farben und Geschmacksrichtungen von mild bis scharf erhältlich.

Edamer: Holländischer Käse in Kugelform, meist mit einer roten Wachshaut umgeben. Feste Konsistenz, weicher Geschmack.

Emmentaler: Milder bis kräftiger, etwas nussiger Geschmack. Normalerweise sehr helle Färbung. Charakteristisch sind die großen Löcher, die beim Reifeprozeß entstehen.

Gouda: Als junger Käse sehr mild und schnittfest, gut zum Überbacken von Aufläufen geeignet. Alter Gouda läßt sich oft nicht mehr schneiden, sondern bröckelt und hat einen intensiven, herben Geschmack.

Gruyère (Greyerzer): Scharfer, nussiger Geschmack, glatte Oberfläche.

Hüttenkäse (Ricotta): Etwas klumpig mit leicht säuerlichem Geschmack. Viel Protein, wenig Fett, aber auch auch wenig Calcium im Vergleich zu anderen Käsen oder Milch.

Münster: Weichkäse, der je nach Reifegrad mild bis würzig schmeckt.

Parmesan: Italienischer Hartkäse, der normalerweise ein Jahr lang getrocknet wird. Beliebte Zutat zu vielen italienischen Gerichten.

Käse hält sich im Kühlschrank lange Zeit, doch am besten schmeckt er bei Zimmertemperatur, besonders als Dessert zu Obst und Crackern oder auf Sandwiches aller Art. Man verwendet ihn auch gerne für Soufflés, Suppen,

Fondues und zum Dessert. In kleine Stücke geschnitten schmeckt er auch in Salaten ganz hervorragend.

Käse sollte man grundsätzlich am Stück kaufen, dann bleibt er zu Hause länger frisch.

Essen Sie fettarme, ungezuckerte Eiscreme oder fettlosen gefrorenen Joghurt

Sollten Sie es gar nicht ohne gelegentlichen Eisbecher aushalten, schauen Sie sich nach einem Laden um, der erstklassiges Eis aus natürlichen Zutaten ohne Zusatzstoffe, Geschmacksverstärker, Dickstoffe, Zellulose und Salz verkauft.

Seit einiger Zeit ist auch das Selbermachen von Eiscreme wieder in Mode gekommen. Besorgen Sie sich eine billige, handbetriebene Eismaschine. In vielen Kochbüchern finden sich einfache Rezepte. Zu wirklich guter Eiskrem gehören gekochter Sirup, Eier, Sahne, manchmal auch Gelatine, natürliche Geschmacksstoffe und Salz.

Vom gesundheitlichen Standpunkt aus ist gefrorener fettarmer oder fettloser Joghurt oder Fruchteis, sogenanntes Sorbet, der Eiscreme vorzuziehen. Fruchteis enthält kein Fett und keine mysteriösen künstlichen Zutaten, sondern nur Früchte, Fruchtsaft und Zucker.

2. Weniger rotes Fleisch, mehr Geflügel und Fisch

In vielen Haushalten wird sehr viel Geld für Fleisch ausgegeben. Bedenken Sie jedoch, daß Fisch, Geflügel, Eier, Bohnen (besonders Sojabohnen), Nüsse und Erdnußbutter ebenfalls hochwertige Proteinträger sind. Wer nicht gerade mehr oder weniger vegetarisch leben und trotzdem gut, aber preiswert essen will, steht vor einem Problem. Er/sie muß Mahlzeiten zusammenstellen, die wenig Fleisch enthalten, und die vor allem keine besonders teuren (weil besonders beliebten) Stücke erfordern. Orientieren Sie sich nicht mehr am üblichen Fleisch-Kartoffeln-Gemüse-Trott, und nutzen Sie preiswerte und reichhaltige andere Proteinresourcen. (Ganz allgemein ist Geflügel nicht nur wirtschaftlicher, sondern enthält auch weniger Fett als rotes Fleisch, wenn Sie vor der Zuberei-

tung die Haut und das überschüssige Fett wegschneiden.)
Teures Fleisch hat nicht automatisch auch den höchsten
Nährwert!

Natürlich können Sie sich auch ohne Fleisch absolut
gesund ernähren. In den westlichen Industrieländern ist
der Fleischkonsum in den letzten Jahren aus verschiedenen Gründen zurückgegangen. Verschiedene Hormon-
skandale und die Furcht vor dem Rinderwahnsinn und
seinen nicht geklärten Auswirkungen auf den Menschen
haben ebenso dazu beigetragen wie die gesamtwirtschaft-
liche Situation, die viele Menschen dazu zwingt, den Gür-
tel enger zu schnallen.

Hackfleisch

Hackfleisch gehört zu den billigsten Fleischsorten über-
haupt. Es enthält jedoch in der Regel viel Fett, weshalb
Sie es nur selten essen sollten. Eine gute Alternative ist
Putenhackfleisch.

Geräucherter Schinken und Speck

Dafür geben manche Leute mehr Geld aus als für jede andere Fleischsorte. Ein großer Fehler, nicht nur wegen der
darin enthaltenen krebserregenden Stoffe, sondern auch
wegen des hohen Fettgehaltes und des niedrigen Nährwertes.

Bratensaft

Bratensaft enthält viele Vitamine und Proteine. Schöpfen
Sie das Fett ab und gießen Sie den Saft über das Fleisch
oder andere Bestandteile Ihres Essens, rühren Sie ihn in
Soße ein oder machen Sie am nächsten Tag eine Suppe
daraus.

Wurst

Viele Wurstsorten haben einen hohen Fettanteil und sind,
gemessen an ihrem Proteingehalt, relativ teuer. Trockene
Salami hingegen hält sich auch ohne Kühlung relativ
lange und ist daher für Ausflüge und Wanderungen gut
geeignet.

Fisch

Obwohl Fischfangflotten aus aller Welt die Gründe entlang des Kontinentalsockels, wo es die meisten Fische

gibt, immer intensiver ausbeuten, ist Fisch ein guter Proteinlieferant mit wenig Fett und vielen Spurenelementen geblieben. Wenn Sie in Küstennähe leben, freuen Sie sich über die Möglichkeit, viele frische Meeresfrüchte genießen zu können. Wenn nicht: tiefgefrorener Fisch schmeckt hervorragend und ist nicht zu teuer (die meisten Menschen erkennen nicht einmal einen Unterschied zu Frischfisch). In der Regel benötigen Sie auch weniger Fisch als Fleisch, da es kaum Abfälle gibt. In Filets, die längs der Hauptgräte geschnitten werden, finden sich überhaupt keine Gräten, in den quer zur Hauptgräte geschnittenen Steaks nur wenige.

Natürlich können Sie auch ganze Fische oder Teile davon kaufen. Das ist billiger, aber Sie haben auch mehr Abfall. Ein gebackener Fisch, mit Petersilie, Zitronenscheiben, Brunnenkresse und vielleicht kleinen Tomaten auf einer Platte angerichtet, macht jedenfalls großen Eindruck. Bei Barsch, Kabeljau, Lachs oder einem anderen größeren Fisch können Sie die Wirkung mit einer Reisfüllung sogar noch steigern.

Viel zu oft wird Fisch angebraten. Das macht ihn fettig und verdeckt den Geschmack. Grillen ist die schnellere, einfachere und auch wohlschmeckendere Zubereitungsmethode. Marinieren Sie ihn, wenn Sie mögen, oder beträufeln Sie ihn mit ein wenig Olivenöl, damit er nicht zu knusprig wird. Lachs und etliche andere Arten schmecken auch gedünstet ausgesprochen delikat, besonders mit einer Soße.

Fisch ist schnell gar – Grillen dauert etwa 10 bis 15 Minuten, Backen 20 bis 30 Minuten. Wenn er zu lange im Ofen gelassen wird – was oft passiert –, trocknet er aus. Servieren Sie ihn daher, wenn sich das Fleisch mit einer Gabel leicht teilen läßt, aber immer noch feucht aussieht.

Fisch ist ungeheuer vielfältig. Die fetthaltigsten Arten sind Lachs, Butterfisch und Regenbogenforelle. Danach kommen Schwertfisch, Makrele, Thunfisch, Katzenwels, Büffelfisch, Karpfen und Steinbutt. Zu den leichtesten gehören Seezunge, Kabeljau, Heilbutt, Red Snapper,

Bachforelle und Schalentiere. Der geschmackliche Unterschied beispielsweise zwischen Schwertfisch und Lachs ist so groß wie der zwischen Rindersteak und Hühnchen. Gut möglich, daß Ihr Lieblingsfisch zu den preisgünstigen Arten zählt. Haben Sie keine Scheu, auch Stint, Hai, Stör oder völlig unbekannte Arten auszuprobieren.

Zudem werden auch viele verschiedene Fische in Wasser oder Öl eingelegt als Konserven angeboten. Sie bieten hochwertiges Protein für recht wenig Geld. Thunfisch war früher preiswerter, inzwischen ist Makrele jedoch günstiger, ein beliebter, kräftig schmeckender Fisch. Manchmal gibt es auch exotische Sonderangebote, unglaublich günstig und schmackhaft. Einer meiner Freunde hat z. B. unentwegt »Picapica« gegessen, einen unbekannten, südwestafrikanischen Fisch in scharfer Soße, den er gleich kistenweise kaufte.

Thunfisch, Schwertfisch und andere große Seefische sind oft mit Quecksilber verseucht. Sie stehen ganz oben in der Nahrungskette, so daß sich in ihren Körpern die Gifte konzentrieren. Es wäre also unklug, sie zu oft zu essen.

Kleinere Seefische wie Sardine, Hering und Makrele oder Grundfische wie Flunder oder Seezunge sind unbedenklich.

Austern

In wohlhabenden Kreisen gelten Austern als Delikatesse, andere wiederum finden sie widerlich. Schade, wie ich finde. Austern hatten übrigens, zusammen mit anderen Schalentieren wie Miesmuscheln, Venusmuscheln, Schnecken, Krabben und Garnelen, große Bedeutung für die Entwicklung der menschlichen Spezies. Sie dienten unseren Vorfahren, die an Meeres- und Seeufern lebten, als verläßliche Proteinlieferanten. Sie schmeckten nicht nur gut, sondern waren auch viel leichter zu fangen als größere, oft schnellere oder gefährlichere Tiere.

Austern enthalten doppelt soviel Protein wie Sojabohnen und etwa halb so viel wie entbeintes Hühnchen. Sie haben aber nur halb soviel Kalorien wie Hühnerfleisch und nur zwei Drittel soviel Cholesterin. Zudem wachsen sie in Meeresbuchten – manche ganz natürlich, andere werden an Drähten gezüchtet – und beanspruchen somit keinen benzinverschlingenden Maschinenpark.

Die Miesmuschel ist eine Verwandte der Auster, die man bei Ebbe gut selbst sammeln kann. Sie wächst in großen Mengen an kühlen, felsigen Küsten. Aber: Verzehren Sie im Sommer – oder wenn offiziell vor Vergiftungsgefahr gewarnt wird – keine selbstgesammelten Schalentiere!

Geflügel

Pute, Ente, Gans und besonders Hühnchen sind hervorragende und relativ preiswerte Proteinspender. Sie enthalten darüber hinaus noch weitere wertvolle Nährstoffe. Sie sind frisch (oft nur nach Vorbestellung) oder tiefgefroren erhältlich. Frisches Geflügel hält sich auch bei Kühlung höchstens ein bis zwei Tage. Meiden Sie schon gestopfte tiefgefrorene Tiere – das kostet mehr, und das Stopfen erhöht die Gefahr einer Lebensmittelvergiftung.

Als Ergebnis der Massentierhaltung ist Geflügel oft mit Salmonellen verseucht, die schwere Infektionskrankheiten hervorrufen können. Benutzen Sie nur ein bestimmtes Brett zum Schneiden des Fleisches und waschen sie dieses regelmäßig und gründlich. Waschen Sie ebenso sorgfältig das Fleisch und anschließend Ihre Hände, bevor Sie andere Lebensmittel anfassen. Geflügelfleisch sollte gründlich durchgegart werden, d. h. der Saft sollte beim Anstechen nicht mehr rosa, sondern farblos sein.

Bei manchen Rezepten empfiehlt es sich, eher einzelne Hühnchenteile als ein ganzes Tier zu kaufen. Billige Teile, wie der Rücken, sind gut für Suppen geeignet. Delikatessen wie z. B. Hühnchenleber sind auch einzeln erhältlich.

Eier

Eier sind eine hervorragende Proteinquelle. Leider enthalten die Dotter auch sehr viel Cholesterin, so daß man nicht zu viele davon essen sollte. (Eiweiß können sie in beliebiger Menge zu sich nehmen.)

Bohnen und Getreide mischen

Bohnen gibt es in herrlich vielen Formen und Farben, und nicht alle bewirken eine gesteigerte Gasentwicklung im Darm. Allerdings gibt es dafür keine allgemeingültige Regel. Sie müssen selbst herausfinden, auf welche Sorten Ihre Verdauung wie reagiert. Den höchsten Proteingehalt haben Sojabohnen, die auf viele verschiedene Arten gegessen werden – auch als Sprossen, was ihren Nährwert im Vergleich zu gekochten Bohnen noch erhöht.

Manche Bohnen muß man längere Zeit einweichen, andere nicht. Probieren Sie einfach verschiedene Kochmethoden und Rezepte aus. Wenn Sie Bohnen mit Mais kombinieren, wie es besonders in der mexikanischen Küche üblich ist, führen Sie dem Körper verschiedene Proteine zu, die Sie mit allen nötigen Aminosäuren versorgen. Auch die Kombination von Bohnen und Reis liefert alle essentiellen »Komplementärproteine«.

Erdnußbutter

Erdnußbutter schmeckt gut und steckt voller Proteine, aber leider auch voller Fett. Daher sollten Sie nicht zu viel davon essen. (Kaufen Sie keine Erdnußbutter mit Fett- und Zuckerzusätzen.) Sie taugt nicht nur als Brotaufstrich: Bestreichen Sie Sellerie damit, machen Sie Kekse daraus oder essen Sie sie einfach aus dem Glas. Vier Eßlöffel Erdnußbutter und eine Tasse Milch enthalten fast so viel Protein wie ein Viertelpfund Fleisch.

Echte Erdnußbutter ist nicht leicht zu finden. Am ehesten werden Sie in Naturkostläden fündig. Sie muß »crunchy« sein, mit kleinen Nußstücken darin, und mit einer Ölschicht bedeckt – Zeichen dafür, daß sie nicht homogenisiert ist. Sehen Sie sich im Zweifelsfall das Etikett genau an. Echte Erdnußbutter hat außer gemahlenen Erdnüssen und Salz keine Zutaten. Alles, was darüber hinausgeht, sollte Sie mißtrauisch machen.

Falls Sie das Öl stört und Sie nicht gelegentlich umrühren wollen, dann stellen Sie das Glas einfach immer wieder auf den Kopf, besonders, wenn es noch voll ist.

Dann reicht ein Umrühren nach dem Öffnen, um eine gute Konsistenz zu erreichen.

Mit einem Fleischwolf oder einem sehr stabilen Mixer können Sie Erdnußbutter oder anderes Nußmus auch selbst herstellen.

Walnußmus ist vom Nährwert her sogar besser als Erdnußbutter, weil es nur sehr wenige gesättigte Fettsäuren enthält, und hat einen interessanten Geschmack. Mahlen Sie nicht zu viele Nüsse auf einmal. Möglicherweise müssen Sie etwas Öl hinzufügen, um das Mus geschmeidiger zu machen. Verwenden Sie dazu Erdnußöl oder ein anderes kaltgepreßtes Öl mit mehrfach ungesättigten Fettsäuren. Und gehen Sie sparsam mit dem Salz um – man braucht nur wenig davon.

Nach dem Öffnen sollten Sie Erdnußbutter im Kühlschrank aufbewahren, um die Bildung giftiger Aflatoxine zu vermeiden.

3. Essen Sie reichlich Gemüse und Obst

Gemüse und Obst enthalten viele notwendige Vitamine, Ballaststoffe und Energie. Im Verlauf einer Woche sollten Sie etwas dunkelgrünes Gemüse wie Spinat, Kohl und Brokkoli, etwas gelbes wie Karotten, Kürbis oder gelbe Bohnen, einige Zitrusfrüchte wie Orangen und Grapefruits sowie etliche Tomaten zu sich nehmen. Auch wenn Sie Vitaminpillen nehmen, brauchen Sie frisches Gemüse aus jeder dieser Gruppen. Besonders während der Saison, wenn es billig ist, sollten Sie Ihre Mahlzeiten damit beleben. Doch gibt es auch Zeiten, in denen Sie tiefgefrorenes Gemüse kaufen müssen, das ungefähr denselben Nährwert wie frisches hat. Kochen Sie es mit möglichst wenig Wasser.

Salate sind eine besonders leckere Möglichkeit, Gemüse zu essen. Aber auch rohe Karotten, Paprika, Sellerie, Blumenkohl, Tomaten, Kohl usw. sind nicht zu verachten. Machen Sie einen Bogen um Eisbergsalat; er hat fast keinen Nährwert.

4. Vollkornbrot und Getreide statt Zuckerzeug

Das menschliche Leben auf unserem Planeten beruht im Grunde auf Weizen, Hafer, Reis und anderen Getreidearten sowie auf Kartoffeln und etlichen anderen kohlehydrathaltigen Nahrungsmitteln. Zusammen mit Gemüse und Obst bilden sie den Löwenanteil an einer gesunden Ernährung.

Vollkornbrot

Im Vollkornbrot wird das ganze Getreidekorn einschließlich der äußeren Hülle verwendet. Dadurch kommen Sie in den Genuß aller im Korn enthaltenen Vitamine und Proteine sowie der für die Verdauung wichtigen Ballaststoffe. Bei Weiß- oder Graubrot werden die äußeren Schichten des Korns entfernt. Lediglich der kohlehydrathaltige Mehlkörper wird gemahlen und zu sogenanntem Auszugsmehl verarbeitet.

Vollkornnudeln

Leider werden Nudeln fast ausschließlich aus Auszugsmehl hergestellt. Vollkornteigwaren sind aber in Naturkostläden und manchen Supermärkten erhältlich. Auch grüne Nudeln, die einen gewissen Spinatanteil enthalten, schmecken interessant und haben einen etwas höheren Nährwert. Die durchsichtigen chinesischen Glasnudeln werden aus Sojabohnen hergestellt und enthalten Proteine.

Kartoffeln

Kartoffeln bestehen keineswegs nur aus Stärke. Sie enthalten deutlich mehr Protein und andere Nährstoffe als man gemeinhin annimmt. (Es gibt Völker im pazifischen Raum, die sich fast ausschließlich von Süßkartoffeln ernähren.) Kartoffeln enthalten kein Fett – diese Kalorien bringen wir selbst durch Butter, Sauerrahm, Bratfett und Soßen ins Spiel. Probieren Sie auch hier fettarme Produkte aus.

Kartoffeln sind mehr als nur eine Beilage. Es gibt viele leckere Kartoffelgerichte, wie z. B. Kartoffelsuppe, Kartoffelgratin oder einfach gebackene Kartoffeln mit Butter oder Kräuterquark. Ganze Kartoffeln werden im

Backofen schneller gar, wenn Sie einen großen Nagel hindurchstecken, der die Hitze ins Innere der Knolle transportiert. Stechen Sie die Kartoffeln vor dem Backen mit einer Gabel an, damit die Haut nicht platzt – das gilt vor allem, wenn Sie sie im Lagerfeuer braten.

In einem kühlen, dunklen und gut gelüfteten Raum halten sich Kartoffeln sehr gut, bei Zimmertemperatur jedoch nur etwa eine Woche lang. Kaufen Sie also nicht zu viele davon.

Reis

Reis ist das weltweit verbreitetste Grundnahrungsmittel. In Asien bildet er *das* zentrale Lebensmittel, und auch überall sonst wird er gegessen. Reis ist sehr vielfältig für verschiedenste Gerichte verwendbar, die oft noch leichter zu machen sind als Kartoffel- oder Nudelgerichte. Hier einige Tips zur Zubereitung:

Schütten Sie zuerst genügend Reis in einen Topf (eine große Tasse reicht für zwei Personen). Waschen Sie ihn nicht, es sei denn, das Etikett fordert Sie ausdrücklich dazu auf, sonst gehen Vitamine verloren.

Stecken Sie nun den Finger durch den Reis auf den Boden des Topfes und markieren Sie mit dem Daumen die Stelle, bis zu der die Reisschicht reicht. Ziehen Sie jetzt den Finger so weit heraus, daß Ihre Fingerspitze die oberste Reisschicht noch berührt, geben Sie Wasser zu, und schließen Sie den Hahn erst, wenn das Wasser Ihren Daumen erreicht. Jetzt bringen Sie den Topfinhalt zum Kochen (Deckel drauf) und lassen ihn bei kleiner Hitze weiterköcheln. Brauner Naturreis, der wesentlich mehr Nährstoffe enthält als geschälter weißer Reis, braucht ca. 45 Minuten, der weiße ca. 20 Minuten. Rühren Sie etwa alle zehn Minuten um, damit sich keine Klumpen bilden. Der Reis ist fertig, wenn alles Wasser aufgesaugt ist. Wenn Sie ihn trocken mögen, dann nehmen Sie gegen Ende den Deckel ab und rühren immer wieder um. Dadurch kann die restliche Flüssigkeit entweichen.

Mit dieser einfachen Methode bleiben alle Nährstoffe im Reis enthalten. Während er kocht, bereiten Sie die an-

deren Bestandteile Ihres Mahls zu. Im Grund sind Reis-
gerichte – mit Ausnahme solcher, die im Ofen gebacken
werden – nichts anderes als Reis mit einer schmackhaften Soße aus proteinhaltigen Nahrungsmitteln und
Gemüse. Mit dieser Faustregel läßt es sich munter improvisieren und gleichzeitig nahrhaft und preiswert kochen.

Zucker

In den westlichen Industrieländern wird nach wie vor ungeheuer viel Zucker konsumiert. Das wirkt sich nachtei-
lig auf Gewicht, Zähne, den Blutzuckerspiegel und wahrscheinlich auch auf die Psyche aus.

Unser Körper wandelt Stärke in verdaulichen Zucker
um. Mit einer gewissen zusätzlichen Zuckermenge, am
besten in Form von Fruchtzucker, können Sie einen Teil
Ihres Kohlehydratbedarfs decken. Wenn Ihr Speiseplan
jedoch viel Zucker und viel Fett enthält, dann haben sie
vermutlich Übergewicht und sollten versuchen, beides zu
reduzieren.

Wenn Sie Zucker kaufen, egal ob »braun«, »roh« oder
»weiß«, handelt es sich immer um raffinierten Zucker
aus Zuckerrohr oder Zuckerrüben. Honig enthält noch
zusätzliche gesundheitsfördernde Substanzen und
schmeckt auch interessanter als Zucker. Aber selbst mit
Honig sollten Sie nicht zu verschwenderisch umgehen.

5. Wenig Alkohol, Limonade und Koffein

Limonade wird in verschiedenen Formen angeboten und
ist nicht nur bei Kindern außerordentlich beliebt. Gleichzeitig aber hat sie eine Menge Nachteile. Sie enthält sehr
viel Zucker und Zusatzstoffe und ist im Grunde genommen einfach sehr teures, geschmacksverstärktes Wasser.
Mißtrauen Sie Werbespots, die Ihnen ein deutlich verbes-
sertes Sexualleben versprechen, wenn Sie irgendein Erfri-
schungsgetränk kaufen. Besinnen Sie sich auf gesunde Alternativen: Machen Sie sich Eistee oder Zitronensaft oder
mischen Sie Ihren Lieblingsfruchtsaft (und, wenn es unbedingt sein muß, ein *bißchen* Zucker) mit Eiswürfeln

und Eiswasser, um ein erfrischendes und fast kostenloses Getränk zu bekommen.

Säfte

Obst- und Gemüsesäfte von guter Qualität sind außerordentlich gesund. Achten Sie jedoch unbedingt darauf, daß Sie Säfte mit einem Fruchtgehalt von 100 Prozent einkaufen. Sie sind relativ teuer, aber andere Säfte verdienen eigentlich kaum diese Bezeichnung, da Sie hauptsächlich aus Wasser, Zucker, Geschmacksstoffen und vielleicht einigen vereinzelt darin herumschwimmenden Fruchtstückchen bestehen. Am besten schmeckt Orangensaft aber immer noch frisch gepreßt.

Abwarten und Tee trinken

Tee und Kaffee sind milde Stimulantien für das zentrale Nervensystem. Die darin enthaltenen Wirkstoffe – Thein oder Koffein – sind im Grunde ein und dieselbe chemische Verbindung. Auch enthalten beide Getränke Gerbsäure, die in Verbindung mit Milch etwas von ihrer Schärfe verliert. Als Drogen sind sie beide ungefährlich – eine »Überdosis« macht Sie höchstens nervös oder bringt Ihren Magen durcheinander –, aber allzuviel ist auch hier ungesund. Weder Tee noch Kaffe haben irgendeinen Nährwert, abgesehen von Zucker, Sahne oder Milch, die Sie selbst dazugeben. Vitamine und andere Substanzen sind in winzigen Spuren vorhanden.

Außer Wasser gibt es kein billigeres Getränk als Tee. Am preisgünstigsten kauft man ihn in größeren Packungen, z. B. pfundweise. Ein Pfund ergibt etwa 200 Tassen Tee. In den meisten Teebeuteln ist genug Tee für zwei Tassen – werfen Sie sie also nicht schon nach einer Tasse weg. Am besten kocht man eine oder zwei Tassen Tee mit Hilfe eines Tee-Eis, das in jedem Haushaltswarengeschäft erhältlich ist. Lassen Sie ihn drei bis fünf Minuten ziehen, und schließen Sie nicht von der Farbe automatisch auf die Stärke – manche Tees enthalten mehr Farbstoffe als andere.

Für größere Mengen verwenden Sie am besten eine Teekanne, die Sie mit etwas heißem Wasser anwärmen, bevor Sie den Tee aufgießen. So bleibt er länger warm. Geben Sie Teeblätter in die Kanne – etwa einen Teelöffel pro Tasse – und gießen Sie kochendes Wasser darauf. Nach drei bis fünf Minuten ist er trinkfertig. Später empfiehlt es sich dann, etwas heißes Wasser nachzugießen, um den restlichen Kanneninhalt zu verdünnen. Sie können aber auch ein Teenetz, Teefilter aus Papier oder ein Tee-Ei verwenden.

Es gibt drei grundsätzlich unterschiedliche Teearten. Am weitesten verbreitet ist *schwarzer Tee* mit mildem Geschmack und kräftiger Farbe. *Oolongtee* ist teils braun, teils grünlich, hat eine hellere Farbe und ist nicht so stark fermentiert wie schwarzer Tee. *Grüner Tee*, der vor allem von asiatischen Völkern getrunken wird, deren Vorfahren Tee überhaupt entdeckt haben und die wahrscheinlich mehr darüber wissen als sonst jemand, ist überhaupt nicht fermentiert und ergibt ein sehr helles, fast farbloses Getränk.

Bezeichnungen wie »Orange Pekoe« u. a. beziehen sich auf die Blattgröße, nicht auf die Qualität. Manche Tees sind nach ihren Herkunftsorten bezeichnet (Darjeeling, Assam usw.), was aber auch kein sicheres Qualitätsmerkmal ist.

Die meisten Tees und Kaffees, die man im Supermarkt erhält, sind Mischungen. Sie werden von Spezialisten hergestellt, deren Aufgabe darin besteht, ein möglichst einheitliches, trinkbares aber nicht besonders herausragendes Produkt zu mischen. Am meisten Spaß macht es, unter den verschiedenen Sorten die eigenen Lieblingstees herauszufinden. Dazu müssen Sie einen Teeladen ausfindig machen. Diese Läden sind oft sehr nett eingerichtet, duften gut und bieten manchmal auch die Möglichkeit, verschiedene Sorten zu testen.

Wer viel Eistee trinkt, interessiert sich vielleicht für lösliche Tees. Sie enthalten jedoch eine Menge künstlicher Geschmacksstoffe, Zucker, nur wenig Teepulver und sind irrsinnig teuer. Gesünder und besser ist selbstgemachter Eistee mit einem Schuß Orangensaft.

Eine ganz andere Sache sind Minz- und Kräutertees, die vor allem von Naturkostläden in einer breiten Palette angeboten werden. Die meisten dieser Tees enthalten weder Thein noch Gerbsäure und sind daher besser verträglich. Manchen, wie z. B. Ginseng, wird sogar anregende oder heilende Wirkung zugesprochen.

Vorsicht bei Kaffee

In Westeuropa wurde der Kaffee bei seiner Einführung als degenerierte Substanz geächtet. Kaffeetrinker versammelten sich in Kaffeehäusern, wo das Gebräu offensichtlich intellektuelle Debatten und subversive Gedanken förderte, so daß die Kaffeehäuser geradezu ein Netzwerk zur Übermittlung neuer, fortschrittlicher Ideen waren. Von Johann Sebastian Bach gibt es sogar eine unbeschwerte Kantate über die verbotenen Freuden des Kaffees.

In Amerika wurde der Kaffee zum Nationalgetränk, obwohl wir ihn im Vergleich zu anderen Völkern relativ schwach trinken. Erst in letzter Zeit haben wir uns murrend eingestanden, daß der Kaffee uns vielleicht nicht so guttut, vor allem bei einem Konsum, der einige Tassen täglich übersteigt. Dennoch ist Kaffee im Vergleich zu anderen Rauschmitteln relativ harmlos. Man sollte ihn nur nicht mehr mißbrauchen als andere Drogen auch.

In eleganten Geschäften gibt es exotische, auf leicht unterschiedliche Weise geröstete Kaffees (und Tees) zu kaufen, dazu eine phantastische Auswahl an Kaffeemühlen, Filtern und anderen nützlichen Dingen. Die Suche nach der perfekten Tasse Kaffee kann sich, wie jedes Streben nach dem Ideal, zu einer sehr teuren Obsession entwickeln. Manche Leute sind in der Lage, anspruchsvolle Diskussionen über Vor- und Nachteile bestimmter Zubereitungsmethoden oder über koffeinierte oder koffeinfreie Kaffeebohnen zu führen.

Die meisten Methoden (außer der Espressozubereitung, die mit Dampf funktioniert) gleichen sich darin, daß sie nahezu kochendes Wasser und gemahlenen Kaffee etwa fünf Minuten lang in einem sauberen Behälter·zusammenführen. Man kann Kaffee aufkochen, filtern, ihn durch einen mit heißem Wasser gefüllten Zylinder quetschen und ihn sogar in kaltem Wasser über Nacht auslaugen. Die größten Unterschiede entstehen, von der Sauberkeit des verwendeten Behältnisses einmal abgesehen durch Art, Menge, Mahlgrad, Alter und Frische des Kaffees. Experimentieren Sie eine Weile, bis Sie Ihre Lieblingskombination herausfinden. (Mit ein wenig in kochendem Wasser gelöstem Backpulver können Sie Topfrückstände lösen.) Bewahren Sie Kaffee in luftdichten Behältern auf. Wenn er schon gemahlen ist, dann brauchen Sie ihn innerhalb von zwei bis drei Tagen auf.

Auch die Beigaben spielen eine große Rolle. Falls Ihnen Ihr Kaffee nicht schmeckt, liegt es vielleicht daran, daß Sie Milch statt Kaffeesahne verwenden. Und nehmen Sie nicht zu viel Zucker.

Löslicher Kaffee ist pro Tasse nicht unbedingt teurer als Bohnenkaffee und lohnt sich vor allem für Menschen, die sehr einfach leben, da man zur Zubereitung nur eine Tasse und einen Löffel braucht. Mittlerweile schmeckt löslicher Kaffee auch ganz ordentlich.

Weit verbreitet sind auch Kaffee-Ersatzgetränke, die weder Koffein noch Methylxantine enthalten und meist auf Zichorienbasis hergestellt werden.

6. Nicht zuviel Salz, Fett und Öl

Salz reduzieren

Vielleicht denken Sie, daß Salz gleich Salz ist und greifen einfach zur nächstbesten Packung. Das ist falsch! Viele Menschen leiden heutzutage an einem Kropf, einer krankhaften Vergrößerung der Halsschilddrüsen, die durch Jodmangel hervorgerufen wird. Daher sollten Sie auf jeden Fall Jodsalz verwenden. Nur wer sehr viel jodhaltigen Fisch ißt oder allergisch gegen Jod ist (was außerordentlich selten vorkommt), kann darauf verzichten.

Viele Leute essen dennoch zuviel Salz, was oft zu einem erhöhten Blutdruck führt und, besonders während der Schwangerschaft, auch Wassereinlagerungen im Körper zur Folge haben kann. Salzen Sie Ihr Essen niemals, bevor Sie es probiert haben, und versuchen Sie, Ihren Gaumen an andere Geschmacksrichtungen zu gewöhnen. Vielleicht werden Sie überrascht sein, welch herrliche Delikatessen Sie sich bisher versalzen haben.

Fertiggerichte enthalten normalerweise sehr viel Salz (und Zucker) – noch ein Grund, so wenig wie möglich davon zu essen. Suppenwürfel und lösliche Suppen sind gewöhnlich ebenfalls sehr salzig. Generell enthalten alle gepökelten, geräucherten, tiefgekühlten oder in Dosen verkauften Sachen viel mehr Salz als ihre natürlichen Entsprechungen. Daß auch Restaurants und Imbißbuden zuviel Salz verwenden, ist noch ein Grund mehr, zu Hause zu essen.

Es gibt kaum Unterschiede zwischen Meersalz und normalem Salz (beide werden durch Verdampfen von Wasser gewonnen). Für Menschen mit hohem Blutdruck kann Kalisalz ein guter Ersatzstoff sein.

Gesättigten Fettsäuren unbedingt aus dem Weg gehen

Wir essen viel zuviel Fett, vor allem viel zuviel falsches Fett. Manche Fette sind lebenswichtig, beispielsweise für den Transport fettlöslicher Vitamine, zur Isolation oder als Energiereserve. Allerdings könnten Sie nur mit einem wirklich grotesken Speiseplan zuwenig Fett zu sich nehmen. Für die meisten von uns besteht das Problem eher darin, die gesättigten Fette (z. B. in Fleisch, Milchprodukten, Schokolade und Ölen) zu reduzieren, weil sie den Cholesterinspiegel im Blut ansteigen lassen und so das Herzinfarktrisiko erhöhen. Wo immer möglich sollten Sie mehrfach ungesättigte Fette (in Margarine, Gemüseölen, Nüssen und Fischen) wählen, aber verwenden Sie auch diese sparsam. Verwenden Sie zum Braten keine tierischen Fette!

Die negativen Auswirkungen von gesättigten Fetten und Cholesterin können durch körperliches Training teilweise aufgehoben werden. Beim Cholesterinspiegel spielen auch erbliche Faktoren eine Rolle. Dennoch sollten Sie Ihren Fettkonsum niedrig halten. Verwenden Sie kaltgepreßte Öle, die noch Spuren von Nährstoffen enthalten. Außerdem riechen und schmecken sie einfach besser als Öle, die erhitzt oder mit Hilfe chemischer Lösungsmittel gewonnen wurden, sind aber nicht so lange haltbar. Kaufen Sie also nicht mehr, als Sie in drei bis vier Monaten verbrauchen, und lagern Sie das Öl nicht in der Sonne oder an warmen Stellen.

Probieren Sie verschiedene Gemüseöle aus. Sesamöl ist sehr leicht und zum kurzen Rösten von Gemüse sowie für Salate gut geeignet. Safranöl ist ebenfalls besonders leicht und eignet sich auch zum Frittieren. Zu Salatsoßen gehört fast immer Olivenöl, das in der italienischen Küche generell verwendet wird und die wenigsten gesundheitlichen Risiken birgt. Erdnußöl schmeckt relativ streng.

Kaltgepreßte Öle werden ohne chemische Zusätze und ohne Hitzezufuhr gewonnen. In natürlich gepreßten Ölen schwimmen oft einige Flocken umher, außerdem haben Sie eine kräftigere Farbe, da sie nicht gefiltert werden.

Margarine statt Butter
Butter enthält sehr viele gesättigte Fettsäuren. Essen Sie also wenig davon, um Ihres Gewichtes und des Herzerkrankungsrisikos willen. Wenn Sie Butter essen, sollte es ungesalzene sein, da das Salz andere Geschmacksspuren übertüncht und ungesalzene daher von besserer Qualität sein muß.

Die Zusammensetzung von Margarine kann sehr unterschiedlich sein. Wählen Sie die mit dem geringsten Anteil an gehärteten Ölen und den wenigsten Zusätzen.

E. Richtig essen

1. Täglich ein gesundes Frühstück
Amerika ist traditionell ein Land, in dem herzhaft gefrühstückt wird. Trotz des gesundheitsgefährdend hohen Anteils an Eiern, Schinken und Butter liegen darin auch

viele Vorzüge. In letzter Zeit setzt sich jedoch vor allem in den Städten das »kontinentale« Frühstück durch – ein Brötchen und eine Tasse Kaffee, die schon im Gehen verzehrt werden. Leider vergessen wir dabei, daß sich diese Art Frühstück in Verbindung mit einem frühen Mittagessen (in Frankreich) oder einer sehr ausgiebigen Mittagsmahlzeit (in Italien) entwickelt hat. Sollten Sie Ihr Leben also nicht ebenso »kontinental« einrichten können (neue Untersuchungen zeigen, daß der menschliche Körper eine Mittagspause *braucht*), frühstücken Sie reichhaltig. Eine sehr gesunde Möglichkeit bieten Müsli-Mischungen, die auch sehr preisgünstig selbst zu machen sind. Normalerweise werden dafür Haferflocken, brauner Zucker, Sojaöl, Honig, Sonnenblumenkerne und andere Samen, gehackte Nüsse, Rosinen, Weizenkeime und Trockenfrüchte verwendet. Das ganze wird mit Milch angerührt. Kleine Frischobststücke sorgen für eine zusätzliche Geschmacksnote. Die meisten Fertigmischungen aus dem Supermarkt enthalten sehr viel Zucker und Öl – Selbermachen ist also auf jeden Fall besser.

Wenn Sie beim Frühstück nicht unbedingt kauen, sondern lieber schlürfen wollen, dann rühren Sie ein geschlagenes Ei (oder nur das Eiweiß) in ein Glas Milch und geben Sie etwas Vanille oder Muskat hinzu. Oder mixen Sie sich einen Shake aus Milch, Orangensaft und einer zerdrückten Banane. Versuchen Sie es wahlweise auch mit der Beigabe von Marmelade, löslichem Kaffee, Schokoladensirup oder Honig.

Das traditionelle amerikanische Frühstück mit Schinken und Eiern ist sehr cholesterin- und fetthaltig. Dazu kommen noch die wahrscheinlich krebserregenden Nitrite im Schinken, so daß Sie sich diesen Genuß nur spärlich gönnen sollten. Verwenden Sie mehr Margarine und weniger Butter, nehmen Sie Margarine mit vielfach ungesättigten Fettsäuren, und toasten Sie nur Vollkornbrot. Für Pfannkuchen brauchen Sie keine ganzen Eier, das Eiweiß genügt.

2. Essen Sie zu Hause

In den letzten Jahrzehnten wird immer weniger gekocht und immer mehr auswärts gegessen. Nicht nur in Amerika, sondern auch in Europa werden diese »Mahlzeiten« oft in Schnellimbissen und Fast-Food-Restaurants eingenommen, was zu einer Unterversorgung mit Gemüse und Obst führt. Wer jedoch vernünftig und bescheiden lebt, sollte so wenig wie möglich essen gehen – aus finanziellen wie auch aus ernährungsphysiologischen Gründen. Im folgenden verschiedene Strategien, wie Ihnen dies gelingt, selbst, wenn Sie nicht sehr oft zu Hause sind.

Strategie 1: Ein umfangreiches Frühstück

Damit können Sie oft einen ganzen Tag lang durchhalten und brauchen mittags nicht mehr als eine selbstgemachte Schnitte oder etwas Obst und Käse.

Strategie 2: Keine schweren Mahlzeiten

Orientieren Sie sich an unseren urzeitlichen Vorfahren, und nehmen Sie über den Tag verteilt viele kleine – und gesunde – Mahlzeiten zu sich. Bewahren Sie dort, wo Sie viel Zeit verbringen, kleinere Vorräte auf, oder tragen Sie immer etwas bei sich (am besten in einer Handtasche, einem Rucksack oder einem Mantel mit großen Taschen). Probieren Sie es mit etwas Brot oder Zwieback, einem Apfel oder einer Orange, vielleicht auch einer kleinen Büchse Sardinen, einem Stück Käse oder Salami. In jedem Fall sollte es nahrhaft sein, um Ihnen, wenn nötig, als komplette Mahlzeit zu dienen, und nicht nur als Kleinigkeit für Notfälle.

Dasselbe gilt für Tagesausflüge. Gehen Sie niemals in den Zoo, an den Strand oder auf eine Wanderung, ohne Verpflegung einzupacken. Entwickeln Sie Phantasie beim Brote schmieren.

Strategie 3: Bereiten Sie Ihre Mahlzeiten selbst zu

Kaufen Sie sich alles, was Sie brauchen, um auch kleine Mahlzeiten selbst zubereiten zu können. Für dasselbe Geld, das Sie für ein paar Hamburger oder sonstiges Fast-Food ausgeben müßten, bekommen Sie Brot, Käse, Milch und vielleicht sogar noch ein bißchen frisches Gemüse dazu. Ein Pizzastück oder ein fertig gekauftes Sandwich kostet Sie mehr als ein paar Äpfel, Pfirsiche oder Orangen.

Gehen Sie nie ohne Taschenmesser aus dem Haus: Damit können Sie Obst aufschneiden, Büchsen und Flaschen öffnen und auch allen sonstigen Schwierigkeiten begegnen, die sich stellen, wenn man außerhalb der eigenen vier Wände etwas essen will.

3. Hüten Sie sich vor Modespeisen
Ernähren Sie sich vielfältig

Ein auf wenige Lebensmittel beschränkter Speiseplan birgt Gefahren. Diesen kann man entgehen, wenn man auf Abwechslung achtet und viele verschiedene Speisen zu sich nimmt. So erhalten Sie zumindest alle lebensnotwendigen Grundstoffe und Spurenelemente.

Eine makrobiotische Diät ist z. B. für Menschen mit Leberschäden (als Folge einer Gelbsucht oder einer Zirrhose) sehr gefährlich und kann sogar zum Tod führen. Der angeblich reinigende Effekt einer solchen Ernährung zeigt sich scheinbar in einer großen Ruhe und Gelassenheit, die aber eine Folge der Fehlernährung sein dürfte. Der braune Reis, den Makrobiotiker essen, enthält zwar etwas Protein, Stärke und einige Spurenelemente und ist somit besser als polierter weißer Reis. Doch wenn er das einzige Nahrungsmittel bleibt, führt dies zu Skorbut, und die Schwächung durch Proteinmangel zieht bald auch andere Krankheiten nach sich.

Wenn Sie wirklich Erfahrungen mit einer stark reduzierten Nahrungszufuhr machen wollen, dann fasten Sie lieber gleich. Viele Menschen essen sowieso zuviel; ein gelegentliches eintägiges Fasten kann auf keinen Fall schaden. Dabei folgt auf die Phase absoluten Hungers ein regelrechtes Hochgefühl. Achten Sie aber darauf, genügend Flüssigkeit (Frucht- oder Gemüsesäfte) zu sich zu nehmen, damit Sie nicht austrocknen. Wenn Sie mehr als 48 Stunden lang fasten, verändert das Ihre Darmflora und andere Verdauungsvorgänge, so daß Sie, wenn Sie wieder essen, möglicherweise mit Verstopfung zu kämpfen haben. Fangen Sie also langsam und mit leicht verdaulichen Speisen an. Halten Sie auch unbedingt Rücksprache mit Ihrem Hausarzt, wenn Sie länger als ein, zwei Tage fasten wollen.

Keine zusätzlichen Proteine

Die meisten Menschen in den westlichen Industrienationen konsumieren viel mehr Protein, als sie brauchen. Bei einem halbwegs abwechslungsreichen Speisezettel sind zusätzliche Proteinkonzentrate daher völlig überflüssig. Wenn Sie solche Präparate über längere Zeit zu Ihrem Hauptnahrungsmittel machen – z. B. weil Sie abnehmen wollen –, dann kann das zu ernsthaften gesundheitlichen Störungen führen.

Kein Fast-Food, keine Konserven

Die gefährlichste Modeerscheinung im Ernährungsbereich ist das Fast-Food: Hamburger, Pommes frites, Milchshakes usw. Sie enthalten neben wenig Protein und Kohlehydraten sehr viel tierische und andere Fette sowie viel zuviel Salz. Und das Kopfsalatblatt auf einem Hamburger als Gemüse zu bezeichnen, wäre einfach zuviel der Ehre. Alles in allem ist die MacDonald's-Diät minderwertig.

Eine weitere Modeerscheinung ist vorgekochtes oder konserviertes Essen. Fast alles ist mittlerweile in Büchsen erhältlich, tiefgefroren oder sonstwie vorbereitet und »ganz einfach zu machen«. Natürlich sind diese Sachen normalerweise doppelt so teuer wie Selbstgemachtes und außerdem mit Zusätzen, Zucker und Salz überfrachtet.

4. Versuchen Sie, sich vegetarisch zu ernähren

Viele berühmte Sportler waren Vegetarier. Vegetarier werden oft sehr alt, und Angehörige vegetarischer Religionsgemeinschaften sind statistisch gesehen sehr viel gesünder als Fleischesser. Der weitverbreitete Glaube, daß Fleisch für ein gesundes Leben unerläßlich sei, entbehrt jeder Grundlage. Mit zunehmendem Gesundheitsbewußtsein haben sich in den letzten Jahrzehnten mehr und mehr Menschen dem Gedanken einer ganz oder teilweise vegetarischen Ernährung geöffnet.

Jeder Wandel der Eßgewohnheiten ist erst einmal eine emotionale Bedrohung. Daher geht eine Veränderung in der Regel nur langsam und vorsichtig vonstatten. Wer an eine gutbürgerliche Küche gewöhnt ist, dem erscheinen viele vegetarische Gerichte erst einmal fremd oder sogar schlecht. Tofu z. B. wird aus Sojabohnen gewonnen und ist ein hervorragender Proteinspender, der in vielen japanischen und chinesischen Gerichten vorkommt. Wer aber noch nie Tofu gegessen hat, auf den wirkt er erst einmal unförmig und etwas seltsam.

Es gibt sehr viele hervorragende vegetarische Kochbücher. Der einzige lebensnotwendige Nährstoff, den man bei vegetarischer Ernährung nicht bekommen kann, ist Vitamin B_{12}, das Sie sich in Pillenform besorgen sollten. Vom Standpunkt einer vollwertigen Ernährung aus gesehen ist Gemüse besser als Obst, obwohl Sie natürlich auch viel Obst essen sollten. Mais, Erbsen, Grünkohl, Rüben, Petersilie und Spinat führen die Liste an, gefolgt von Spargel, Bohnen, Brokkoli, Senf, Okraschoten und – Peperoni.

F. Hygiene und Sicherheit

1. Halten Sie Ihre Küche sauber

Ihr Geschirr waschen Sie sicherlich deshalb ab, weil es ziemlich unangenehm ist, von schmutzigen Tellern zu essen, und nicht etwa deshalb, weil Schmutz das Bakterienwachstum begünstigt. Spül- und Handtücher waschen Sie, weil sie sonst muffig und schimmelig werden. Arbeitsplatte und Tisch werden gesäubert, weil sie sonst mit einer Schicht aus verschütteten Getränken und Brotkrumen verkrusten und Küchenschaben anziehen. Dies ist so sinnvoll wie gesund, doch sollten Sie dabei noch eine Reihe weiterer Dinge beachten.

Das Waschbecken auf der Toilette hat den Sinn, den

Bakterienkreislauf Kot-Hand-Mund zu unterbrechen. Dadurch läßt sich die Übertragung bestimmter schwerer Krankheiten wie Typhus und etlicher wirklich unangenehmer Dinge, wie z. B. Bandwürmer, verhindern.

Die Küche sollte ein gemütlicher Raum sein und genauso schön und angenehm wie die anderen Zimmer der Wohnung. Es spricht sogar einiges dafür, die Küche, wie früher, zum Zentrum der Wohnung oder des Hauses zu machen. Dort ist es warm, eine Familie mit Kindern verbringt sowieso einen großen Teil ihrer Zeit dort, und Essen ist ein wichtiger Bestandteil des Familienlebens. Da ist es eigentlich absurd, das Essen in einem extra Raum gesondert zuzubereiten.

Es gibt keinen Grund, die Küche absolut makellos zu halten. In einer völlig sterilen Küche fühlt sich niemand wohl. Widmen Sie der Hygiene also ruhig eine gewisse Aufmerksamkeit, aber nicht zuviel. Die folgenden Punkte sind die wichtigsten:

Ein effizienter Abwasch

Bei Mahlzeiten, für die Sie nur eine Schüssel oder einen Teller pro Person benötigen, haben Sie weniger Abwasch. Töpfe und Pfannen zu waschen, sobald sie nicht mehr gebraucht werden, reduziert Ihre Geschirrstapel erheblich. Spülen Sie nicht unter fließendem Wasser ab, sondern verwenden Sie das Becken oder eine Spülschüssel – das spart Wasser und Energie. Manche Küchengeräte, z. B. schwere Eisenpfannen, sollten gar nicht abgewaschen, sondern nur ausgewischt oder ausgespült werden, um die »Würzschicht« zu erhalten. Außerdem: Trocknen Sie Ihr Geschirr nicht ab. Die Handtücher sind lediglich Bakterienüberträger.

Bringen Sie regelmäßig den Müll raus

Bunte, hübsche Mülleimer sind in meinen Augen eine Perversion, die nur die Existenz von Abfall aus unserem Bewußtsein verdrängen soll. Das führt dazu, daß Sie vergessen, den Eimer zu leeren, so daß er zu stinken anfängt. Die beste Lösung, die ich kenne, sind große, stabile Papiertüten zur Beseitigung nicht wiederverwertbarer und nicht kompostierbarer Sachen. Für alles andere (Glas, Aluminium, Blech, Plastik, Papier) verwende ich Pappkartons, den Kompost (Obst- und Gemüseabfälle, Essensreste usw.) sammle ich in einem Eimer mit Deckel und werfe ihn dann auf den Komposthaufen in einer Ecke meines Gartens.

Arbeitsflächen sorgfältig reinigen

Ein gutes Holzbrett oder eine andere zum Schneiden von Fleisch, Gemüse und Obst geeignete Fläche ist in einer Küche unverzichtbar. Sie können sehr schöne handgemachte Schneidebretter aus Hartholz kaufen oder natürlich auch selber machen. Wie oben schon erwähnt, sollten Sie für Geflügel auf jeden Fall eine extra Schneidefläche verwenden. Desinfizieren Sie gelegentlich jedes Brett, und spülen Sie es anschließend gründlich ab. Auch direktes Sonnenlicht hat desinfizierende Wirkung. Wenn Sie ein Brett nach dem Abwaschen für eine Stunde nach draußen in die Sonne legen, erhält es zusätzlich noch einen guten Duft.

Sonne und frische Luft sind ganz natürliche Hilfsmittel, um eine gut riechende und saubere Küche zu erhalten, ohne daraus eine Lebensaufgabe machen zu müssen. Stellen Sie Ihre Lebensmittel nicht einfach in der mit Werbeaufdrucken gespickten Verpackung in den Küchenschrank, sondern bewahren Sie sie in schönen Behältnissen auf. Die meisten verpackten Lebensmittel halten länger, wenn Sie luftdicht verwahrt werden. Häufen Sie Obst nicht in einen tiefen Korb, da die unteren Stücke dann vielleicht unbemerkt zu schimmeln beginnen. Legen Sie es auch generell nicht in die Sonne – dadurch wird es nur mehlig und der Reifeprozeß wird kein bißchen beschleunigt. Brot und Gemüse halten sich jedoch in feuchter Umgebung am besten, z. B. im Kühlschrank.

Verwenden Sie einfache Reinigungsmittel

In den meisten Haushalten findet man genügend Reiniger, um ein ganzes Hotel sauberzuhalten. Man braucht aber eigentlich nur sehr wenige. Seife oder ein anderes

Waschmittel für Geschirr und Kleider, Scheuerpulver gegen schmierige Flecken auf Geschirr, Töpfen und auf dem Fußboden sowie Ammoniak zur Reinigung von Fußboden, Toilette, Fenstern, Kühlschrank und Herd. (Vermischen Sie Ammoniak niemals mit Bleichmittel. Dabei entstehen giftige Dämpfe!) Versuchen Sie es auch mit natürlichen Reinigern wie z. B. mit Backpulver, Essig, Salz usw. Sie sind billiger und auf keinen Fall giftig. Viele Putzmittel sind gefärbt, parfümiert und werden mit »neuen geheimen Wirkstoffen« angepriesen, um so den hohen Preis zu rechtfertigen.

2. Vorsicht vor Lebensmittelvergiftungen

Verschiedenste Bakterien umgeben (und bevölkern) uns in großer Zahl, und, egal wie streng Nahrungsmittel kontrolliert werden, etliche davon gelangen auch in unser Essen. Sie können sich unter bestimmten Bedingungen vermehren und im Extremfall sogar zu einer Lebensmittelvergiftung führen. In Untersuchungen hat man z. B. herausgefunden, daß etwa ein Drittel aller amerikanischen Kühlschränke auf ca. sieben Grad Celsius eingestellt ist. Um Bakterien an der Vermehrung zu hindern, sind aber vier Grad nötig. Installieren Sie also in Ihrem Kühlschrank ein Thermometer und kontrollieren Sie von Zeit zu Zeit die Temperatur.

Wenn Fleisch oder Geflügel nach dem Kochen bei Zimmertemperatur stehenbleibt, setzt innerhalb von ein, zwei Stunden ein enormes Wachstum der Bakterienkulturen ein. Das betrifft z. B. Geflügelsalat, Thunfischsalat und natürlich auch Sandwiches, die damit belegt sind. Doch keine Panik: Unser Verdauungssystem kommt mit einer gewissen Anzahl fremder Bakterien gut zurecht – sonst hätte die menschliche Spezies kaum so lange überlebt.

Die gefährlichste Art der Lebensmittelvergiftung ist des Botulismus, der durch beschädigte Konserven verursacht werden kann. Kaufen Sie also keine angeschlagenen oder eingerissenen Dosen, und wenn der Inhalt einer geöffneten Dose merkwürdig riecht oder aussieht, dann werfen Sie sie lieber weg, ohne vorher nochmal zu probieren. Das Nervengift Botulin kann auch in kleinsten Mengen schlimme Folgen haben.

Wenn Sie mit einer offenen Wunde an der Hand Fleisch zubereiten, dann besteht die Gefahr einer Staphylokokken-Infektion. Bereiten Sie Fleisch und Geflügel auch möglichst getrennt von Gemüse und Salat zu, da sonst die Gefahr wechselseitiger Verschmutzung besteht.

Aus all dem folgt: Wer weniger Fleisch ißt, braucht in der Küche auch weniger Vorsichtsmaßnahmen zu treffen. Das Leben wird dadurch einfacher.

3. Der richtige Gebrauch der Tiefkühltruhe

Tiefkühltruhen, jene Symbole einer gerätebesessenen Gesellschaft, werden weit überschätzt. Ein Tiefkühlfach im Kühlschrank ist etwas sehr Angenehmes. Man kann darin Tiefgefrorenes oder Eiscreme aufbewahren, Brot etwa eine Woche lang haltbar machen und viele Eiswürfel herstellen. Eine ganze Tiefkühltruhe oder ein Gefrierschrank lohnt sich aber nur dann, wenn Sie viele selbstgezogene Sachen haben oder direkt an einer wirklich günstigen Quelle sitzen. Anderenfalls kostet das Gerät nur viel Geld und schluckt eine Menge Strom, und Sie machen ein Verlustgeschäft.

Außerdem besteht die Gefahr, Essen zu verschwenden. Nur bei Temperaturen ab –15 Grad Celsius bleiben die Nährstoffe länger als einige Wochen lang voll erhalten. Um ein Tiefkühlgerät wirklich sinnvoll zu nutzen, bedarf es sorgfältiger Planung und Vorsorge. So sollten Sie die neuen Sachen immer nach unten legen, um Älteres zuerst aufzubrauchen. Auch bei der Verpackung können Sie gar nicht vorsichtig genug sein, da nicht luftdicht abgeschlossene Nahrungsmittel sehr schnell austrocknen. Beschriften Sie alles, damit Sie wissen, was in den einzelnen Paketen ist. Gefrorenes Essen verdirbt nach dem Auftauen sehr schnell und sollte auf keinen Fall nochmals eingefroren werden.

KAPITEL 3
RUND UMS AUTO

Wenn Sie sich ein Auto zulegen wollen, sollten Sie sich vorher darüber klarwerden, wieviel Sie für Anschaffung, Betrieb und Unterhalt ausgeben müssen. Wenn Sie in einer größeren Stadt leben, kann es gut sein, daß Sie günstiger dran sind, wenn Sie auf das Auto verzichten und andere Verkehrsmittel benutzen.

A. Die Betriebskosten

Selbst wenn Sie ein Auto geschenkt bekommen, kostet es Sie eine ganze Stange Geld. Und wenn Sie eines kaufen, müssen Sie die Anschaffungskosten von zwei Seiten her betrachten, um ein realistisches Bild Ihrer tatsächlichen Kosten zu erhalten. Falls Sie sich das benötigte Geld leihen, müssen Sie die Zinsen zum Kaufpreis hinzurechnen. Und wenn Sie das Auto von Ihrem Ersparten bezahlen können, bringt das Geld, das Sie in den Kauf stecken, keine Sparzinsen, sondern beginnt sofort, an Wert zu verlieren. Wegen dieses Wertverlustes sollte man auch nicht ständig neue Autos kaufen, sondern mit einem Wagen etwa 150 000 Kilometer fahren. Weil der Wertverlust im ersten Jahr am stärksten ist und sich danach stetig verlangsamt, ist ein Gebrauchtwagen im allgemeinen kostengünstiger, wenn Sie ihn vorher gründlich unter die Lupe nehmen. Die Betriebskosten eines Autos berechnet man nach Kilometern pro Person. Für Car-Sharing-Gemeinschaften dürfte ein größerer Gebrauchtwagen wirtschaftlicher sein als ein Kleinwagen.

Versicherungen und Steuern

Es versteht sich von selbst, daß Sie für einen großen Wagen mit viel PS und Hubraum erheblich mehr an Steuern und Versicherungen bezahlen als für einen kleineren, und zwar ganz unabhängig davon, ob Sie ihn neu oder gebraucht gekauft haben. Kaufen Sie daher einen möglichst wirtschaftlichen Wagen und keinen Wagen mit einem überzüchteten Motor.

Selbst innerhalb der einzelnen Versicherungsklassen gibt es aber zum Teil erhebliche Preisunterschiede zwischen den einzelnen Versicherern.

Erkundigen Sie sich daher, z.B. bei der Stiftung Warentest oder bei den Verbraucherzentralen, nach der Gesellschaft mit den günstigsten Tarifen.

Reparaturen

Reparaturen fallen unregelmäßig an und kosten mit Sicherheit mehr als Benzin, Öl und Reifen. Manche Wartungsarbeiten wie z. B. das Nachstellen der Zündung sind auch sehr sinnvoll, um die Benzinkosten nicht noch höher werden zu lassen. Einige Monate lang haben Sie vielleicht überhaupt keinen Ärger mit Ihrem Wagen, dann wieder kostet es gleich etliche hundert Mark. Wer sein Auto selber reparieren kann, spart natürlich eine Menge Geld. Machen Sie sich aber nichts vor, wenn Sie keine Erfahrung mit Autos haben.

Benzin und Öl

Wer ein Auto hat, benutzt es auch, und zwar erstaunlich oft. Selbst wer in der Stadt nicht viel fährt, wird vielleicht mit seinem Auto dennoch in Urlaub fahren, so daß sich ohne weiteres mehrere tausend Kilometer pro Jahr summieren, bei Vielfahrern gar mehrere Zehntausend pro Jahr. Das kostet natürlich auch eine ganze Menge. Rechnen Sie also einmal Ihre Gesamtausgaben für einen Monat oder ein Jahr zusammen.

Maßnahmen zur Drosselung des Benzinverbrauchs:
- Fahren Sie in niedrigen Geschwindigkeits- und Drehzahlbereichen.
- Benutzen Sie kein Auto mit Klimaanlage.

- Sparen Sie sich unnötige Kurzstreckenfahrten.
- Beschleunigen Sie langsam.
- Lassen Sie den Motor nicht länger als eine Minute im Leerlauf laufen.

Führerschein

Auch der Führerschein mitsamt den dazugehörigen Fahrstunden und Prüfungsgebühren ist nicht billig.

Park- und Straßengebühren

Dazu gehören Parkuhren, Parkhäuser und Parkscheinautomaten sowie Brücken- und Straßenbenutzungsgebühren, wie z. B. eine Autobahnvignette, deren Einführung nach Schweizer Vorbild in Deutschland schon seit Jahren diskutiert wird.

Diebstahl

Autodiebe brauchen etwa 15 Sekunden, um eine Autotür aufzubrechen. Dann wird der Wagen leergeräumt oder gleich ganz gestohlen. Andere schlagen aus purer Zerstörungswut Scheiben ein, knicken die Antenne um und stehlen Radkappen oder ganze Reifen. Gegen die Schäden kann man sich versichern, gegen den Ärger nicht.

Die gesamten Betriebskosten für ein Auto sind nach einer solchen Rechnung in aller Regel weit höher, als man ursprünglich angenommen hat, so daß sich Alternativen zum Autofahren nicht nur in ökologischer, sondern auch in wirtschaftlicher Hinsicht als sehr sinnvoll erweisen.

B. Augen auf beim Autokauf

Viele Leute verlassen sich beim Autokauf auf ihr Gefühl. Für andere ist der fahrbare Untersatz in erster Linie ein Statussymbol. Wieder andere interessieren sich für gute Kilometerleistung und niedrige Unterhaltskosten. Auch größere zeitliche Abstände zwischen den empfohlenen Kundendienstleistungen sind ein wichtiges Kaufargument, wenn auch ein zweischneidiges, da so die wichtigsten Teile des Autos nur selten überprüft werden.

Wenn Sie einen Autokauf erwägen, informieren Sie

sich bei den örtlichen Verbraucherorganisationen oder bei einem Automobilclub über Preise für Neu- und Gebrauchtwagen, über Pannenstatistiken usw. Sprechen Sie mit Freunden, die ein Auto haben, das Ihren Vorstellungen entspricht, besonders über Werkstatt- und Serviceleistungen. Eine gute und preiswerte Werkstatt ist wahrscheinlich das Wichtigste überhaupt für einen Autobesitzer. Im Idealfall gibt es in der Nachbarschaft einen erfahrenen und vertrauenswürdigen Automechaniker.

Wenn Sie gelernt haben, ein Auto gründlich zu untersuchen und zu beurteilen, und wenn Sie von einem Mechaniker Motor, Bremsen usw. prüfen lassen können, dann sind Sie mit einem von Privat gekauften Gebrauchtwagen am besten dran. Ein kleines, sauberes Auto, das Sie nach gründlicher Inspektion durch einen Fachmann kaufen, ist vielleicht nicht ganz so schick, bietet aber sicher ein sehr gutes Preis-Leistungsverhältnis und wenig Ärger mit zu häufigen und überteuerten Reparaturen.

1. Die Tricks der Autohändler

Bei einem Händler einen Wagen zu kaufen, ist der Durchquerung eines Sumpfgebietes voller Krokodile vergleichbar. Einige große (die Neuwagenhäuser) sind zwar fett und faul, aber um Ihnen im Vorbeigehen ein Bein abzubeißen, reicht es allemal. Die kleineren, hungrigeren (die Gebrauchtwagenhändler) hingegen machen erbarmungslos Jagd auf Sie.

Hier einige der gängigsten Tricks:

Der Köder

Mit einem sensationellen Angebot, wie z. B. einem fast neuen Wagen zum halben Preis, wird der Kunde angelockt. Wenn Sie dann den Hof betreten haben, erzählt Ihnen der Verkäufer ganz im Vertrauen, daß Sie das betreffende Auto natürlich haben können, daß aber der Motorblock einen Riß hat und die Vorderradaufhängung bei einem Unfall in die Brüche gegangen ist. Aber dort drüben in der Ecke, dort steht ein wirklich günstiges Angebot ...

Zu hohe Ausgangspreise

Diese Verkaufstaktik wird fast überall angewendet. Weil aber bei Autos so viel mehr Geld im Spiel ist, wirken die Zahlen besonders beeindruckend. Der Händler verlangt zuerst einen Preis, der weit über dem liegt, was er für das Auto tatsächlich haben will. Wenn Sie seine Taktik nicht kennen und auch über den Listenpreis nicht genau informiert sind, dann sind Sie wahrscheinlich sehr angetan, wenn der Verkäufer Ihnen einen Nachlaß von etlichen hundert Mark anbietet. Kaufen Sie also niemals einen Gebrauchtwagen, ohne sich vorher, z.B beim ADAC, über die Listenpreise informiert zu haben.

Auch beim Kauf von Neuwagen lassen viele Händler mit sich reden. Manche nehmen auch Ihren alten Wagen in Zahlung. Erkundigen Sie sich, und kaufen Sie nicht gleich beim erstbesten Autohaus. Preisvergleiche lohnen sich.

Natürlich gibt es auch einzelne Fälle, in denen ein Händler sehr reelle und günstige Angebote hat. Vielleicht will er einen Verkaufsbonus vom Hersteller einstreichen, oder er hat Schulden abzuzahlen. Aber bedenken Sie: Im Autohandel gehört Großzügigkeit nicht zu den Gepflogenheiten. Daher sollten Sie Sonderangebote mit großer Vorsicht genießen und gründlich nach dem Haken bei der Sache suchen.

Vertragswirrwarr

Vor allem mit dem Papierkram wird beim Autoverkauf viel getrickst. Der Verkäufer einigt sich mit Ihnen auf einen bestimmten Preis und bestimmte Finanzierungsbedingungen und geht dann ins Büro, um »es mit dem Chef zu besprechen«. Der Chef macht ein paar kleine Änderungen, die der Verkäufer als unbedeutend abtut, und plötzlich liegt vor Ihnen ein unterschriftsreifer Vertrag. Der Verkäufer spielt die Rolle des Ihnen Wohlgesonnenen und handelt den Chef vielleicht sogar noch auf Ihren Preis herunter – als Ausgleich für ein paar winzige Änderungen bei der Finanzierung, die, wie sich später herausstellt, Ihre Kosten erheblich steigern.

Oder aber der Verkäufer einigt sich mit Ihnen auf einen Preis und trägt dann, ohne daß Sie es merken, vor der Unterzeichnung einen höheren Preis in den Vertrag ein. Vergewissern Sie sich daher unbedingt, welcher Preis eingetragen ist und ob alle Leerfelder auf dem Vertrag ausgestrichen sind, besonders, wenn Sie ein Auto in Zahlung geben.

Phänomenale Angebote

Manchmal ist ein Verkäufer bereit, Ihr altes Auto zu einem sensationellen Preis in Zahlung zu nehmen. Sie selbst geraten ganz durcheinander wegen des guten Angebotes und dann, im letzten Moment, entdeckt der Händler einen Fehler seinerseits. Mittlerweile haben Sie sich so auf den neuen Wagen eingestellt, daß Sie ihn trotzdem kaufen und auch eine niedrigere Abschlagszahlung für Ihr altes Auto akzeptieren. Merkwürdigerweise fallen eine Menge Leute darauf herein und verlieren so in einem Moment der Verwirrung und Zögerlichkeit eine Menge Geld.

Derselbe Trick funktioniert auch mit einem phantastisch niedrigen Preis für ein Auto, der dann im letzten Moment »leider« erhöht werden muß.

Probefahrten

Wenn ein Verkäufer auch nur die leiseste Andeutung macht, daß eine Probefahrt doch vielleicht nicht so wichtig sei, schlagen Sie sich das Auto sofort aus dem Kopf. Hier ist mit großer Wahrscheinlichkeit etwas faul.

Garantien

Große Gebrauchtwagenhändler bieten oft Garantien zwischen 30 und 90 Tagen an. Das bedeutet nicht viel, es sei denn, es gehört auch eine Werkstatt zu dem Geschäft, in der das Auto repariert werden kann, falls etwas schiefgeht.

Lassen Sie sich Zeit zur Vertragsunterzeichnung. Holen Sie sich eine Tasse Kaffee, und lesen Sie jede Seite gründlich durch. Wenn Sie irgendwie unter Druck gesetzt werden, dann sagen Sie dem Händler, daß Sie den Vertrag mit nach Hause nehmen und ihn dort Ihrer Schwägerin zeigen wollen, einer Rechtsanwältin.

Im Vertrag müssen Fahrgestell- und Motornummer eingetragen sein. Kontrollieren Sie vor der Unterzeichnung, ob die Eintragungen mit den tatsächlichen Nummern übereinstimmen. Wenn nicht, können Sie dadurch eine Menge Ärger bekommen. Möglicherweise wird Ihnen das Auto sogar wieder weggenommen. (Ein gestohlener Motor läßt sich problemlos auch in ein auffälliges Auto einbauen.) Außerdem sollten alle vereinbarten Details, die der Händler zugesagt hat, wie Garantiezeit, Serviceleistungen und Reparaturen, festgeschrieben werden. Was nicht im Vertrag steht, ist nur heiße Luft.

Es gibt Händler, die, nachdem Sie den Kaufvertrag unterschrieben haben, an einem Auto herumfummeln, alte Reifen aufziehen, eine alte Batterie einbauen, ja, sogar das Radio und anderes Zubehör ausbauen. Wenn Sie Ihrem Händler so etwas zutrauen und das Auto nicht gleich mitnehmen können, dann notieren Sie sich die Reifennummern und alle anderen Einzelheiten, um ihm zu zeigen, daß Sie auf alles vorbereitet sind.

2. Gebrauchtwagen sorgfältig inspizieren

Wenn Sie nicht viel Erfahrung mit Autos haben und mehr als ein paar hundert Mark für einen Wagen ausgeben wollen, dann lohnt es sich, einen Automechaniker einen Blick darauf werfen zu lassen. Es ist nicht leicht, einen guten und ehrlichen Mechaniker zu finden, aber gegen angemessene Bezahlung werden Sie von den meisten eine verläßliche Auskunft bekommen. Falls der gegenwärtige Besitzer damit nicht einverstanden ist, dann vergessen Sie das Auto sofort. Wenn er Sie nicht zur Werkstatt fahren lassen will, dann bitten Sie ihn, es selbst zu tun. In einer Kfz-Werkstatt sind Tests möglich, die Sie alleine gar nicht machen können. Eine Kompressionsmessung gibt Aufschluß über die Abnutzung der Ventile und Kolbenringe. Vom Zustand der Zündkerzen und des Öls läßt sich auf den Zustand des Motors schließen (Wassertröpfchen im Öl deuten auf große Probleme hin). Ein Mechaniker kann auch Bremsen und Radlager überprüfen sowie auf

Schweißstellen am Rahmen und andere Hinweise achten, die auf einen Unfall hindeuten. Wenn Reparaturen gemacht werden müssen und Sie immer noch an dem Wagen interessiert sind, bitten Sie den Mechaniker um eine genaue Liste. Damit können Sie versuchen, den Preis zu drücken oder den Vorbesitzer die Reparaturen bezahlen zu lassen.

Natürlich sollten Sie für den Rat eines Experten nur dann Geld ausgeben, wenn Sie dieses bestimmte Auto auch wirklich kaufen wollen. Vorher sollten Sie die vielen verschiedenen Angebote sehr gründlich sichten. Vieles können Sie selbst überprüfen, was die Liste möglicher Kaufobjekte deutlich verkürzen wird.

Getriebe

Automatikgetriebe erhöhen den Benzinverbrauch und beanspruchen die Bremsen stärker als Schaltgetriebe, besonders im Stadtverkehr. Sie sind aufwendiger zu reparieren, und das Auto läßt sich nicht durch Anschieben oder Anrollen zum Laufen bringen, wenn die Batterie leer ist. Außerdem macht das Fahren weniger Spaß, da die Automatik das direkte Gefühl für das Auto und die Straße mindert. Gleichzeitig verhindert sie bestimmte, möglicherweise lebensrettende Reaktionen, wenn es gilt, schnell zu reagieren.

Reifen und Räder

Die Reifen sollten noch ausreichend Profil für ein oder zwei Jahre haben, also eine Profiltiefe von mindestens sechs Millimetern aufweisen. Achten Sie auch darauf, daß ein aufgepumptes, nicht zu stark abgefahrenes Reserverad, ein Wagenheber und ein Radkreuz oder ein zum Reifenwechsel geeigneter Schraubenschlüssel vorhanden sind. Rütteln Sie kräftig an den Reifen. Wenn sie sich mehr als nur ein bißchen hin- und herbewegen lassen, könnten die Lenksäule oder andere Teile ausgeleiert sein. Achten Sie auch auf Ölflecken an den Hinterradnaben.

Räder, die nicht genau geradeaus laufen, nutzen sich unterschiedlich ab. Achten Sie also darauf, ob eine Seite viel stärker abgefahren ist als die andere. Eine Korrektur kostet normalerweise nicht viel, so daß sich die Investition auf Dauer lohnt, weil die Reifen länger halten. Wenn das Auto besonders bei Geschwindigkeiten zwischen 80 und 100 km/h anfängt zu schwimmen, dann sind die Reifen wahrscheinlich nicht richtig ausgewuchtet, sind also auf einer Seite schwerer als auf der anderen. Viele Tankstellen können eine solche Unwucht relativ preiswert beheben.

Stoßdämpfer

Steigen Sie auf die Stoßstange und springen Sie wieder runter. Wenn das Auto dann auf und ab schwankt, sind die Stoßdämpfer kaputt. Folge: Die Räder haben nur ungenügenden Straßenkontakt.

Türen und Fenster

Öffnen und schließen Sie alle Türen und Fenster. Schäden an den Türen könnten auf einen Unfall hindeuten. Es ist nicht so schlimm, wenn nicht alle Türen einwandfrei funktionieren – dann haben Sie eine Möglichkeit, den Preis zu drücken.

Licht und Elektrik

Schalten Sie das Licht an und gehen Sie einmal um das Auto, um zu sehen, ob alles funktioniert, auch Fern- und Abblendlicht. Lassen Sie jemanden auf die Bremse treten und kontrollieren Sie Bremsleuchten, Blinker, Innenbeleuchtung, Heizungsgebläse, Scheibenwischer, Scheibenwaschanlage und Hupe.

Anlasser

Dreht der Anlasser den Motor zügig durch? Falls nicht, liegt das möglicherweise an einer zu schwachen Batterie, an losen Kabeln, an einer schlechten Einstellung des Motors oder aber am Anlasser selbst.

Motor

Öl gehört *in* den Motor und nicht auf den Boden. Wenn Sie also dort, wo der Wagen gestanden hat, Ölflecken sehen, deutet das auf ein kleines Leck hin. Läuft der Motor nach dem Starten rund? Wenn nicht, könnte es Schwierigkeiten mit der Zündung, der Kaltstarthilfe (Choke) oder dem Vergaser geben. Hört man im Leerlauf die Ventile arbeiten (klickendes Geräusch)? Kommt nach dem Starten oder bei einem kurzen Tritt aufs Gaspedal aus dem Auspuff eine große blaue Wolke? Wenn ja, verbrennt der Motor wahrscheinlich viel Öl, was auf teure Reparaturarbeiten an Kolbenringen, Zylinderkopf und Ventilen hindeuten könnte. Motoren mit Benzineinspritzung und elektronischer Zündung laufen in der Regel länger und sauberer.

Kaltstarthilfe (Choke)

Viele Autos haben eine Startautomatik, die dem Motor, solange er kalt ist, ein fetteres Benzin-Luft-Gemisch zuführt. Wenn der Motor warm ist, soll sie wieder auf Normalbetrieb umschalten. Leider verstellt sich die Automatik oft und läßt den Motor gar nicht erst starten oder absterben oder nach der Warmlaufphase viel zu hochtourig laufen. Die Startautomatik ist eine weitere Vorrichtung, die »das Fahren leichter« machen soll – und die teurer und aufwendiger ist. Schätzen Sie sich glücklich, wenn Sie ein Auto mit einem von Hand zu bedienenden Choke haben, aber nutzen Sie ihn richtig. Anderenfalls verschwenden Sie bloß Benzin.

Kupplung und Kardanwelle

Fährt der Wagen sanft und ohne Rütteln an? Müssen Sie das Pedal ganz herauskommen lassen, bevor er sich in Bewegung setzt? Wenn ja, muß die Kupplung nachgestellt und vielleicht auch repariert werden (teuer!). Legen Sie einen hohen Gang ein, ziehen Sie die Handbremse fest an, geben Sie viel Gas und lassen Sie die Kupplung langsam kommen. Wenn sie noch intakt ist, müßte der Motor sofort absterben. Rasselnde Geräusche beim Beschleunigen und Bremsen könnten von einer schadhaften Kardanwelle oder dem Differential verursacht sein.

Schaltung

Lassen sich alle Gänge leicht einlegen? Sind beim Schalten merkwürdige Geräusche zu hören? Springt der Gang beim Beschleunigen oder Bremsen heraus? Funktioniert der Rückwärtsgang? Können Sie geräuschlos aus einem höheren in einen niedrigeren Gang schalten? Jedes Problem mit der Schaltung kann teuer werden.

Probefahrt

Beschleunigt das Auto gut und zügig? Testen Sie verschiedene Geschwindigkeitsbereiche. Wenn der Wagen unruhig wird, sind möglicherweise die Räder nicht richtig ausgewuchtet. Zieht er nach rechts oder links, wenn man das Lenkrad losläßt? Das könnte auf eine verstellte Spur hindeuten, kann aber auch mit den Straßen- und Windverhältnissen zu tun haben. Wiederholen Sie diesen Test daher auf unterschiedlichem Belag und in verschiedene Fahrtrichtungen. Achten Sie auf Klappergeräusche. Wenn das Auto beim leichten Anbremsen in eine Richtung zieht, dann sind die Bremsen auf einer Seite schadhaft. Achten Sie darauf, daß auch bei hohen Geschwindigkeiten der Geradeauslauf beim Bremsen gewährleistet ist. Lautes Kreischen weist auf abgefahrene Bremsbeläge hin. Dabei können Bremstrommeln oder Bremsscheiben Schaden nehmen. Fahren Sie niemals mit schadhaften Bremsen, auch keine Kurzstrecken! Die meisten tödlichen Unfälle passieren im Umkreis von wenigen Kilometern um den Wohnort der Opfer.

Lenkung

Hat das Lenkrad zu viel Spiel? Wenn es sich im Stand weiter als zwei Zentimeter ohne Widerstand hin- und herbewegen läßt, ist der Mechanismus wahrscheinlich ausgeschlagen, was die Kontrolle über das Auto erschwert. Drehen Sie das Steuerrad von ganz rechts nach ganz links und wieder zurück, und achten Sie dabei auf kleine Widerstände und Unebenheiten. Eine Servolenkung ist auf den ersten Blick ein sehr angenehmer Luxus, verschlechtert jedoch das Gefühl für die Straße und erhöht den Treibstoffverbrauch.

Instrumente

Mißtrauen Sie grundsätzlich dem angezeigten Kilometerstand. Nachweisplaketten über Ölwechsel und andere Serviceleistungen können gefälscht sein. Überprüfen Sie, ob Tachometer, Tankanzeige und alle anderen Instrumente funktionieren. Leider haben viele moderne Autos nur noch »Idiotenlämpchen« zur Fehleranzeige. So weiß man nie, ob das Meßgerät tatsächlich funktioniert oder ob die Birne durchgebrannt, ein Sensor defekt oder ein Kabel lose ist. Allerdings sind die Lämpchen in den meisten Autos extra gesichert, so daß sie beim Einschalten der Zündung alle aufleuchten müßten. Falls dies nicht der Fall ist, besteht die Gefahr eines ernsthaften Defekts, wie z. B. einer Unterbrechung des Ölkreislaufs.

Falls Ihr Auto kein vollständiges Armaturenbrett hat, können Sie bestimmte wichtige Instrumente auch nachträglich einbauen. In Automärkten erhalten Sie (1) einen Temperaturanzeiger, der eine Überhitzung des Motors anzeigt – ein Problem, das regelmäßig bei älteren Autos auftaucht, auf und in deren Kühler sich im Lauf der Jahre mehr und mehr Schmutz gesammelt hat; (2) ein Ampère-meter, das Ihnen sagt, ob die Lichtmaschine die Batterie auflädt oder ob irgendwo ein Kurzschluß auftritt; (3) einen Öldruckmesser, der Sie vor sinkendem Öldruck im Motor warnt – das Schlimmste, was Ihnen passieren kann, da der Motor ohne Öl innerhalb kurzer Zeit kaputtgeht.

Rahmen und Federung

Bei einem Unfallwagen kann es vorkommen, daß der ganze Rahmen verbogen ist und die Hinterräder nicht exakt in der Spur der Vorderräder, sondern ein wenig seitlich versetzt laufen. Abgesehen von dem enormen Reifenverschleiß ist ein solches Fahrzeug nicht mehr verkehrssicher. Am besten bemerken Sie einen solchen Schaden, wenn Sie selbst oder jemand anders, der Ihnen dann berichtet, hinter dem Wagen herfahren. Autos, die nicht waagerecht ausbalanciert sind, haben wahrscheinlich eine gebrochene Federung. Sehr gefährlich!

Kühler

Wenn Sie nach der Testfahrt zum Ausgangspunkt zurückkehren, sollten Sie noch bei laufendem Motor einen Blick auf den Kühler werfen. Entdecken Sie irgendwo ein Loch, durch das Flüssigkeit dringt? Hat der Kühler während der Fahrt Flüssigkeit verloren?

Auspuff

Verstopfen Sie den Auspuff mit einem festen Lappen und schauen Sie nach, ob aus Löchern oder Schweißnähten – auch am Auspufftopf – Qualm dringt. Jedes Leck erhöht den Lärmpegel und kann sogar Vergiftungen zur Folge haben, wenn Kohlenmonoxid ins Wageninnere dringt. Falls Sie diesen Test nicht selbst machen können, dann bitten Sie den Mechaniker darum.

Karosserie

Um die Karosserie brauchen Sie sich bei einem alten Auto am wenigsten Gedanken machen. Inspizieren Sie sie aber trotzdem. Neulackierte Teile zeigen, daß das Auto in zumindest einen Unfall verwickelt war. Zeigt sich am Boden und an den unteren Rändern Rostentwicklung durch Streusalz? Dann besteht die Gefahr, daß Luft – und Abgase – in den Fahrgastraum dringen. Sind die Kotflügel fest und die Stoßstangen intakt?

Polster und Wageninneres

Legen Sie auf abgewetzte Sitze einfach eine Decke. Schwierig wird es nur, wenn die Sprungfedern schon die Polsterung durchstoßen. Fühlen Sie sich wohl, haben Sie genügend Platz für Kopf und Beine? Lassen sich die Sitze richtig einstellen und haben Sie eine gute Sicht? Erstaunlicherweise bieten viele große und teure Autos im Innenraum weniger Platz als kleinere und billigere Modelle.

Als allgemeine Faustregel gilt: Wenn Sie sich nur ein bißchen mit Autos auskennen, kaufen Sie wahrscheinlich am besten von privat. So lassen Sie sich nicht von Garantien oder Versprechungen blenden, weil es erst gar keine gibt. Sie müssen sich auch nicht mühsam gegen einen Schwall aus Wörtern und Zahlenspielereien wehren. Außerdem gibt es meist keine Schwierigkeiten mit der Probefahrt und einer Überprüfung durch einen Mechaniker.

C. So funktioniert ein Auto

Ein Auto ist im Vergleich zu anderen modernen Maschinen nicht besonders kompliziert. Wenn man bedenkt, was für ein Aufstand alljährlich um neue Entwicklungen und Modelle gemacht wird, verläuft die technische Entwicklung sogar erstaunlich langsam. Das übliche Auto mit Knüppelschaltung ist im Prinzip dasselbe Fahrzeug wie Henry Fords Modell A, nur größer, stärker und viel, viel teurer. Die Hauptbestandteile sind die gleichen, auch wenn sie bei Fahrzeugen mit Frontantrieb oder Heckmotor etwas anders angeordnet sind.

Hier also die wichtigsten Teile:

Das Herz des Ganzen ist natürlich der Motor (1). In seinem Inneren werden Kolben durch schnell aufeinanderfolgende Explosionen eines Gemischs aus Treibstoff und Luft vor und zurück getrieben. Dieses Gemisch kommt aus dem Vergaser (2), der Umgebungsluft anzieht und Treibstoff von der Benzinpumpe (3) erhält. Da der Motor beim Betrieb sehr viel Wärme entwickelt, braucht er einen Kühler (4). Zum Starten wird der Motor vom Anlasser (5) angetrieben, der den dafür nötigen Strom aus der Batterie (6) bezieht.

Elektrischer Strom wird in Autos nicht nur für die Lichter benötigt. Die Explosionen im Motor werden von Zündkerzen ausgelöst, die die Energie von der Zündspule und dem Zündverteiler (7) bekommen. Beim Anlassen des Motors sorgt die Batterie auch hier für die nötige Spannung. Wenn er läuft, ist die Lichtmaschine (8) für die gesamte Stromversorgung zuständig. Gleichzeitig lädt sie auch die Batterie wieder auf, die ja beim Startvorgang Energie abgibt. Die Motorenergie wird über einen Kasten mit verschiedenen Übersetzungen, das Getriebe (9), auf die Räder übertragen. Dies geschieht mit einem Schalthebel oder automatisch. Bei Fahrzeugen mit Frontantrieb oder Heckmotor wird die Kraft direkt vom Getriebe auf die Antriebsräder übertragen, ansonsten benötigt man dafür eine Kardanwelle und an der Hinterachse ein Differential zur Umlenkung der Kraft auf die Hinterräder.

Beachten Sie, daß Motor, Getriebe und Differential Öl benötigen, um die beweglichen Teile vor Hitze und schneller Abnutzung zu bewahren. Der Ölstab am Motorblock hat Markierungen, mit deren Hilfe Sie den Ölstand überprüfen können. Wenn Sie zuviel einfüllen, verbrennt der Motor zusätzlich Öl, was teurer und auch umweltschädlicher ist. Außerdem erhöht sich die Gefahr geplatzter Dichtungen. Mit zu wenig Öl laufen Sie Gefahr, daß Ihr Motor kaputtgeht.

D. Betriebskosten minimieren

Wer am eigenen Auto basteln will, sollte sich ein Reparaturhandbuch besorgen. Sie sind für alle gängigen Typen im Buchhandel erhältlich. Falls Sie ein älteres Auto haben, werden Sie vielleicht auch auf Flohmärkten fündig. Falls Sie Bekannte oder Freunde haben, die sich gut mit Autos auskennen, dann pflegen Sie diese Freundschaften. Helfen Sie ihnen und versuchen Sie, etwas dabei zu lernen. Wenn Sie jemanden kennen, der das gleiche Auto fährt wie Sie, holen Sie sich Tips. Egal, was Sie in Ihrem Leben noch alles anstellen werden, früher oder später werden Sie es mit Autos zu tun bekommen. Also stellen Sie sich darauf ein!

1. Benzin sparen

Falls Sie nicht sehr viel unterwegs sind, machen die Benzinkosten nur einen kleinen Teil der Gesamtkosten für Ihr Auto aus. Aus ökologischen, gesundheitlichen und finanziellen Gründen sollten Sie grundsätzlich so wenig wie möglich mit dem Auto fahren. Die Kosten lassen sich aber auch auf andere Weise reduzieren. Je kleiner, leichter und stromlinienförmiger das Auto ist, desto weniger Treibstoff verbraucht es. Fahren Sie also nicht ständig schwere Sachen mit sich herum, und verzichten Sie auf

Dachgepäckträger, deren Luftwiderstand sich direkt in Ihrem Geldbeutel niederschlägt. Klimaanlagen erhöhen den Benzinverbrauch um bis zu 15 Prozent, also benutzen Sie sie lieber nicht.

Dieselmotoren verbrauchen weniger und der Treibstoff ist billiger. Sie stoßen zwar weniger smogerzeugende Schadstoffe aus als Benzinmotoren, leider aber auch krebserregende Rußpartikel.

2. Regelmäßig nachstellen

Regelmäßiges Nachstellen der Zündung reduziert den Benzinverbrauch um etwa zehn Prozent. In Deutschland gibt es deshalb die jährliche Abgassonderuntersuchung (ASU), die von einer Fachwerkstatt durchgeführt werden muß. Das Prüfen und Auswechseln von Zündkerzen, Kerzensteckern und Zündverteilern ist aber, wie viele andere kleine Wartungsarbeiten, leicht zu lernen. Lassen Sie es sich von einem Freund zeigen. Ebenso leicht lassen sich Luftfilter reinigen oder Ölfilter wechseln. Die Einstellung von Vergaser und Zündzeitpunkt erfordert etwas mehr Kenntnisse und Geräte, aber was Millionen Autofahrer können, das können Sie auch.

3. Defensiv fahren

Sie sparen eine Menge Sprit (und Ärger), wenn Sie Stop-and-Go-Verkehr meiden. Versuchen Sie, mit möglichst konstanter Geschwindigkeit zu fahren; keine Kavalierstarts, keine plötzlichen Bremsmanöver, kein unnötiges Orgeln im Leerlauf. Belassen Sie es bei einer Höchstgeschwindigkeit von etwa 90 km/h. Je schneller Sie fahren, desto mehr Treibstoff brauchen Sie zur Luftverdrängung. Öffnen Sie nicht unnötig die Fenster, der Zug erhöht den Benzinverbrauch – manchmal um Werte, die denen einer Klimaanlage vergleichbar sind.

4. Nicht am Öl sparen

Wenn Ihr Auto nicht sowieso schon große Mengen Öl verbrennt, sollten Sie sich ruhig ein gutes Motoröl leisten, da es vor frühzeitigem Motorverschleiß schützt. Auch regelmäßiger Filterwechsel lohnt sich. Kurzstrecken sind das schlechteste, was man einem Verbrennungsmotor antun kann. Öl wird erst richtig schmierfähig, wenn der Motor wirklich heiß ist, was bis zu einer halben Stunde dauern kann. Viele Stadtfahrten dauern aber gerade einmal fünf oder zehn Minuten. Oft bleibt auch noch die Startautomatik hängen. Dadurch erhöht sich vor allem bei älteren Motoren die Gefahr, daß Treibstoff ins Kurbelgehäuse tropft, wo er das Öl verdünnt und ätzende Säuren bildet. Kalte Motoren verbrauchen außerdem auch mehr Treibstoff. Diese gravierenden Nachteile sind unausweichlich, solange es, zumindest für den Stadtverkehr, keine Alternativen gibt (Elektrofahrzeuge könnten eine solche sein).

Mit Mehrbereichsölen verringern Sie den Motorverschleiß. Diese Öle schmieren in kaltem Zustand besser, sind auch für hohe Temperaturen geeignet und versulzen nicht, wenn es kalt ist. Falls Sie ein relativ neues Auto haben, lesen Sie in der Betriebsanleitung unbedingt den Absatz über Ölwechsel und Schmierung. Das könnte die Lebensdauer Ihres Wagens verdoppeln.

Die heutigen Standardöle enthalten viele Stoffe, die alle möglichen negativen Erscheinungen wie Versulzen, Schäumen und Säurebildung verhindern. Kaufen Sie keine weiteren Zusatzstoffe – sie kosten mehr als sie einsparen.

5. Wählen Sie die richtigen Reifen

Die meisten wirklichen Innovationen der letzten dreißig Jahre im Autobereich stammen aus Europa. Dort hat man schon zwanzig Jahre lang Radialreifen mit Stahlgürtel benutzt, ehe sie schließlich nach Amerika gelangten. Diese Reifen halten doppelt so lang wie Nylon- oder Viskosereifen. Sie haften besser in Kurven, sind unempfindlicher gegen heftige Stöße und haben aufgrund ihres niedrigeren Luftdrucks einen großen »Fußabdruck« und damit eine bessere Straßenhaftung. Außerdem haben Sie weniger

Rollwiderstand und sparen deshalb auch noch Sprit. (Montieren Sie auf keinen Fall gleichzeitig Radial- und Diagonalreifen an Ihr Auto. Das führt zu Instabilität.) Nachteile: Sie sind teurer (wenn auch nicht gerade um das Doppelte) und haben ein etwas lauteres Laufgeräusch. Wahrscheinlich hat die amerikanische Auto- und Reifen- industrie uns wegen dieser fürchterlichen Mängel zwei Jahrzehnte lang vor ihnen beschützt!

Wer wenig Geld hat, wird sich runderneuerte Reifen besorgen. Sie laufen fast so lang wie neue, sind aber er- heblich billiger. Kaufen Sie runderneuerte Reifen aber nur in einem Fachgeschäft Ihres Vertrauens. Schlecht auf- bereitete Pneus nutzen sich sehr schnell ab, werfen die neuen Gummischichten ganz ab oder bringen sonstigen Ärger mit sich.

Die Abnutzung der einzelnen Reifen ist unterschied- lich. Daher ist es sinnvoll, sie ab und zu zu vertauschen. Allerdings lohnt sich das nur, wenn Sie es selbst machen. Sonst geben Sie mehr Geld fürs Reifenwechseln aus, als Sie jemals an Gummi sparen können. Den Ersatzreifen nehmen Sie vom Wechselspiel aus, um, wenn neue Reifen nötig werden, nur drei kaufen zu müssen. Falls ein Reifen sehr starke Abnutzungen aufweist, lohnt es sich viel- leicht, das Rad neu ausrichten zu lassen – vielleicht aber auch nicht. Neue Reifen müssen ausgewuchtet werden. Anderenfalls könnten sie anfangen zu hüpfen oder sich sehr ungleich abnutzen.

6. Die richtige Batterie
Bei Autobatterien gibt es enorme Unterschiede, sowohl im Preis als auch in der Qualität. Kaufen Sie sie nicht an einer Tankstelle, wo Sie in jedem Fall mehr bezahlen müs- sen als in einem Autoersatzteilmarkt. Ein Auto mit Schaltgetriebe können Sie meistens auch durch Anschie- ben, Bergabrollen oder mit Hilfe eines anderen Autofah- rers anlassen, der Ihre tote Batterie mittels eines Starthil- fekabels mit der seines Autos verbindet.

Wenn Sie viele Kurzstrecken fahren, auf denen die

Lichtmaschine die Batterie kaum wieder aufladen kann, sollten Sie eine hochwertige Batterie wählen. Die Batterieleistung wird in »Ampèrestunden« gemessen. Schauen Sie in Ihrem Benutzerhandbuch nach, welche Leistung für Ihren Wagen empfohlen wird, oder erkundigen Sie sich im Geschäft.

E. Sparen durch Selbermachen

Die Preise für Autoreparaturen sind besonders in Vertragswerkstätten mittlerweile so astronomisch hoch geworden, daß man, sobald die Garantie abgelaufen ist, dringend auf eine unabhängige Werkstatt angewiesen ist. Sie können aber auch Ihre eigenen Fähigkeiten verbessern und sie zur Fehlersuche und zur Ausführung von kleineren Reparaturen, die keine besonderen Kenntnisse oder Geräte erfordern, nutzen. An Volkshochschulen und bei anderen Erwachsenenbildungsinstitutionen werden regelmäßig Grundkurse in Autoreparatur angeboten, manche auch speziell für Frauen. (Wer gar nichts von Autos versteht, ist eine leichte Beute für skrupellose Werkstätten.)

Einige Werkzeuge gehören zur Standardausrüstung jedes Fahrzeugs. Besonders wenn Sie ein altes Auto fahren, empfehlen sich neben Taschenlampe, Zange, Schraubenzieher und den üblichen Hilfsmitteln zum Reifenwechseln noch etliche andere Utensilien:
- ein Starthilfekabel
- ein Abschleppseil
- eine Plane
- ein Paar alte Handschuhe zum Schutz vor Kälte
- etwas Elektrodraht und Klebeband
- ein Satz Sicherungen
- eine Signallampe, um auch bei einer nächtlichen Panne gut gesichert zu sein
- ein Stück Plastikschlauch (mindestens zwei Meter lang) und eine kleine Handpumpe, um Benzin absaugen zu können, sowie ein Behälter, um es aufzufangen

- verschiedene Seile und Gummispanner zum Festspannen von Gepäckstücken, die Sie nicht im Wageninneren transportieren können
- ein altes Scheibenwischerblatt, um Tau abzuwischen
- ein Eiskratzer, und wenn Sie in einer schneereichen Gegend leben, auch noch Schneeketten und eine Schaufel.

Die Anschaffung all dieser Dinge kostet Geld, was bei der Berechnung der Gesamtkosten für ein Auto oft vergessen wird.

Um etwas über Ihr Auto zu lernen, schauen Sie am besten Freunden mit dem gleichen oder einem ähnlichen Modell bei Reparatur- oder Wartungsarbeiten über die Schulter. Eine andere Möglichkeit ist ein Reparaturhandbuch, das Sie sich im Buchhandel oder vielleicht in einer öffentlichen Bibliothek besorgen können. Darin werden in allgemeiner Form oder auch speziell für die meisten gängigen Typen die verschiedensten Reparaturen beschrieben. Wechseln Sie regelmäßig die Zündkerzen, säubern Sie diese immer wieder und messen Sie den Abstand der beiden Elektroden – das ist nicht weiter schwierig. Auch das Isolieren aufgescheuerter Drähte oder das Abdichten undichter Wasserschläuche bereitet keine großen Probleme. Wechseln Sie das Motoröl selbst, wenn Sie eine Möglichkeit zur umweltgerechten Entsorgung des Altöls haben. Sollte die Lichtmaschine Schwierigkeiten machen, bauen Sie sie aus und lassen Sie sie reparieren. Auch mit unwilligen Schaltern oder kaputten Rücklichtern kommen Sie in aller Regel selbst zurecht. Und langsam, aber sicher werden Sie immer selbstbewußter und besser, bis Sie alles außer größeren Arbeiten am Motor selber machen können. Und sogar das kann man sich erarbeiten, wenn man die nötigen Anleitungen sorgfältig liest, sich die richtige Ausrüstung besorgt und geschickt mit Werkzeugen umgehen kann. Einen Motor auseinanderzunehmen und wieder zusammenzusetzen ist ein phantastisches Gefühl. Nun wissen Sie *wirklich*, wie er funktioniert.

1. Probleme erkennen

Wer Auto fährt, sollte auch Probleme erkennen können. Hier einige immer wieder auftretende und nicht zu übersehende oder überhörende Gefahrensignale:

Heftiges schlagendes Geräusch, dazu vielleicht ein heftiges Holpern

Wahrscheinlich ein Plattfuß. Bremsen Sie langsam herunter und fahren Sie möglichst nahe an den rechten Fahrbahnrand. Stellen Sie das Fahrzeug auf einem ebenen Stück ab, um den Reifen zu wechseln. Ein geöffneter Kofferraumdeckel signalisiert, daß Sie Hilfe brauchen. Fahren Sie auf keinen Fall mit plattem Reifen weiter, sonst ruinieren Sie auch noch die Felge.

Mahlende Geräusche, besonders beim Schalten

Irgendein Getriebeschaden. Falls das Auto keinen zu besorgniserregenden Lärm macht, legen Sie den zweiten Gang ein und fahren Sie vorsichtig und ohne zu schalten in Ihre Werkstatt.

Anlasser dreht nur schwach oder gar nicht

Wenn keine Kabel lose oder gebrochen sind, ist wahrscheinlich die Batterie entladen. Das bedeutet aber nicht, daß Sie gleich eine neue brauchen. Wenn eine Batterie sich wegen eines Kurzschlusses, oder weil über Nacht das Licht eingeschaltet war, entlädt, funktioniert sie nach dem Aufladen und der Beseitigung eventueller Kurzschlüsse normalerweise wieder einwandfrei. Um es bis nach Hause zu schaffen, können Sie Ihre Batterie an einer Tankstelle erst einmal ein bißchen aufladen lassen. Vermeiden Sie größere Reparaturen direkt auf der Straße, sondern versuchen Sie, sich irgendwie zu einer Werkstatt Ihres Vertrauens durchzuschlagen. Wenn Sie ein Auto mit Schaltgetriebe haben, können Sie die Lebensdauer einer schwachen Batterie um einige Monate verlängern, indem Sie den Wagen immer auf einem Hügel parken und ihn zum Starten einfach anrollen lassen. Aber seien Sie darauf vorbereitet, eine neue kaufen zu müssen. Wenn Sie öfter alte Autos fahren, dürfte sich die Anschaffung eines billigen Batterieladegerätes lohnen.

Dampf quillt nach dem Anhalten unter der Motorhaube hervor, dazu in der Regel ein Pfeifgeräusch

Die Kühlflüssigkeit kocht über. Steuern Sie die nächste Tankstelle an. Fahren Sie zum Wasseranschluß und lassen Sie den Motor laufen. Öffnen Sie vorsichtig die Motorhaube und schrauben Sie den Deckel des Kühlers ab, aber *nur* mit einem dicken Tuch zum Schutz für die Hände und mit abgewandtem Gesicht. Dann füllen Sie ganz langsam Wasser nach, bis der Motor sich abgekühlt hat.

Die Überhitzung des Motors kann zwei Ursachen haben: Das Kühlsystem ist verstopft oder hat ein Leck. Wasser nachzufüllen, ist also nur eine erste Hilfsmaßnahme, die nicht die Ursache beseitigt.

Bremspedal läßt sich langsam bis zum Boden durchdrücken

Der Hauptbremszylinder ist defekt. Manchmal läßt sich durch Pumpen für kurze Zeit wieder etwas mehr Bremskraft herstellen, aber lassen Sie das Auto trotzdem unverzüglich reparieren. Defekte Bremsen gehören zu den häufigsten Unfallursachen überhaupt. Wenn Sie gerade unterwegs sind, können Sie an einer Tankstelle Bremsflüssigkeit nachfüllen lassen und nach Hause fahren, aber fahren Sie sehr vorsichtig und benutzen Sie so oft wie möglich den Motor zum Bremsen.

Bremspedal läßt sich schnell bis zum Boden durchdrücken

Das hydraulische Bremssystem ist komplett ausgefallen. Ursache ist wahrscheinlich ein großes Loch im System. Schalten Sie sofort in den nächstniedrigen Gang zurück (bei Automatik auf »2« oder »1«), auch wenn das Getriebe dabei kracht. So werden Sie mit Hilfe des Motors langsamer. Versuchen Sie es auch mit der Handbremse. Aber Vorsicht, dabei kann der Wagen ausscheren! Wenn das auch nichts nützt und Sie gerade bergab fahren oder möglicherweise Menschen gefährden, dann ist es am besten, eine Hecke, ein parkendes Auto, eine Mauer oder einen kleinen Baum anzusteuern. Es ist immer noch besser, das Auto geht zu Bruch als Sie – oder andere.

Es riecht verbrannt

Vielleicht handelt es sich einfach nur um die allgemeine Luftverschmutzung. Es kann aber auch von schmorenden Kabeln, von einer versehentlich angezogenen Handbremse oder von sehr schlecht ausgerichteten Reifen herrühren. Halten Sie an und versuchen Sie, die Quelle des Gestanks ausfindig zu machen. Heiße Kabel müssen sofort ersetzt werden.

Rauch

Wenn Sie Rauch sehen oder riechen, halten Sie an und verlassen Sie sofort das Auto. Möglicherweise hat sich Öl oder Benzin entzündet. Gehen Sie mindestens 50 Meter zurück, es sei denn, sie haben einen guten Feuerlöscher zur Hand (kein Wasser!) und wissen ganz genau, was zu tun ist. Gehen Sie nicht näher heran, bevor Sie nicht sicher sind, daß das Feuer – wenn es denn eines war – aus ist.

Sandig mahlendes Geräusch oder ein am Lenkrad spürbares leichtes Scheuern

Könnte Probleme mit den Radlagern bedeuten. Ein Mechaniker kann Ihnen Genaueres sagen.

Kreischgeräusche

Sie könnten von einem losen Keilriemen herrühren oder aber das normale Arbeitsgeräusch der Servolenkung sein.

Rupfende Kupplung beim Anfahren

Das mag zwar ärgerlich sein, schadet aber nicht weiter. Kümmern Sie sich nicht darum, solange Ihre Kupplung beim Fahren nicht schleift.

Wenn sich das alles nach einer Menge Ärger anhört, dann überlegen Sie noch einmal ganz genau, ob Sie wirklich ein Auto brauchen.

2. Ersatzteile selber kaufen

Jede Autofirma gibt eine Menge Geld dafür aus, Ihnen vorzugaukeln, daß ihre Ersatzteile besser sind als die anderer Hersteller. Das ist schlichtweg ein Witz, und zwar auf Kosten der Kunden. Zumal die großen Autofirmen viele Teile von kleinen Zulieferfirmen beziehen, an deren

Qualität dann ja nichts auszusetzen sein kann. Wenn es sich irgendwie vermeiden läßt, dann kaufen Sie keine »Originalteile«. Erkundigen Sie sich bei verschiedenen Ersatzteilhändlern vorab telefonisch nach dem Preis – es gibt große Unterschiede.

Der Ersatzteil- und Zubehörhandel verkauft auch eine ganze Menge nutzlosen Schnickschnack, aber an der Qualität der immer wieder benötigten Standardersatzteile ist normalerweise nichts auszusetzen. Wenn Sie sich ein bißchen auskennen, können Sie mit Teilen vom Schrottplatz eine Menge Geld sparen. Schrotthändler kaufen kaputte Autos, an denen aber noch vieles absolut intakt sein kann. Natürlich haben Sie es dort mit gewieften Händlern zu tun, aber wenn Sie sich vorsehen und überlegt handeln, finden Sie oft noch eine gute Batterie (nehmen Sie ein Hydrometer zur Prüfung mit), einen Kühler (auf Löcher prüfen), Reifen oder andere Teile. Kleinstteile sind jedoch im Laden meist billiger als auf dem Schrott. Alles, was weniger als 5 DM kostet, sollten Sie lieber neu kaufen.

3. Unfälle und Reparaturwerkstätten

Ein gewichtiger Vorteil eines alten Autos ist, daß es nicht so darauf ankommt, wie die Karosserie aussieht. Wenn Sie also einen Blechschaden haben, können Sie das Versicherungsgeld einfach einstreichen. Viele Autos weisen schon nach kleinen Unfällen wie z. B. einem Zusammenprall mit 15 km/h schon große Schäden auf, deren Behebung in die Tausende gehen kann.

Das Allerwichtigste aber, besonders wenn Sie ein altes Auto fahren, ist eine gute, vertrauenswürdige Werkstatt. Es gibt sie! Hören Sie sich um und reden Sie mit Freunden, die auch ein Auto haben.

Seien Sie sehr vorsichtig mit Werkstätten, die Sie nicht genau kennen. Im Autoreparaturgeschäft wimmelt es von Dilettanten und Schwindlern, die Dinge »reparieren«, die überhaupt nicht kaputt waren, intakte Teile beschädigen und Arbeiten berechnen, die gar nicht gemacht wurden.

Wenn Sie Ihr Auto in eine Werkstatt bringen, lassen Sie sich einen Kostenvoranschlag machen und erteilen Sie einen schriftlichen Arbeitsauftrag. Anderenfalls kann es passieren, daß Sie für etwas bezahlen müssen, das gar nicht gemacht werden sollte.

Machen Sie deutlich, daß das Auto nicht fabrikneu aussehen muß, sondern lediglich funktionieren soll, und das zum möglichst günstigen Preis. Suchen Sie nach einem zuverlässigen Mechaniker, der zwischen wirklich notwendigen und überflüssigen Arbeiten unterscheiden kann.

Falls Sie mit Ihrer Werkstatt ernsthafte Probleme bekommen, wenden Sie sich an eine Verbraucherschutzorganisation in Ihrer Nähe.

KAPITEL 4
GUT UND BILLIG VON EINEM ORT ZUM ANDERN

Das Auto ist ein mechanischer Ersatz für die Pferdekutsche. Seine Erfindung brachte dem Menschen eine bis dahin nicht gekannte Mobilität und bewirkte eine grundlegende gesellschaftliche Veränderung. Doch so wunderbar das Auto in den Verhältnissen des 19. Jahrhunderts mit seinen riesigen weiten Flächen gewesen sein mag, so ungeeignet ist es für das Leben in der Stadt. Es gehört zu den Dingen, die sehr gut sind, wenn nur wenige sie besitzen, und die zu einer Plage für alle werden, wenn sie zu weit verbreitet sind. Daher sollte man sich überlegen, wann man billiger oder besser mit etwas anderem als einem Privat-PKW reisen kann.

A. Im Fahrzeug anderer Leute

1. Mitfahrgelegenheiten
Wer Geld und Energie sparen möchte, aber nicht gerne mit öffentlichen Verkehrsmitteln fährt, hat eine ganze Reihe von Möglichkeiten. Für regelmäßige Fahrten, z. B. zur Arbeit und wieder nach Hause, läßt sich wahrscheinlich mit Kollegen ein System aufbauen, das allen Beteiligten pünktliche Ankunft und Abfahrt garantiert. Wenn Sie sich zu viert zusammentun, könnte das für jeden einzelnen bedeuten, eine Woche lang selbst zu fahren und drei Wochen lang von den jeweils zuständigen Kollegen mitgenommen zu werden. Sie sparen drei Viertel der Kosten und tragen nebenbei zu einer Entlastung der Umwelt bei. Für gelegentliche und vor allem auch längere Fahrten

können Sie die Dienste einer »Mitfahrzentrale« in Anspruch nehmen. Diese Büros, die mittlerweile in allen größeren Städten Deutschlands vertreten sind, vermitteln gegen eine streckenabhängige Gebühr Mitfahrgelegenheiten zu Zielen im In- und Ausland. Man braucht allerdings ein bißchen Glück und Flexibilität, denn nicht immer findet sich zum gewünschten Zeitpunkt ein Fahrzeug, das genau in Ihren Zielort fährt. Wenn Sie die Fahrt mit dem eigenen PKW nicht vermeiden können, vermitteln Ihnen diese Zentralen Mitfahrer. So erhalten Sie einen Teil Ihrer Fahrtkosten wieder und lernen gleichzeitig vielleicht interessante Leute kennen.

2. Car-Sharing

Diese Alternative zum eigenen Auto findet besonders in größeren Städten immer mehr Anklang. Das Prinzip ist denkbar einfach: Eine Gruppe von Leuten schließt sich zu einem Verein zusammen und kauft eines oder mehrere Autos. Diese stehen dann den Vereinsmitgliedern gegen eine Benutzungsgebühr und Kilometergeld zur Verfügung. Die ideale Lösung für Menschen, die nur selten ein Auto brauchen und in der Regel nur Kurzstrecken zurücklegen müssen.

3. Taxis

Wenn unsere Städte von wirklich intelligenten Leuten regiert würden, würden die Stadtverwaltungen die Hälfte dessen, was sie für Straßen und Parkhäuser ausgeben, zur Subventionierung von Taxis verwenden. Damit wäre allen gedient. Taxis verringern die Stauhäufigkeit, senken den Parkplatzbedarf und bringen die Menschen schneller von einem Ort zum anderen, weil sie keine Parklücke suchen müssen. Kurz gesagt: Sie verbrauchen weniger gesellschaftliche Reserven und produzieren weniger Smog. Außerdem macht Taxifahren Spaß. Jemand anders fährt, und man selbst unterhält sich auf dem Rücksitz mit Freunden oder läßt die Welt am Fenster vorbeiziehen.

Taxifahren scheint ein teurer Spaß zu sein. Es stellt sich

allerdings die Frage, ob es wirklich teurer ist als andere Beförderungsmöglichkeiten, und insbesondere, ob es teurer ist als ein eigenes Auto. Wenn Sie natürlich pausenlos Kurzstrecken zurücklegen müssen, dann könnte es selbst in Großstädten schwierig werden, immer gleich ein Taxi zu finden. Aber gehen wir einmal davon aus, daß Sie nicht den ganzen Tag herumfahren müssen. Wenn Sie die tatsächlichen Kosten Ihres Autos einmal zusammenrechnen, dann kommen Sie auf eine Summe, mit der Sie sich erstaunlich viele Taxifahrten leisten könnten – selbst bei den heutigen Preisen. Auch Mietwagen sind erst bei längeren Fahrten eine Alternative zum Taxi.

Darüber hinaus brauchen Sie sich im Taxi keine Sorgen zu machen, ob Ihr Auto auf einer wichtigen Fahrt wirklich hält, ob Sie einen Parkplatz finden, wie Sie die letzte Reparatur bezahlen sollen, wieso die Bremsen so merkwürdig ruckeln, ob die Reifen nicht zu abgefahren sind oder ob gerade jemand Ihre tollen Radkappen klaut, ja nicht einmal darüber, ob das Benzin noch für die Fahrt zum Laden und wieder zurück reicht.

Eigentlich müßten Taxis vom Staat betrieben werden. Wäre es der Regierung wirklich ernst mit der Reduzierung der Arbeitslosigkeit, dann könnte Sie ganze Taxiflotten anschaffen und arbeitslose Jugendliche als Fahrer beschäftigen. Auch wenn sie nur das Trinkgeld verdienen würden, würde es doch vielen einfach Spaß machen, herumzufahren. Oder man könnte Selbstfahrertaxis einführen, die der Stadt gehören und nur in einem bestimmten Stadtbezirk gefahren werden dürfen. Man würde das Gefährt nach Gebrauch einfach für den nächsten Benutzer stehen lassen. Als »Zündschlüssel« könnte die Kreditkarte dienen, abgerechnet würde nach Kilometern. Ein solches System wäre ideal für Elektroautos, was auch noch zur Verringerung von Smog in Ballungsräumen beitragen könnte.

4. Öffentliche Verkehrsmittel

Wie stark Sie öffentliche Verkehrsmittel nutzen und Ihr

Auto stehenlassen oder ganz abschaffen können, hängt natürlich von Ihrem Wohnort ab. Aber es gibt viele Leute, die ganz in der Nähe einer regelmäßig verkehrenden Buslinie wohnen und es gar nicht wahrnehmen. Auch Sie leben möglicherweise an einem Knotenpunkt mit regelmäßigen und schnellen Verbindungen in alle Richtungen. Wenn Sie etwas für Geselligkeit übrig haben, finden Sie das Busfahren vielleicht sowieso interessanter, als alleine im Auto zu sitzen. Besorgen Sie sich bei einer Kartenverkaufsstelle einen Plan mit den Bus-, U-Bahn- und/oder Straßenbahnnetzen sowie Fahrpläne für die Linien, die Sie öfter benutzen wollen. Markieren Sie auf dem Plan Ihren Wohnort, Ihre Arbeitsstelle und andere Ziele, die Sie regelmäßig ansteuern. Suchen Sie sich die in der Nähe liegenden Haltestellen heraus. Bei der heutigen Parkplatzsituation bedeutet »in der Nähe« alles im Umkreis von 500 Metern.

Falls es keine direkte Verbindung gibt, welches ist dann die beste Route? Die, mit der man am wenigsten umsteigen muß? In den meisten Innenstädten müßten Sie mit ein- oder zweimal Umsteigen auskommen. Falls Sie den besten Weg nicht alleine herausbekommen, rufen Sie das Informationsbüro der zuständigen Verkehrsbetriebe an. Probieren Sie es öfter, denn wahrscheinlich ist der Anschluß häufig besetzt. Geben Sie an, wo Sie sind und wo Sie hinwollen, und notieren Sie sich die Auskünfte.

In den meisten Städten verkehren die Busse in so großen Abständen, daß man einen Fahrplan braucht, um an den Haltestellen nicht ständig zu warten. Sie können sie bei den verschiedenen Verkaufsstellen und manchmal auch beim Fahrer bekommen.

Denken Sie nicht, daß Sie ohne Auto unbeweglich wären. Eines der Geheimnisse eines interessanten und vitalen Lebens liegt darin, sich nicht auf die unmittelbare Umgebung beschränken zu lassen. Gehen Sie unter Menschen. Scheuen Sie sich nicht, auch sperrige Sachen im Bus zu transportieren. Eltern nehmen ihre Baby-Tragegestelle oder Kinderwagen mit, Wanderer ihre Rucksäcke, Reisende ihr Gepäck, und wer vom Einkaufen kommt, hat Taschen dabei. Der Bus ist ein öffentliches Verkehrsmittel, und Sie sind die Öffentlichkeit. Für den Fall, daß ein Fahrer Ihnen Schwierigkeiten macht oder unfreundlich ist, notieren Sie sich die genaue Zeit und die Linie und schildern der zuständigen Stelle den Vorfall in einem scharf formulierten Schreiben. Busfahren ist sicher nicht gerade ein Traumjob, aber eine gewisse Höflichkeit darf man erwarten.

Und wenn Sie öffentliche Verkehrsmittel gelegentlich doch unpraktisch oder unbequem finden, dann denken Sie daran, daß allein die Parkgebühren mehr kosten würden als Ihre Fahrkarte.

B. Mit Muskelkraft

1. Fahrräder

Auch wenn einige Unbelehrbare Fahrräder immer noch als Kinderzeug abtun, haben sie in den letzten Jahren zunehmend an Verbreitung gewonnen. Für viele Kurzstrecken ist das Fahrrad zu einem beliebten Ersatz für das Auto geworden. Das trifft auf Städte wie New York ebenso zu wie auf viele kleine und mittlere Siedlungsräume. Viele Menschen müssen in ihrem Alltag hauptsächlich Strecken von bis zu zwei Kilometer Länge zurücklegen, was selbst für völlig Untrainierte mit dem Fahrrad kein Problem ist. Und wer regelmäßig Fahrrad fährt, bleibt nicht lange untrainiert, da Radfahren sowohl die Beinmuskulatur als auch Herz und Lunge auf Trab bringt.

Fast überall auf der Welt ist das Fahrrad ein umweltfreundliches Hauptverkehrsmittel für Erwachsene. In engen Städten wie z. B. Amsterdam, wo es mehr Fahrräder als Autos gibt, kommt man damit schneller, einfacher und viel, viel billiger voran als mit jeder anderen Fortbewegungsart.

Ein Fahrrad sollte aus Leichtmetall bestehen. So können Sie es einfach auf die Schulter nehmen und Treppen hochtragen. In den letzten Jahren haben vor allem zwei Fahrradtypen eine beherrschende Stellung auf dem Markt errungen: »Mountain-Bikes«, die sehr gut für schlechte Straßen geeignet sind, und Tourenräder für längere Strecken und zügige Überlandfahrten.

Die meisten Räder haben eine Gangschaltung und Handbremsen, aber keine Rücktrittbremse. Wenn es in Ihrer Umgebung relativ flach ist, reicht eine Drei-Gang-Schaltung jedoch völlig aus. In hügeligerem Gelände sind Sie mit einer Kettenschaltung, die es in verschiedenen Variationen von zehn bis 21 Gängen gibt, besser dran. Damit können Sie den Rhythmus der Pedalumdrehungen auch bergauf immer etwa gleich halten – ein sehr kraftsparender Fahrstil. Solche Räder werden auch von den sportlichen Radfahrern bevorzugt, die auf bunten Maschinen Parks und Landstraßen bevölkern.

Da ein gutes Fahrrad ein Leben lang halten sollte, kostet auch ein relativ teures Modell auf den Monat umgerechnet nicht viel. Aber ein Drei-Gang-Rad mit Rücktrittbremse ist für den Anfang auf jeden Fall das Beste und für Kurzstrecken völlig ausreichend.

Fahrräder sind nicht besonders reparaturanfällig. (Beim Auseinandernehmen beachten: Einige Muttern an Achsen und Pedalen gehen nach rechts auf!) Normalerweise können Sie außer der Schaltung (Werkstattreparatur nicht übermäßig teuer) alles selbst erledigen. Kaufen Sie sich ein Fahrradhandbuch, und Sie werden wirklich fast nichts für Reparaturen ausgeben – eine höchst willkommene Abwechslung für Autobesitzer. Ölen Sie alle beweglichen Teile etwa einmal im Monat. Die Kugellager gehören alle paar Monate neu gefettet. Wenn die Kette dreckig wird, dann nehmen Sie sie ab und legen sie in Öl.

Manche fahren lieber ein altes, klappriges Rad, weil dann die Wahrscheinlichkeit eines Diebstahls geringer ist. Ein Fahrrad ist eine leichte Beute für jeden Dieb mit einem Bolzenschneider, der Kette und/oder Schloß einfach durchknipst. Auch die hervorragenden neuen

Schlösser sind für einen gut ausgestatteten Fahrraddieb kein Problem. An manchen, meist teureren Rädern werden daher Schnellverschlüsse zur Befestigung von Rädern und Sattel verwendet. So lassen sie sich leicht abmontieren und mitnehmen, um einen Diebstahl unattraktiv zu machen. (Denken Sie allerdings daran, daß diese Teile auch für Diebe sehr leicht abzumontieren sind, und schließen Sie immer alles gut am Rahmen fest.) Die Aufklärungsraten bei Fahrraddiebstählen sind vor allem in Großstädten sehr gering. Daher sollten Sie Ihren Drahtesel besonders nachts nicht draußen oder wenigstens nicht im Sichtfeld von Passanten stehen lassen. Mittlerweile gibt es auch geniale Haken- und Flaschenzugsysteme, mit denen Räder in einer ungenutzten Ecke der Wohnung bequem aufbewahrt werden können.

Mit einem Fahrradträger auf dem Auto – gekauft oder aus einigen Brettern und Bolzen selbstgemacht – werden Sie sehr flexibel, z. B. wenn Sie mit dem Auto zur Arbeit müssen, aber nie einen Parkplatz in der Nähe finden. Für solche Fälle gibt es auch Klappräder, die in den Kofferraum passen.

Informieren Sie sich in Zeitungen, an schwarzen Brettern oder auch bei Händlern über Gebrauchträder. Unter Umständen entdecken Sie auch ein Auslaufmodell, das nicht mehr den neuesten Modetrends entspricht, aber technisch einwandfrei ist.

Vielleicht denken Sie jetzt: »Fahrräder, schön und gut. Aber wie soll ich damit etwas transportieren, und was soll ich mit meinen Kindern machen?« Ein Fahrrad kann, zusätzlich zum Fahrer, mindestens 50 kg Gewicht vertragen. Für kleine Kinder gibt es Kindersitze, die sich leicht entweder am Lenker oder auf dem Gepäckträger installieren lassen. Sie sind nicht teuer, und die Kleinen fühlen sich darin sehr wohl. Außerdem können Sie vorne einen großen Korb für Einkäufe befestigen, und mit einem zusätzlichen Rucksack und Satteltaschen kommen Sie auf eine ganz beachtliche Transportkapazität.

Selbst wenn Ihr Fahrrad ab und zu gestohlen wird, sparen Sie Geld. Ich habe z. B. ausgerechnet, daß, wenn mein billiges Rad nach zwei Jahren gestohlen worden wäre, meine Fahrten zur Arbeit trotzdem nur ein Fünftel dessen gekostet hätten, was ich für Busfahrkarten hätte ausgeben müssen. Von gesundheitlichen Vorteilen, gesparten Parkgebühren, Strafzetteln etc. ganz zu schweigen. So gesehen könnte mein Rad zweimal pro Jahr gestohlen werden, und ich wäre finanziell immer noch besser dran.

Einige Bemerkungen zur Sicherheit: Benutzen Sie einen Fahrradhelm, auch wenn Sie sich zunächst ein bißchen komisch fühlen. Auch ein harmloser Sturz kann beim Aufprall auf der Straße oder auf einem parkenden Auto einen Schädelbruch nach sich ziehen. Da zudem manche Autofahrer Fahrräder nicht als gleichwertige Verkehrsteilnehmer betrachten, ist auch die Unfallgefahr nicht zu unterschätzen. Bei jedem Zusammenprall vergrößert der Helm Ihre Aussichten, halbwegs unversehrt davonzukommen, beträchtlich. Sie selbst sollten natürlich auf jeden Fall sehr defensiv fahren, um niemals auf die Umsicht von Autofahrern angewiesen zu sein. Seien Sie sich im klaren, daß es Fahrer gibt, die aus purer Boshaftigkeit Radfahrer behindern und bedrohen. So etwas ist zumindest Nötigung, möglicherweise auch Körperverletzung, und falls Sie Zeugen und Beweise haben, um den Betreffenden anzuzeigen, dann tun Sie damit jedem anderen Fahrradfahrer einen Gefallen.

Benutzen Sie bei Nachtfahrten eine Lampe, die sich mit Gummischnüren am Bein befestigen läßt und sich beim Treten auf und ab bewegt. Das ist besser als ein unbewegliches Licht am Fahrrad. Außerdem sind diese Lampen so klein, daß sie in eine Tasche passen und nicht gestohlen werden können. Auch ein Vorderlicht, vielleicht in Verbindung mit einem weißen Reflektor, sowie Reflektoren in den Speichen, die das Rad von der Seite her auffälliger machen, sind wichtige Sicherheitsvorkehrungen.

Achten Sie immer darauf, daß die Reifen richtig aufgepumpt sind. Zuwenig Druck erhöht die Reibung und erschwert das Treten, zuviel Druck verringert die Straßenhaftung und macht das Fahren unruhiger. Bei Regen oder Schnee brauchen Sie einen gut sitzenden Mantel, Anorak oder Poncho sowie Handschuhe.

Während der Stoßzeiten, wenn sich die Autos in langen Reihen stauen, sich Stoßstange an Stoßstange überfüllte Straßen hinunterquälen, immer auf der Suche nach einem freien Parkplatz, dann schlägt die Stunde der Radfahrer. Dann ziehen Sie locker vorbei, immer auf der Hut vor unvermittelt aufgehenden Autotüren. Zu solchen Zeiten ist man mit dem Fahrrad schneller zu Hause als mit dem Auto, und es kostet keinen Pfennig. Der Fahrradfahrer muß sich nicht einmal um einen Parkplatz oder Parkschein, um Führerschein, Benzinrationierungen, Radkappendiebe oder um Leute, die gerne glänzenden Autolack zerkratzen, sorgen.

Ein Wort noch zu Kinderfahrrädern. Wenn Sie wirklich wollen, daß Ihre Kinder mit dem Rad weiter fahren können als nur einmal um den Block, dann kaufen Sie ihnen richtige Fahrräder und keine aufgemotzten bunten Spielzeuge. Das erste Fahrrad sollte eine Rücktrittbremse haben, weil bei Handbremsen, die vorne stärker bremsen als hinten, die Sturzgefahr größer ist.

2. Zu Fuß

Überzeugte Fußgänger bilden eine Art Geheimbund, und die beliebtesten Treffpunkte erfährt man nur von Mitgliedern. Anfangen können Sie jedoch einfach, indem Sie einige Ziele, für die Sie sonst Bus oder Auto benutzen, zu Fuß ansteuern. Beim nächsten Mal probieren Sie dann eine etwas andere Strecke aus. Wahrscheinlich wird es Sie überraschen, was Sie unterwegs alles zu sehen bekommen. Hetzen Sie nicht. Machen Sie den ersten Spaziergang nur, wenn Sie etwas Zeit haben zu verweilen und sich umzuschauen – es dauert einfach länger als mit einem Fahrzeug.

Stecken Sie Ihren Spazierradius ab. Wenn er bisher nur einige Querstraßen weit reicht, dann dehnen Sie ihn langsam aus. In vielen Ländern auch der westlichen Welt ist es nichts besonderes, mehrere Kilometer täglich zu Fuß zu gehen.

Als nächstes versuchen Sie herauszufinden, ob es attraktive Stadtteile gibt, in denen Sie zu Fuß noch nie gewesen sind. Entdecken Sie Viertel mit interessanten Geschäften und Menschen. Oder schauen Sie sich in den Ihnen vertrauten Parks nach schönen Stellen um, zu denen Sie bisher nicht gewesen sind. Gibt es vielleicht einen Garten mit besonderen, exotischen Pflanzen? Oder einen See, den es zu umwandern lohnt? Einen Strand oder Fluß, an dem man entlanglaufen kann? Manchmal findet man auch in der Zeitung oder in Büchern Hinweise auf interessante Spazierwege in der Nähe.

Nach einer Weile werden Sie wahrscheinlich Ihren eigenen Gehstil entwickeln. Manche Menschen gehen schnell, andere langsam. Einige halten oft an, andere nicht. Manche bevorzugen Regenwetter oder die Nachtstunden zum Spazierengehen, andere nehmen ihre Hunde mit. Wieder andere gehen nur in der Nähe von Bäumen oder Wasser spazieren. Manche finden Spaziergänge in der Natur langweilig und bevorzugen geschäftige Stadtstraßen. Ihren eigenen Stil können Sie nur durch Ausprobieren der verschiedenen Möglichkeiten herausfinden.

Spazierengehen oder Wandern soll Spaß machen. Philosophisch betrachtet könnte man es vielleicht ein »Handeln im Einklang mit der wahren Tugend« nennen – der Tugend, den Körper für das zu nutzen, wofür er sich entwickelt hat. Durch unsere westliche Konzentration auf den praktischen Nutzen einer Sache betrachten wir das Gehen nur als Mittel zum Zweck, also, um irgendwohin zu gelangen. Doch Gehen ist auch Selbstzweck: die Freude an den Fähigkeiten des Körpers nämlich.

Schnelles Gehen ist außerdem eine der besten Fitneßübungen für den gesamten Körper. Es kräftigt, ohne Gelenke und Bänder zu sehr zu belasten, wie es beim Laufen oft der Fall ist, und tut besonders bei Rückenproblemen sehr gut. Ein flotter Spaziergang dreimal pro Woche ist eine gute Versicherung gegen Herzbeschwerden und reduziert den Cholesterinspiegel im Blut. Versuchen Sie, solche Spaziergänge mit Besorgungen zu verbinden, damit Sie nicht das Gefühl haben, »Zeit zu verschwenden«. Durch regelmäßiges Gehen entwickeln Sie vielleicht auch mehr Appetit auf gesunde Kost und können Ihr Gewicht leichter kontrollieren. Auch die Atmung wird dadurch verbessert. (Viele Stadtbewohner atmen nur sehr flach – was man angesichts der Luftqualität vielleicht verstehen kann.)

Kurz gesagt: Gehen Sie so viel und so oft Sie können zu Fuß, auch wenn Sie ein Auto haben.

C. Andere Beförderungsmöglichkeiten

Gelegentlich aus der Stadt herauszukommen, hat eine erquickende Wirkung auf die Seele. Und auch ohne Geld brauchen Sie sich nicht hoffnungslos an Ihren Wohnort gebunden zu fühlen. Natürlich kann man nicht in größerem Stil verreisen, ohne relativ viel Geld auszugeben. Doch vor allem als Alleinreisender brauchen Sie wenig Gepäck und kommen weit herum. Dabei ist es wichtig, sich mit allem Nötigen zu versorgen, ohne Hotels, Motels, Restaurants etc. aufzusuchen. Falls Sie mit dem Auto, einem LKW oder Wohnmobil unterwegs sind, dann nutzen Sie das Fahrzeug auch zum Schlafen. Nehmen Sie eine Kochplatte mit und gehen Sie nur zu speziellen Anlässen ins Restaurant.

1. Motorräder, Mofas, Motorroller

Manche benutzen aus wirtschaftlichen oder praktischen Erwägungen ein Motorrad, viele erliegen jedoch ganz einfach seiner Faszination. Auf dem Motorrad ist man direkt dem Fahrtwind ausgesetzt, so daß man eher zu fliegen als zu fahren scheint. Auch das Gefühl, absoluter Beherrscher der Maschine zu sein, die ohne Fahrer nicht einmal gerade stehen könnte, spielt eine Rolle. Gleichzeitig aber ist man auch einer größeren Gefährdung des eigenen Lebens und einer etwa viermal größeren Unfallwahrscheinlichkeit als beim Auto ausgesetzt.

Mit dem Motorrad können Sie im Gelände fahren, zwischen Bäumen hindurch und sogar durch kleine Bäche, wo sonst nur ein Geländewagen durchkommt. Sie können zwischen Häusern oder Autos parken, unter Treppen und Balkonen oder, wenn auch nicht ganz legal, auf dem Bürgersteig. Und, anders als beim Fahrrad, können Sie noch einen Passagier mitnehmen.

Ein leichtes Motorrad ist das bei weitem billigste Motorfahrzeug überhaupt. Die Preise für gebrauchte Zweiräder sind jedoch höher, als Sie vielleicht denken. Ein fahrtüchtiges, sicheres Motorrad kostet in der Regel mehr als ein altes, aber funktionstüchtiges Auto. Dafür haben Sie beim Motorrad aber viel geringere Benzinkosten.

Heute fahren Hunderttausende kleine japanische Motorräder – zum Vergnügen oder als Verkehrsmittel für die Stadt. Eine leichte Maschine mit einem Hubraum von 125 ccm oder weniger hat im normalen Stadtverkehr überhaupt keine Probleme. Und schon ein etwas größerer Feuerstuhl wird leicht mit Autobahntempo fertig.

Das Motorrad selber reparieren

Früher waren Motorradfahrer oft auch Bastler, die sehr gerne selbst an Ihren Zweirädern schraubten. Heute gibt es so viele Reparatur- und Servicewerkstätten, daß man darauf nicht mehr angewiesen ist. Trotzdem ist es vor allem in einsameren Gegenden beruhigend, wenigstens die grundlegenden Reparaturen selbst ausführen zu können. Sie können dadurch auch viel Geld sparen, obwohl Motorradreparaturen in der Regel billiger sind als Autoreparaturen. Bei einer schweren Maschine sind Motor und Getriebe ähnlich komplex wie beim Auto. Ein großer Vorteil kleinerer Maschinen liegt in den Zweitaktmotoren. Da lassen sich Arbeiten am Zylinderkopf und am Getriebe leichter ausführen. Der Nachteil liegt jedoch in einer größeren Abnutzung, da die beweglichen Teile wesentlich schneller hin- und hergetrieben werden als beim Viertaktmotor. Außerdem sind die Maschinen lauter und stinken.

Wer sein Leben einem Zweirad anvertraut, sollte es gründlich auf ausgeleierte oder abgenutzte Teile untersuchen können. Ein durchgescheuerter Zug oder eine lose Mutter könnten für einen kurzen, aber verhängnisvollen Moment einen Kontrollverlust zur Folge haben. Prüfen Sie immer wieder den Reifendruck. Zu niedriger Druck sorgt möglicherweise dafür, daß sich der Reifen auf der Felge dreht, was Sie beim starken Beschleunigen oder Bremsen in große Schwierigkeiten bringen kann. Achten Sie darauf, daß Bremsen und Leuchten immer in einwandfreiem Zustand sind. Gerade bei starkem Verkehr wird ein Motorrad gerne übersehen.

Richtig große Maschinen mit 1000 oder noch mehr ccm Hubraum und an die 100 PS Leistung bieten neben hoher Geschwindigkeit auch sehr viel Komfort. Aber mit einer kleinen Yamaha oder Honda 50 kommen Sie auch überall hin, und das für deutlich weniger Geld als mit dem Auto. Mit Mofas, die zum Starten oder bei einem Motorschaden auch mit Pedalen angetrieben werden können, erreichen Sie sogar noch bessere Werte. Für ein Mofa brauchen Sie keinen Führerschein, Sie können es in Fahrradständern oder auf dem Gehweg abstellen und mit dem Stadtverkehr Schritt halten. Die Betriebskosten sind unglaublich niedrig. Mofas sind in der Regel auch leicht selbst zu reparieren, und sie bieten mehr Sicherheit als Motorroller. Diese wurden in Italien entwickelt, um sich damit durch Fußgängermassen schlängeln zu können. Sie sind sehr leicht manövrierbar, aber durch die kleinen Reifen und den hochgelegenen Motor relativ leicht aus der Bahn zu werfen.

Tips für Sozius und Sozia

Ein Motorrad wird durch leichte Gewichtsverlagerungen des Fahrers gesteuert und kontrolliert. Als Sozius/Sozia sollten Sie nicht versuchen, diese Bewegungen vorauszuahnen oder beim Steuern zu »helfen«. Lassen Sie die Füße auf den Fußrasten und halten Sie den Körper ruhig, das

Gewicht gleichmäßig auf dem Sattel verteilt, und wackeln Sie so wenig wie möglich.

Halten Sie sich gut am Fahrer oder am Handgriff fest. Auf langen Strecken sitzt es sich am bequemsten in etwas vorgebeugter Haltung. Schon mit dem Auto sollten Sie auf längeren Fahrten regelmäßige Pausen einlegen, mit dem Motorrad eher noch öfter. Schützen Sie sich vor Wind und einem möglichen Sturz durch Lederkleidung und -stiefel. Lange Haare sollten nicht frei im Wind flattern, da sie auch dem Fahrer vors Visier geraten und ihn dadurch irritieren können. Tragen Sie einen wirklich guten Sturzhelm. Es ist nicht leicht, sich auf einem Motorrad zu unterhalten, also vereinbaren Sie bestimmte Zeichen, z. B. für Anhalten, Richtungswechsel oder Warnung vor der Polizei.

2. Eisenbahn

Zwar ist über lange Strecken Fliegen die bequemere und schnellere Reisemöglichkeit, doch sollten Sie bedenken, daß der Flugverkehr von vielen Staaten stark subventioniert wird. Die Bahn erfordert viel weniger Energie und auch Geld, und in Europa ist sie eine echte Alternative zum Flugzeug. Gerade in Deutschland bemüht sich die Bahn, auch gegen das Auto Punkte zu machen, und wartet des öfteren mit attraktiven Aktionen auf, die Bahnfahren zu einer relativ preisgünstigen Reisevariante machen. Erkundigen Sie sich an den Informationsschaltern der Bahn nach dem gerade geltenden, günstigsten Angebot – und vergleichen Sie es mit dem Preis, den Sie bei einer Mitfahrzentrale für eine Fahrt im Auto entrichten müßten. Treffen Sie dann Ihre Wahl, und vergessen Sie nicht, Ihre Verpflegung selbst mitzubringen. Das ist auf jeden Fall billiger und gesünder, als die Snacks und Mahlzeiten, die Sie in den Speisewagen oder auf Autobahnraststätten zu sich nehmen können.

3. Autostopp und Fahrradfahren

Trampen ist sicherlich die billigste und in vielerlei Hinsicht auch die interessanteste Art zu reisen. Leider ist es in den letzten Jahren zunehmend gefährlicher geworden. Mit Rucksack und Schlafsack kann man so ungebunden und frei sein, wie es einem Menschen überhaupt möglich ist.

Wer Zeit hat, für den ist das Fahrrad ein gesundes und aufregendes Reiseverkehrsmittel. Man kommt zwar nicht so weit, aber man sieht und lernt mehr. Um es mit dem weisen Geographen Carl Sauer zu sagen: »Fortbewegung sollte langsam vonstatten gehen, je langsamer, desto besser. Und sie sollte von vielen kleinen Pausen unterbrochen werden, um die Aussicht zu genießen und an interessanten Punkten innezuhalten.«

D. Unkonventionelle Übernachtungs-möglichkeiten

Eine konventionelle Urlaubsreise kann so teuer werden, daß Sie den Rest des Jahres dazu brauchen, sich finanziell zu erholen. Das wirft leicht einen Schatten auf die ganze Unternehmung. Also liegt die Herausforderung darin, aus der gewohnten Umgebung herauszukommen, ohne dafür mehr Geld auszugeben, als wenn man zu Hause bliebe – vielleicht sogar weniger.

Hier einige Möglichkeiten:

1. Camping

Zumindest während der Sommermonate ist Camping ein erprobtes Mittel gegen die meist überteuerten Preise in Hotels und Pensionen. Wenn Sie ein wenig Übung haben, ist es gar nicht mehr so lästig, ein Zelt aufzuschlagen und die nötigen Utensilien stets parat zu haben. Außerdem können Sie die frische Luft genießen und leichter Kontakte knüpfen. Natürlich gibt es auch zwischen den einzelnen Campingplätzen erhebliche Unterschiede, was die Preise und den Standard angeht. Sie sollten sich daher einen guten Campingführer anschaffen und sich zunächst einen Überblick über das Preis-/Leistungsverhältnis an Ihren Zielorten machen. Den Campingführer können Sie dann mehrere Jahre nutzen, denn so schnell ändern sich die Verhältnisse meist doch nicht. Vielleicht können Sie auch einen Campingführer in Ihrer örtlichen Bibliothek ausleihen.

2. Fahrzeugtausch
Vielleicht können Sie mit Freunden, die ein Wohnmobil besitzen, einige Wochen lang das Auto tauschen. Beachten Sie aber, daß Sie nicht überall im Auto übernachten dürfen.

3. Häusertausch
Manchmal bietet es sich an, mit Freunden aus nahegelegenen Städten oder vom Land Haus oder Wohnung zu tauschen. So haben beide Seiten Gelegenheit zu einem Tapetenwechsel. Sie können das gleiche natürlich auch mit Unbekannten ausprobieren. Schalten Sie eine Anzeige in Zeitungen mit einer Leserschaft, die Ihnen sympathisch ist, oder in der Lokalzeitung Ihres Wunschortes. Seien Sie aber nicht zu vertrauensselig, und bestehen Sie auf einer Kaution.

Mit einem Häuser- oder Wohnungstausch haben Sie die Möglichkeit, Ihre Ferien in der Nähe eines Strandes, Flusses oder Waldes, also in der Natur zu verbringen. Genausogut können Sie aber auch in eine Stadt fahren, die Sie schon lange einmal gereizt hat, auf einem Hausboot oder einfach nur am anderen Ende der Stadt wohnen. In jedem Fall ist es etwas anderes, ohne daß Sie den ganzen Haushalt einpacken müssen und ohne den ganzen Aufwand, den man treiben muß, um Kinder auf Reisen bei Laune zu halten. So gesehen kommt der Häuser- oder Wohnungstausch gleich nach dem guten alten Ferienhaus im Familienbesitz.

4. Arbeitsurlaub

Vor allem junge Leute haben die Möglichkeit, auf Bauernhöfen, in Urlaubsorten, bei der Wein- oder Obsternte oder an anderen Gelegenheiten, zu denen Saison-Arbeitskräfte benötigt werden, auszuhelfen. Die Kontakte bekommt man am besten über persönliche Beziehungen – Eltern, Freunde, Verwandte –, aber über Anzeigen und Vermittlungsagenturen bieten sich ebenfalls Chancen. Wenn Sie gerne während einer Skisaison in den Bergen arbeiten würden, könnten Sie z. B. in verschiedenen Sportgeschäften nachfragen. Wenn sich dadurch nichts ergibt, dann gehen Sie einfach vor der Saison in die betreffende Region und hören Sie sich bei den Einheimischen um. Auch der »Öko-Tourismus«, mit dem man in einen anderen Kulturkreis reist und im Bereich des Umweltschutzes arbeitet, ist im Kommen. Lesen Sie dazu die Anzeigen in Umweltmagazinen.

Wenn Sie im Urlaub mit dem Auto fahren, dann versuchen Sie, Nebenstrecken zu benutzen und Autobahnen zu vermeiden. Man entdeckt dabei verträumte kleine Städte und Landschaften, die in der Regel weit interessanter sind als die Ballungszentren entlang der Hauptverkehrsadern. Außerdem bekommt man eine Vorstellung vom Leben in anderen Landstrichen, und Verpflegung und Übernachtung sind abseits der ausgetretenen Pfade auch billiger.

5. Jugendherbergen

In diesen Unterkünften, die in Europa besonders in den Urlaubsgebieten meist dicht gesät sind, finden Mitglieder der nationalen Jugendherbergswerke Übernachtungsund manchmal auch Kochmöglichkeiten. Wer keinen Schlafsack hat, kann sich auch Bettzeug leihen. Neben den offiziellen Jugendherbergen gibt es in vielen Ländern Europas und in Nordamerika ähnliche Einrichtungen, die von Organisationen wie dem CVJM oder auch privat betrieben werden.

Man findet sie in Städten und in landschaftlich wun-

derbarer Lage an Stränden, in Wäldern und Wanderge-
bieten. Oft sind die Schlafräume nach Geschlechtern getrennt, wenn sich auch die Moralvorstellungen insgesamt
etwas gelockert haben. Gelegentlich stehen Familienzim-
mer oder schöne Gemeinschaftsräume zur Verfügung.

Zur weiteren Information und für nationale und inter-
nationale Jugendherbergsverzeichnisse wenden Sie sich
an das
Deutsche Jugendherbergswerk
Postfach 1455
32704 Detmold
Tel. 0 52 31/7 40 10

6. Nie ohne Schlafsack reisen

Der Schlafsack ist eine Erfindung, deren Bedeutung gar
nicht überschätzt werden kann. Er befreit von der Vorstellung des eigenen Bettes als Nest, in das man jede
Nacht zurückkehren muß, und macht die ganze Welt zu
einem möglichen Schlafplatz. Mit dem Schlafsack im
Gepäck können Sie überall übernachten: bei Freunden, in
Parks, unter freiem Himmel, im Auto, am Strand, kurz,
überall dort, wo die Polizei Sie in Ruhe läßt.

Wenn Sie Ihre Kinder an das Schlafen im Schlafsack gewöhnen, läßt es sich auch mit ihnen viel leichter reisen, als
wenn sie nur im Kinderbett schlafen können. Sie können
sie auf Parties, auf Besuche und lange Reisen mitnehmen.
Solange sie in ihrem wohlvertrauten Schlafsack stecken,
werden sie auch gut schlafen.

Es gibt viele verschiedene Arten von Schlafsäcken: das
»Mumienmodell«, den leichten Campingschlafsack, der
mit einem anderen verbunden und auch als Decke verwendet werden kann, oder den Doppelschlafsack. Die
billigsten sind aus schwerer Baumwolle mit einer Synthe-
tikfüllung und in jedem Kaufhaus erhältlich. Sie kosten
weniger als eine gute Decke und eignen sich für den Gebrauch im Haus oder für warme, trockene Witterung.
Wenn die Temperatur jedoch unter 10 Grad Celsius
sinkt, beginnt man zu frieren, und wenn sie naß werden,

macht es überhaupt keinen Spaß mehr, darin zu liegen. Wenn Sie einen Schlafsack kaufen, der auch für den Gebrauch im Freien geeignet sein soll, dann achten Sie in jedem Fall darauf, daß der Reißverschluß innen mit einem Wetterschutz gegen Zugluft versehen ist.

Am besten sind Schlafsäcke mit einer Füllung aus Gänsedaunen in einer (sehr leichten) Nylon- oder einer (schwereren, aber robusteren) extrem dicht gewobenen Baumwollhülle. Manche guten Schlafsäcke werden mit einer dünnen Decke aus Schaumstoff geliefert, die hervorragend isoliert. Wenn ein Daunenschlafsack naß wird, dann verliert er seine Isolierfähigkeit und läßt sich nur schwer wieder trocknen. Daher bevorzugen viele inzwischen »synthetische Daunen« (Holofil und Quallofil) als Füllung, auch wenn die Isolierleistung nicht ganz so groß ist. Dafür wärmen diese Schlafsäcke selbst in nassem Zustand und trocknen sehr schnell. Informieren Sie sich am besten in einem Fachgeschäft für Campingausrüstung.

Ein guter Schlafsack ist nicht billig, aber wenn Sie sich einen Daunenschlafsack leisten können, ist das eine Investition, an der Sie bei richtiger Pflege auch sehr lange Freude haben werden.

Die meisten Schlafsäcke können Sie selbst waschen. Vor allem für Daunenschlafsäcke brauchen Sie aber genügend Platz zum Trocknen. Ständiges Verschmutzen des Innenfutters läßt sich durch ein herausnehmbares Laken verhindern.

Ein Daunenschlafsack »atmet«, das heißt, er gibt den Schweiß, den der Körper abgibt, an die Umgebung weiter. Decken Sie sich also nicht noch zusätzlich mit einer wasserdichten Plane zu. Sie hält nur den Wasserdampf fest, und Ihnen wird kälter, nicht wärmer. Wenn es regnet, sollten Sie eine Plane in 10-20 cm Abstand über sich spannen. Bedenken Sie auch, daß Sie, wenn Sie auf dem Boden schlafen, eine wasserdichte Unterlage benötigen, da der Schlafsack sich sonst mit Feuchtigkeit aus dem Boden vollsaugt. Dafür eignen sich wenige Zentimeter dicke Schaumstoffmatten.

Wirklich gute Daunenschlafsäcke sind mehrfach abge-
steppt, so daß keine dünnen Stellen entstehen können.
Wenn Sie bereit sind, Ihr Geld in einem solchen Schlafsack anzulegen, dann achten Sie auf gute Qualität. Ohne
wirklich gute Ausrüstung und erfahrene Begleitung sollten Sie allerdings nicht im Schnee oder bei sehr niedrigen
Temperaturen draußen übernachten.

7. Gaskocher

Wer viel zeltet oder unterwegs ist, kann mit einem Gas-
kocher eine Menge Geld sparen. Ich hatte immer einen in
meinem Campingbus, der sehr leicht auszubauen und auf
Wanderungen mitzunehmen war. Zum Wandern brauchen Sie einen wirklich kleinen und leichten Kocher. Lassen Sie sich im Camping-Fachgeschäft über die verschiedenen Möglichkeiten beraten. Wenn kein elektrischer
Strom vorhanden ist, sind Gaslaternen die besten Licht-
spender. Ihr einziger Nachteil ist ein konstantes zi-
schendes Nebengeräusch.

KAPITEL 5
DEN RICHTIGEN WOHNORT
WÄHLEN

Nachdem viele Städte durch Neubauprojekte und »Sanierungen« verschandelt worden sind, haben etliche Planer endlich begriffen, daß belebte Straßen den Reiz einer Stadt ausmachen. Die Straßen müssen reizvoll und sicher sein, damit die Menschen sie bevölkern. Ansonsten ziehen sie in die Vororte und überlassen ihr altes Viertel seinem Schicksal.

Interessante Straßen sind gleichzeitig sichere Straßen, da sie viele Menschen anziehen. Nirgendwo gibt es genügend Polizisten, um in jedem Winkel zu patrouillieren. So hängt die Sicherheit des einzelnen schließlich von den Mitbürgern ab, die aufmerksam sind und sich z. B. einmischen, wenn jemand belästigt oder gar ausgeraubt wird.

Wenn Sie eine Wohnung oder ein Haus mieten oder kaufen wollen, sollten Sie wissen, was sich auf der Straße abspielt. Meiden Sie Viertel, in denen bei Einbruch der Dunkelheit Drogenhändler und Straßendiebe das Regiment übernehmen. Am besten sind Gegenden, in denen etwas los ist, wo man immer einem Nachbarn begegnet, wenn man zum Einkaufen oder zum Bus geht. Reger Fußgängerverkehr ist besser als reger Autoverkehr. Straßen mit vielen kleinen Läden sind lebendiger und sicherer als solche mit Riesensupermärkten und Bürogebäuden. Wo Kinder auf der Straße spielen, leben in der Regel Menschen, die sich um ihr Viertel kümmern. Und wo Bäume stehen, ist es im Sommer kühler und insgesamt einfach freundlicher.

Was also sollte man tun, wenn man auf der Suche nach einem neuen Zuhause ist?

Sobald Sie eine Vorstellung davon haben, welche Gegend für Sie in Frage kommt, gehen Sie auf Erkundungstour – zu Fuß oder mit dem Fahrrad. Lassen Sie sich ein bißchen treiben, schnuppern Sie mal hier und mal da. Werfen Sie einen Blick in die Geschäfte und versuchen Sie, ein Gefühl dafür zu bekommen, wie die Leute hier miteinander umgehen. Sitzen sie auf Eingangstreppen und Balkonen? Spielen Kinder auf der Straße? Fragen Sie die Leute nach dem, was Sie interessiert – öffentliche Verkehrsmittel, Geschäfte, Schulen. Und fragen Sie vor allem, ob jemand von einer freien Wohnung weiß.

Nehmen Sie sich so viel Zeit wie möglich, um auch informelle Kontakte nutzen zu können. Es kann trotzdem Wochen und Monate dauern, bis Sie etwas Passendes gefunden haben.

Die besten Gelegenheiten ergeben sich meist aus dem Bekanntenkreis heraus. Sie hören von Freunden oder Verwandten, daß demnächst irgendwo eine Wohnung frei wird, oder ein Ladenbesitzer erzählt Ihnen, daß seine Tante ein Haus zu vermieten hat.

Objekte, die in Zeitungsannoncen oder über Makler angeboten werden, sind in der Regel teurer als solche, von denen Sie durch Mundpropaganda hören. Außerdem betrachten Vermieter, die annoncieren, ihren Besitz tendenziell als Geschäft, d. h. sie addieren alle Betriebs- und Nebenkosten auf und beschäftigen Steuerberater und einen teuren Verwaltungsüberbau. Zum Ausgleich verlangen sie dann mehr Miete als ein kleiner Vermieter.

Seien Sie vorsichtig, wenn die Vermieter im selben Haus wohnen. Zwar halten sie normalerweise alles gut in Schuß, aber sie stecken ihre Nase oft auch in die Angelegenheiten der Mieter, was eher unangenehm ist. Es kommt sogar vor, daß ältere Leute, die noch nicht gemerkt haben, daß es nach dem Zweiten Weltkrieg so etwas wie eine sexuelle Revolution gegeben hat, das Übernachten von Freunden oder Freundinnen nicht gestatten. Am besten ist wohl ein Vermieter im Ruhestand und mit Wohnsitz etwas außerhalb, der aber gelegentlich vorbeikommt, um nach dem Haus zu sehen und alles Nötige in Ordnung zu bringen.

Falls Sie in dem vorhandenen Wohnungsangebot nichts finden, was Ihrem Geschmack oder Geldbeutel gerecht wird, bieten sich auch Dachböden oder ausrangierte Fabrikhallen oder Geschäftsräume als Wohnraum an. Zu einem Ausbau braucht man zwar etliche handwerkliche Kenntnisse für Holz-, Installations- und Elektroarbeiten, aber man bekommt dafür geräumigen, praktischen und individuellen Wohnraum.

A. Hauskauf

Häuser und andere Immobilien sind mittlerweile so teuer geworden, daß sich nur wenige einen solchen Schritt leisten können – hauptsächlich diejenigen, die schon ein Haus haben, dessen Wert gestiegen ist. Sie verkaufen dann das alte und kaufen von dem Erlös ein neues. Viele Leute sind gezwungen, sich Häuser gemeinsam mit anderen zu kaufen. Falls Sie vor der Frage eines Haus- oder Wohnungskaufs stehen, hier die elementaren Fakten, die zu beachten sind. Sprechen Sie aber in jedem Fall auch ausführlich mit Freunden darüber, die diesen Schritt schon getan haben.

Immobilienmakler arbeiten für den Verkäufer, nicht für Sie. Wenn Sie also einen Makler um Hilfe bei der Haussuche bitten, denken Sie daran, daß seine Freundlichkeit rein geschäftlicher Natur ist: Die fette Provision kassiert er erst, wenn Sie sich zum Kauf überreden lassen. Bei einem fähigen Makler können Sie sich auch über die Steuerersparnis bei einem Hauskauf, über die fällige Grundsteuer und über verschiedene Finanzierungsmöglichkeiten und deren Auswirkung auf Ihr Gehalt informieren. Eine gute Finanzierung ist außerordentlich wichtig, da schon eine kleine Differenz bei den Zinsprozenten große Auswirkungen auf Ihre monatliche Belastung haben kann.

Wenn Sie einen Kredit abzahlen, tragen Sie in den ersten Jahren fast nur Zinsen und Gebühren ab und tilgen kaum. Später ist es Ihnen dann vielleicht möglich, die Restschuld schneller abzutragen als vorgesehen. Das könnte, trotz wegfallender Steuerermäßigungen, auf lange Sicht günstiger sein, muß aber von Fall zu Fall geprüft werden. Vom steuerlichen Standpunkt aus bietet es Vorteile, ein Haus zu besitzen. Aber natürlich müssen Sie es auch erhalten, was eine Menge Zeit, Geld und Arbeit erfordert. Falls Sie nicht besonders geschickt mit Werkzeugen umgehen können und es Ihnen auch keinen Spaß macht, einen Teil Ihrer Freizeit zum Reparieren und Ausbauen Ihrer Behausung zu nutzen, dann kann ein eigenes Haus zu einer echten Belastung werden.

Bevor Sie irgend etwas kaufen, vergewissern Sie sich, ob nicht in Kürze in der Nähe eine Autobahn, ein Atomkraftwerk o. ä. gebaut werden soll. Unterziehen Sie auch die Schulen, die nächtliche Straßenbeleuchtung sowie das Funktionieren der Müllabfuhr und anderer öffentlicher Aufgaben einer gründlichen Prüfung. Reden Sie vor der Unterschrift in jedem Fall mit Ihrem Anwalt oder lassen Sie sich von einem Notar beraten.

Falls Sie ein Haus besitzen, das Sie verkaufen wollen, holen Sie unbedingt den Rat eines Steuerberaters ein. Das Steuerrecht hat kapitale Lücken, die reichen Leuten helfen sollen, den Gewinn aus dem Verkauf von Besitztümern an der Steuer vorbei in die eigene Tasche zu stecken. Zwar können auch Sie diese Löcher nutzen, aber nur mit Hilfe eines Experten.

1. Eigentumswohnungen

Wer eine Wohnung gemietet hat, hat normalerweise kein Interesse an der Umwandlung in eine Eigentumswohnung, da dies fast immer eine Erhöhung der Miete oder der Betriebskosten nach sich zieht. Wer aber eine Eigentumswohnung besitzt, kommt dadurch in den Genuß etlicher Steuererleichterungen. Daher ist der Kauf einer Eigentumswohnung für jemanden, der relativ viele Steuern zahlt und genügend Startkapital besitzt, durchaus interessant. Falls also die Wohnungen in Ihrem Mietshaus umgewandelt werden sollen und Sie Interesse an einem Kauf haben, lassen Sie zusammen mit den anderen Hausbewohnern von einem unabhängigen Institut ein Gutachten über Statik, Bausubstanz und den Zustand von Wasser- und Elektroleitungen, Heizung, Dach usw. erstellen. Als Eigentümer verschiedener Wohnungen in demselben Gebäude sind Sie gemeinsam für alle notwendigen Reparaturen verantwortlich. Versuchen Sie, vom bisherigen Besitzer schriftliche Garantien für bestimmte zentrale Gebäudeteile zu bekommen. Beauftragen Sie einen Rechtsanwalt mit dem ganzen, sehr umfangreichen und tückischen Papierkrieg und den Behördenformalitäten im Zusammenhang mit der Umwandlung.

Manche Eigentumswohnungen werden verkauft, bevor sie überhaupt gebaut sind. So etwas ist riskant, da die Käufer nicht einmal wissen, ob die Bauarbeiten sorgfältig ausgeführt werden. Wenn Sie sich irgendwo einkaufen, können Sie genau besichtigen, was Sie kaufen, können einen Fachmann mit einem Gutachten beauftragen und sich überlegen, ob Ihnen die Hausgemeinschaft zusagt. Manche Häuser sind auf Singles eingestellt, die gerne feiern, andere werden von Familien mit Kindern bewohnt. Manchmal gilt es auch, bestimmte Einschränkungen zu beachten (keine Amateurfunkanlagen, keine Haustiere, keine Untervermietung etc.). Erkundigen Sie sich, ob die Hausgemeinschaft in Prozesse verstrickt ist, was teuer und anstrengend werden kann.

Die laufenden Kosten einer Eigentumswohnung sind oft höher als angenommen. Falls die Gesamtkosten einer Wohnung umgerechnet auf die Quadratmeterzahl ähnlich hoch sind wie bei einem Haus in der näheren Umgebung, dann sollten Sie von einem Kauf Abstand nehmen.

Manchmal gibt es auch die Möglichkeit, als Käufergemeinschaft ein Haus zu übernehmen. So kann man auch mit weniger Geld einen Anteil an einem Haus erwerben. Wenn allerdings einer der Partner nicht mehr zahlungsfähig ist oder wegzieht, bleibt man möglicherweise auf einem Anteil sitzen und die ganze Gemeinschaft gerät in finanzielle Schwierigkeiten.

2. Mobile Wohnungen

Eine mobile Bleibe, sei es Wohnmobil, Wohnwagen oder ein umgebauter Klein- oder Omnibus, hat ihre Vorteile. Sie können Sie mit allen Annehmlichkeiten einer schönen und gemütlichen Wohnung ausstatten. Es wird dadurch auch einfacher, für unbestimmte Zeit zu verreisen – schließlich haben Sie keine Wohnung, die jeden Monat regelmäßig Miete kostet. Sie können Freunde auf dem Land und in der Stadt besuchen, ohne bei ihnen auch übernachten zu müssen. Vielleicht kommen sie ja sogar lieber zu Ihnen in Ihren Bus. Sie müssen nicht auswärts essen – die Küche ist ja immer dabei. Wenn es Ihnen irgendwo gefällt und Sie einen Parkplatz finden, auf dem die Einheimischen sich nicht gestört fühlen, können Sie so lange bleiben, wie Sie wollen. (Freundlichkeit und das Angebot, eine kleine Summe als »Parkgebühr« zu bezahlen, zerstreuen aufkeimendes Mißtrauen.)

In einer Zeit allgemeiner Wohnungsnot, verursacht durch die Untätigkeit der Regierungen, haben viele Menschen aus unterschiedlichsten Gesellschaftsschichten nicht mehr die nötigen Reserven, um eine Wohnung oder auch nur ein Zimmer anzumieten. Vielleicht aber kommt der ein oder andere an einen alten Lastwagen oder Transporter und wandelt ihn in ein gemütliches Heim um. Mit einem kleinen, aber regelmäßigen Einkommen bleiben Sie mobil, vermeiden Konflikte mit der Polizei und haben Platz für Ihre Sachen, während Sie Ihrer Arbeit nachgehen.

Wollen Sie Ihr Fahrzeug wirklich zu Ihrer Wohnung machen, dann statten Sie es freundlich und bequem aus, sonst werden Sie bald in ein Haus zurückkehren wollen. Dabei geht es um die wirklich grundlegenden Dinge wie Heizung, Schlafplatz, Küche, Waschbecken und Toilette. Bisher sind die meisten Kleinbusse aber nur einfache Blechkisten.

Isolation

Kleiden Sie den Innenraum mit Isolier- oder Dämmplatten aus, die Sie mit alten Teppichen oder ähnlichem verhängen. Besorgen Sie sich einen Heizofen, am besten einen Gasofen, der mit Campinggas betrieben wird. Leiten Sie die Verbrennungsabgase zum Dach oder zur Seite hinaus ins Freie. Ein billiger Kerosinofen eignet sich nicht für kleine Räume. Lassen Sie niemals einen Sauerstoff verbrennenden Heizofen über Nacht laufen – er könnte den ganzen Sauerstoff verbrauchen und Sie würden ersticken! Die nötige Ausrüstung und etliche andere nützliche Dinge erhalten Sie in Camping- oder Wohnwagengeschäften.

Eine größere Gasflasche reicht zur Versorgung eines Heizofens, eines Kochers und sogar eines Durchlauferhitzers aus. Ein Durchlauferhitzer ist zugegebenermaßen ein Luxus, macht aber wahrscheinlich den Unterschied zwischen Wohnen im Bus und einfachem Campen aus. Denn nicht immer sind Sie in der Nähe von Freunden, deren Dusche Sie dann benutzen können.

Sichtblenden

Sorgen Sie dafür, daß man nicht in Ihren Bus schauen kann, wenn Sie es nicht wollen. Schließlich gibt es auch Orte, an denen das Übernachten in Fahrzeugen verboten ist. Als Alternative zu Vorhängen, die mit Stangen, Schnüren oder Drähten befestigt werden müssen, können Sie die Scheiben von innen mit verdünnter weißer Farbe streichen. So erhalten Sie tagsüber ein schönes Licht und sind zu keiner Zeit neugierigen Blicken ausgesetzt. Dann brauchen Sie nur hinter den Vordersitzen einen Vorhang anzubringen.

Tanks

Montieren Sie den Wassertank sehr fest am höchsten Punkt des Fahrzeugs, damit das Wasser zügig fließen kann. Der Gastank läßt sich überall außerhalb des Wohnbereichs befestigen. Achten Sie aber darauf, daß Sie beide Tanks bequem erreichen können.

Bei Campingtoiletten ist die Auswahl groß. Neben einem normalen Eimer sind Toilettensitze mit darunter angebrachter Plastiktüte am einfachsten. Nach Gebrauch werden sie gut verschlossen und im Müll entsorgt. Es gibt mittlerweile aber auch relativ günstige tragbare Toiletten. Sie fangen die Exkremente in einem Behälter mit chemischen Desinfektionsmitteln und desodorierenden Stoffen auf, den Sie unauffällig in einer Toilette entleeren können. Moderne, aufwendig ausgestattete Wohnmobile haben eingebaute Toilettentanks, die Sie nur auf Campingplätzen mit den dazu nötigen Einrichtungen entleeren können.

Schließen Sie keine zusätzlichen Elektrogeräte oder -lampen an die Batterie an. Sie entleert sich sonst sehr schnell. Benutzen Sie lieber Butan- oder Kerosinleuchten. Es gibt sogar Kühlschränke, die mit Butan betrieben werden. Vergessen Sie aber in keinem Fall den Feuerlöscher.

Man kann auch in kleineren Fahrzeugen gut leben, wenn man es richtig organisiert. Es gibt Leute, die monatelang in VW-Bussen oder ausgebauten Transportern wohnen. Man muß einfach darauf achten, alles ganz effektiv zu nutzen. Und es ist immer wieder erstaunlich, wieviel Kram sich selbst in einen VW-Bus packen läßt, wenn es sein muß. Betrachten Sie diese Aufgabe als Herausforderung an Ihren Erfindungsreichtum.

B. Wohnungssuche

Manchmal wirkt eine Wohnung bei der ersten Besichtigung so schön und ansprechend, daß man darüber vergißt, genau zu prüfen, ob sie wirklich die richtige ist. Deshalb hier eine Liste von Dingen, auf die Sie achten sollten.
Raum
Die meisten suchen eine Wohnung mit einem Zimmer pro Person, also z. B. vier Zimmer für eine vierköpfige Familie. Natürlich ist es vor allem für große Familien schwer, diesen Standard zu erreichen. Also müssen sich

einige Familienmitglieder ein Zimmer teilen. Wichtig ist, daß jeder Bewohner einen gewissen Privatbereich zum Schlafen, Lesen oder Nachdenken hat. Dieser Bereich braucht nicht groß zu sein (eigentlich kaum größer als ein Bett), wenn die gemeinschaftlich genutzten Zimmer geräumig genug sind – beispielsweise eine große Küche und ein weitläufiges Wohnzimmer oder zwei miteinander verbundene Räume. Ein Zimmer wirkt um so größer, je höher die Decke ist.

Licht
Sonnenlicht macht einen Raum gleich sehr viel heller, es wärmt und ist auch gut für Zimmerpflanzen. Und wenn man von manchen Fenstern aus Bäume oder einen kleinen Platz einsehen kann, um so besser. Oberlichter schließen zwar gegen Regen oft nicht ganz dicht, aber die zusätzliche Sonne ist etwas Herrliches.

Luft
Besonders, wenn es im Sommer ziemlich heiß wird, sollten Sie darauf achten, daß Sie gut lüften können.

Heizung
Prüfen Sie nach, ob alle Heizkörper funktionieren. Sie bezahlen für die Heizung, also überzeugen Sie sich auch, daß es eine gibt! Wenn die Wohnung einen Gasofen hat, überprüfen Sie den Abzug, damit keine Erstickungsgefahr besteht.

Sanitäranlagen
In der Küche sollte eine Spüle mit funktionstüchtigen Kalt- und Warmwasserhähnen sein. Sehen Sie unter der Spüle nach, ob der Abfluß leckt. Testen Sie auch die Toilette und alle Wasserhähne im Bad. Viele kleinere Defekte kann man selbst beheben, aber ernsthafte Schäden sind ein großes Problem. Und ein Leben ohne heißes Wasser ist wie ganzjähriges Camping.

Sicherheit
Heutzutage muß man davon ausgehen, daß früher oder später bei uns allen einmal eingebrochen wird. Mit einer stabilen Tür in soliden Angeln und einem guten Schloß steigt die Wahrscheinlichkeit des »später«. Vielleicht

lohnt sich ja sogar die Investition in ein sogenanntes einbruchssicheres Schloß. An allen Fenstern sollten Verriegelungsmechanismen angebracht sein, besonders im Erdgeschoß und in der Nähe von Feuerleitern. Prüfen Sie auch nach, ob der Hauseingang und die unmittelbare Umgebung Handtaschenräubern und ähnlichen Konsorten Möglichkeiten für ihr schmutziges Gewerbe bietet.

Notausgänge/Fluchtwege

Wenn Sie im zweiten Stock oder höher wohnen, brauchen Sie einen Fluchtweg, falls das Treppenhaus in Flammen steht: eine Feuerleiter z. B. oder ein Fenster, das auf ein Vordach führt. Falls ein Zimmer am Ende eines langen Korridors liegt, könnten Sie dort in Fensternähe ein stabiles Fluchtseil installieren. Und üben Sie den Ausstieg mit Ihren Kindern, falls diese dort schlafen.

Schädlinge/Ungeziefer

Sehen Sie genau nach, ob Sie irgendwo Rattenkot, Mauselöcher oder sonstige Hinweise auf solche oder andere Schädlinge wie z. B. Kakerlaken entdecken können. Es gibt sie in vielen, auch gepflegten Bereichen der Innenstädte. Natürlich kann man Ratten und Kakerlaken bekämpfen, aber es lohnt sich, vor dem Einzug zu wissen, ob man ungebetene Gäste hat. Mülltonnen mit Schnappschloß sind ratten- und hundesicher.

Zusätzliche Annehmlichkeiten

Es lohnt sich auch, auf die kleinen Dinge zu achten, die helfen, den Alltag leichter zu machen. Gehört ein Parkplatz oder ein Garagenplatz zu der Wohnung? Gibt es einen funktionstüchtigen offenen Kamin? Vielleicht kann man auch auf das Dach hinaustreten, was besonders im Sommer sehr schön ist. Möglicherweise können Sie dort sogar Blumen oder Gemüse ziehen. In manchen großen Wohnblocks gibt es praktische Müllschlucker. Wenn es keine Dusche gibt und Sie gerne eine haben möchten, dann fragen Sie den Vermieter, ob er das Gerät bezahlt, wenn Sie den Einbau übernehmen.

Mängel

In älteren Gebäuden blättert manchmal die Farbe ab. Dies

birgt eine große Gefahr für Kinder, die die Farbstück-
chen in den Mund stecken und so eine Bleivergiftung
bekommen können. Mögliche Folgen sind geistige Be-
hinderung und andere ernsthafte Erkrankungen. Überprüfen Sie Wände und Böden. Andere weitverbreitete
Gefahrenquellen sind wacklige Geländer an Treppen und
Balkonen, poröse Gasleitungen, zersprungene Fenster,
schlecht funktionierende Aufzugtüren und beschädigte
Flur- und Treppenhausbeleuchtungen.

KAPITEL 6
PREISGÜNSTIG EINRICHTEN UND
AUSSTATTEN

Die Lebensqualität läßt sich durch einfallsreiche Gestaltung des Wohnraums oft entscheidend verbessern. Angesichts der Tatsache, daß immer weniger Menschen sich ein Haus leisten können und gute Wohnungen immer seltener und teurer werden, kann es von großer Bedeutung sein, ob Sie ein kleines, unschönes Apartment in ein geräumig wirkendes und wohnliches verwandeln können.

Hier einige Tips, wie Ihnen das gelingt:

A. Selbst reparieren und renovieren

Wer in einer Mietwohnung wohnt, muß in der Regel auch irgendwie mit dem Vermieter umgehen. Wenn Sie sich über bestimmte Mängel beklagen und er Reparaturen veranlaßt, hat das vielleicht eine Mieterhöhung zur Folge. Wenn der Vermieter aber nichts machen läßt und Sie daraufhin die Behörden verständigen, die ihn zu den notwendigen Maßnahmen zwingen, müssen Sie mit einer Kündigung rechnen. Wahrscheinlich helfen in einem solchen Fall auch Mieterschutzgesetze nicht allzu viel.

So ertragen viele Mieter Löcher im Gips, tropfende Wasserleitungen, fehlende Fensterbretter und andere Mängel, um keinen Rausschmiß zu riskieren. Schließlich ist eine heruntergekommene Wohnung immer noch besser als gar keine oder eine notdürftig reparierte mit höherer Miete.

Es scheint aus diesem Teufelskreis nur einen Ausweg

zu geben, der sich auch nicht mit allen Hausbesitzern machen läßt. Manche haben wirklich regelrecht Spaß daran,
andere in schlechten Bedingungen hausen zu lassen. Aber
die meisten sind auch nicht schlimmer als wir alle; sie passen sich lediglich der Steuergesetzgebung an, die es geradezu belohnt, Gebäude vergammeln zu lassen.

Schlagen Sie Ihrem Vermieter daher vor, daß Sie Ihre
Wohnung selbst renovieren, wenn er die nötigen Materialien zur Verfügung stellt. So hat er nur geringe Kosten
und erzielt gleichzeitig einen Wertzuwachs, der sich bei
einem Verkauf des Gebäudes in barer Münze niederschlägt. Als Gegenleistung sollte er sich schriftlich ver-
pflichten, die Miete ein oder noch besser mehrere Jahre
lang nicht zu erhöhen.

Im allgemeinen wird ein Vermieter ihren handwerkli-
chen Fähigkeiten erst einmal mißtrauen. Zeigen Sie dafür
Verständnis und schlagen Sie vor, zuerst einmal einen
kleinen Teil zu machen, z. B. das Badezimmer zu streichen. Nach einer Besichtigung der Ergebnisse Ihrer
Bemühungen bitten Sie ihn dann um weitere Arbeitsma-
terialien.

B. Keinen Platz verschenken

Wie läßt es sich auch auf engem Raum besser leben? Dabei können wir von den Japanern lernen, deren Wohn-
verhältnisse viel beengter sind, als sie bei uns jemals sein
werden. Die meisten Japaner können es sich nicht leisten,
einen Raum oder einen Platz ihrer Wohnung nur in einer
Funktion zu nutzen. So haben viele kein Eßzimmer, ja
nicht einmal einen festen Eßtisch. Dazu dient vielmehr
ein leichtes Tischchen, das nur zu den Mahlzeiten aufgestellt und ansonsten auf einem Schrank verstaut wird. An
den Wänden hängt ein Schrank neben dem anderen,
manchmal so angebracht, daß sich auch darunter noch etwas aufbewahren läßt. Mit einer Schlafmatte und einer
Bettdecke wird jeder Platz im Haus zur Schlafstätte. Und

mit einigen Kissen wird jedes freie Stück Fußboden ein Ort, an dem man mit Freunden sitzen und reden kann.

Auch auf Schiffen kann man eine Menge lernen, da die Ausstatter bei der Kombination und Komprimierung der Einrichtung enormen Einfallsreichtum an den Tag legen. Jeder einzelne Gegenstand braucht seinen festen Platz, da bei einem Sturm sonst alles durcheinanderfliegen würde. Und viele der winzigen Schlaf- und Wohnräume auf Schiffen sind sehr ansprechend gestaltet.

Wenn Sie ein Haus besitzen oder einen großzügigen Vermieter haben, können Sie auch die Raumaufteilung verändern. Viele Wände sind nichttragend, d. h. sie sind für die Stabilität von Dach oder Decke nicht von Bedeutung, und lassen sich entfernen, ohne die Statik zu beeinträchtigen. Sie können auch den Gips von Stützpfeilern abschlagen oder einen Torbogen einbauen. Ein Haus oder auch ein Zimmer wirkt mit einer gewissen Tiefenwirkung gemütlicher und interessanter. Daher erhalten kleine Räume durch ein großes Fenster oder einen Spiegel eine wesentlich angenehmere Atmosphäre.

Auch im Freien läßt sich manches verändern. Ein Flachdach kann zu einem Dachgarten oder einem Sonnenstudio, mit einem kleinen Wetterschutz sogar zu einem Schlafplatz werden. Einen kleinen privaten Garten oder Hof erhält man durch einen Zaun aus altem Bauholz oder Treibholz, und manchmal können Sie ein Fenster in eine Tür verwandeln, um so besser ins Freie zu gelangen.

Ein Umzug ist teuer, bereitet Ärger und Arbeit und unterbricht die Kontakte zu Freunden und Nachbarn. Daher lohnt es sich immer, die Qualität Ihrer gegenwärtigen Bleibe so gut wie möglich zu verbessern, auch wenn es Sie ein bißchen Geld kostet. Hüten Sie sich davor, zu oft umzuziehen, ohne eine wirkliche Verbesserung zu erreichen.

C. Einrichten nach eigenem Geschmack

Wenn Sie schließlich eine Wohnung gefunden haben, die Ihnen gefällt und alles Notwendige enthält, wie machen Sie diese dann zu Ihrem Zuhause?

In unserer kommerzialisierten Gesellschaft bekommen die Menschen sehr schnell eine stereotype Vorstellung davon, wie ihre Wohnung aussehen sollte. Sie glauben dann, sie mit allem möglichem Schund vollstopfen zu müssen, weil irgendein Werbetexter ihnen eingeredet hat, sie würden dann glücklicher.

Aber natürlich kann man nicht glücklich werden, wenn man den Richtlinien anderer folgt. Man muß seine eigene Linie finden. Und damit fängt man am besten an, indem man ganz einfach alles nicht mehr so ernst nimmt. Füllen Sie also Ihre Wohnung nicht hastig mit allen möglichen Sachen, die Sie möglicherweise »brauchen« könnten. Konzentrieren Sie sich vielmehr auf die Dinge, an denen Sie sehr hängen und die absolut notwendig sind. Geben Sie der neuen Wohnung Zeit, ihre eigene Atmosphäre zu entwickeln, und versuchen Sie nicht, sie wie Ihre letzte Wohnung oder die Ihres Freundes oder Ihrer Eltern oder wie eine aus einer Illustrierten aussehen zu lassen.

Wenn Sie sich eine Wohnung oder ein Haus gemietet oder gekauft haben, dann gehen Sie zunächst einmal nur mit einem Kissen dorthin und setzen Sie sich ganz ruhig eine Weile in jedes Zimmer. Schauen Sie sich Fenster, Wände, Decken und Fußboden an. Achten Sie darauf, wie das Licht fällt und was Sie vor den Fenstern sehen. Lauschen Sie den Geräuschen und spüren Sie den Luftbewegungen nach. Konzentrieren Sie sich einfach auf die Räume und Ihr Gefühl darin, und machen Sie sich nicht vorschnell Gedanken über die zukünftige Einrichtung. Sie sollten eine Wohnung niemals bekämpfen, sondern sich Ihr anpassen. Finden Sie heraus, »was die Wohnung möchte«, wie sie von Ihnen eingerichtet werden will. Wirkt das Tageslicht durch die erbsengrüne Wandfarbe vielleicht eher gruselig? Könnte man durch Lackieren der

Schränke oder der Türen und Fenster das Innere etwas lebendiger gestalten, vielleicht eine Verbindung zwischen den verschiedenen Zimmern schaffen? Lassen sich Ihre mitgebrachten Möbel so plazieren, daß Sie sich wohlfühlen und nicht erdrückt werden?

Eine Wohnung mit einer eigenen, persönlichen Note zu versehen, ist ganz einfach, wenn Sie sich an folgenden Grundsatz halten: *Beherrsche Deine Besitztümer und laß Dich nicht von ihnen beherrschen.*

Bei der Einrichtung Ihrer Wohnung sollten Sie den Schwerpunkt auf einfache Eleganz und Helligkeit legen. Setzen Sie ästhetische Dinge sparsam ein, was normalerweise auch Ihrem Geldbeutel zugute kommt. Auf lange Sicht ist es besser, einige wenige wirklich gute Sachen zu besitzen, als einen Haufen billiges Zeug. Mit guten Sachen ist Ihnen einfach besser gedient. Einfach zu leben bedeutet keineswegs Entbehrung oder Freudlosigkeit. Es bedeutet vielmehr, wirkliche Freude zu empfinden, die aus dem eigenen Inneren kommt und nicht aus dem Fernsehen oder aus Illustrierten.

Wahrer Luxus besteht darin, die Dinge um sich zu haben, die man braucht und liebt, ohne störende Einflüsse oder Herabminderung durch anderes. Wenn Sie Ihre Wohnung mit solch vorsichtigem Respekt behandeln, wird sie es Ihnen durch ein Gefühl der Ruhe, des Schutzes und des Friedens danken.

Hier einige Vorschläge, wie Sie einer neuen Wohnung positiv begegnen können:

Licht und Farben

Wenn Sie die Wohnung nach Ihrem Geschmack gestrichen haben, überlegen Sie, ob Sie auch einige Möbelstücke neu lackieren wollen, auch wenn es nicht unbedingt notwendig wäre. Wenn die Farbe Ihrer Möbelstücke derjenigen der Wände ähnelt, dann wirkt es so, als gehörten die Sachen wirklich dazu. Schön geformte Fenster sollten Sie nicht mit Vorhängen verdecken. Reispapier z. B. bietet Schutz vor neugierigen Blicken und läßt doch ein sanftes, zartes Licht in den Raum fallen. Falls einige Stellen dazu einladen, auf dem Boden zu sitzen (ein offener Kamin oder eine schöne Ecke beispielsweise), dann versuchen Sie, einen weichen, gebrauchten Teppich zu finden. Darauf können Sie auch farblich gut zum Raum passende Kissen legen. Lassen Sie Glühbirnen nicht nackt im Raum hängen, sondern basteln Sie sich Lampenschirme – am billigsten und attraktivsten sind einfache große Papierlaternen.

Zimmerschmuck aus Wald und Flur

Ein paar Gegenstände aus der Natur erinnern daran, daß auch Ihr Haus letztlich Teil der Natur ist. Die Welt ist voller merkwürdiger Blätter, Äste, Steine, Moose usw.; wenn Sie etwas entdecken, das Ihnen besonders geheimnisvoll oder schön erscheint, dann nehmen Sie es mit nach Hause.

Wandschmuck

Keine Angst vor kahlen Wänden. Eine einfache Mauer mit annehmbarer Farbe kann ein Ruhepunkt und doch erstaunlich interessant sein – überall sind leicht variierende Oberflächen, Farben und Lichtreflexe zu beobachten. Manche pflastern ihre Wände gerne mit Bildern aus Zeitschriften und Reisebüros, mit Kalendern, schreienden Schlagzeilen aus der Zeitung oder auf der Straße geklauten Plakaten etc. Außerdem brauchen Sie eine Stelle, wo Nachrichten, Einkaufszettel, unbezahlte Rechnungen und dergleichen angepinnt werden. Befestigen Sie dazu einfach ein großes Blatt Einwickelpapier an der Wand und kleben Sie die Zettel daran fest, oder basteln Sie aus Sperrholz und Wellpappe eine Pinnwand, die mit Stecknadeln bestückt wird.

Fußboden

Bedecken Sie den nackten Fußboden mit vielen ungewöhnlichen Sachen, die Sie irgendwo abstauben oder billig erstehen. Die beste Wirkung erzielt man mit ausrangierten Teppichmusterbüchern. Darin sind Teppichstücke von ca. 50 x 50 cm Größe und verschiedenster Farbe, Dicke und Muster versammelt. Die können Sie zu einer total verrückten Decke zusammennähen oder in unregelmäßige Stücke schneiden und auf eine Unterlage kleben oder nähen.

Zum Bedecken von Unebenheiten oder Rissen im Fußboden eignen sich auch Teppiche oder Auslegeware, die man mit etwas Glück im Second-Hand-Laden findet. Kleine und nicht zu schwere Stücke lassen sich auch färben. Für kleinere Räume werden sie zurechtgeschnitten, und um eine wirklich weiche Unterlage zu erhalten, legen Sie einfach mehrere aufeinander. Ein besonders schöner Teppich läßt sich auch als Wandbehang zum Abdecken einer rissigen oder abblätternden Wand nutzen. Denselben Effekt erreichen Sie mit Sackleinen oder einem anderen billigen Stoff.

Japanische Tatamimatten sind der attraktivste billige Bodenbelag. Sie werden aus Reisstroh gemacht, riechen gut und fühlen sich angenehm an. Sie wärmen die Füße und nehmen auch weniger Schmutz auf als ein gewöhnlicher Teppich. Allerdings nutzen sie sich schnell ab, wenn Stühle darauf hin- und hergeschoben werden.

Gehen Sie nicht selbstverständlich davon aus, Böden mit Teppichen zu bedecken. Falls Ihre Wohnung gute Holzfußböden hat, dann freuen Sie sich daran. In vielen alten Häusern findet man entweder schön gemusterte Hartholzparkettböden oder schon etwas ausgetretene Dielenböden. Trotz der vielen Arbeit, die man investieren muß, lohnt es sich, solche Böden wiederherzustellen, da sie für das Auge und die Füße sehr angenehm sind. Zum Abschleifen können Sie bei Geräteverleihen große Schleifmaschinen mieten. Anschließend wird das Holz lackiert oder geölt. Das ist eine anstrengende und staubige, aber sehr befriedigende Angelegenheit, und außerdem billiger als alles andere, was Sie mit Ihrem Boden anstellen könnten.

Versuchen Sie nie, altes Linoleum zu entfernen – das ist praktisch unmöglich. Legen Sie eine neue Schicht Linoleum oder etwas anderes darüber.

D. Die Wohnungstemperatur

1. Kühlung

Viele Wohnungen sind schlecht isoliert, so daß es darin bei großer Hitze unerträglich wird. Eine gute Isolation lohnt sich aus ökonomischen wie aus ökologischen Gründen. Sie bedeutet weniger Heizungskosten im Winter und angenehmere Temperaturen im Sommer. Höchstwahrscheinlich brauchen Sie dann auch keine energieverschwendende und gesundheitsgefährdende Klimaanlage.

Zudem gibt es andere Möglichkeiten der Kühlung. Im Südwesten der USA verwendet man Luftkühler, die an einem großen Fenster befestigt werden. Im wesentlichen bestehen diese Geräte aus einem würfelförmigen Kasten, der etwa so groß ist wie die untere Hälfte des Fensters. Er wird so befestigt, daß Luft durch ihn ins Haus gelangt. Im Inneren des Kastens befinden sich verschiedene Röhren, die über einen einfachen Gartenschlauch mit Wasser versorgt werden. Jede Röhre hat viele kleine Löcher, aus denen die Flüssigkeit auf eine Matte tropft. Ob sie aus Espenfasern, Baumwolle, Sackleinen, Schnüren oder dicht aneinandergelegten Zweigen besteht, spielt keine Rolle. Es kommt nur darauf an, daß sie luft- und wasserdurchlässig ist. Das überschüssige Wasser tropft dann einfach auf den Boden. Ein solcher Apparat erreicht natürlich nicht die Wirkung einer Klimaanlage, ist aber doch eine große Erleichterung, zumal er fast nichts kostet und praktisch keine Energie verbraucht.

Wenn Ihre Wohnung eine breite Südfront hat, haben Sie vielleicht die Möglichkeit, Sonnenenergie zu gewinnen. In diesem Fall befassen Sie sich am besten eingehend mit entsprechender Fachliteratur. Falls es Ihnen zu heiß wird und Sie sich vor der Sonne schützen wollen, bauen Sie einen Sonnenschutz. Jalousien oder Rollos an der Innenseite der Fenster sind nutzlos, weil die Sonnenstrahlen dann trotzdem durch das Fensterglas dringen und den Raum aufheizen. Wenn Sie also kein Vordach anbauen wollen oder können, müssen Sie sich mit Schattenspendern aus Bambus oder Tüchern behelfen. Sie können auch von außen Aluminiumfolie auf die Fenster kleben. (Von innen aufgeklebte Folie nützt längst nicht so viel, weil das Glas trotzdem heiß wird und den Raum aufheizt.) Dazu nehmen Sie am besten Epoxyd- oder Kautschukkleber, nachdem Sie die Scheiben gründlich gereinigt haben. Kleben Sie vor allem die Ecken sorgfältig fest und wenden Sie die hellere Seite der Folie der Sonne zu, damit sie die Strahlen optimal reflektiert.

In besonders heißen Gegenden, wie z. B. am Fuß der Sierra Nevada im Südwesten der USA, ist jedes Hausdach mit Aluminium isoliert. Das ist sehr wirkungsvoll und außerdem erstaunlich preiswert.

Wenn die Luftzirkulation im Haus gut funktioniert, läßt sich Hitze allgemein leichter ertragen. Dabei sind große Ventilatoren ausgesprochen hilfreich. Im Laufe der Nacht kühlt ein Haus sich ab, so daß die Innenwände und die Innenluft morgens mehrere Stunden lang kühler sind als Außenwände und -luft. Lassen Sie also die Fenster geschlossen, bis die Temperatur draußen und drinnen etwa gleich ist. Wenn sich die Mauern dann aufgeheizt haben, ist es drinnen wahrscheinlich wärmer als an einem schattigen Platz im Freien. Dann können Sie mit Hilfe eines Ventilators bis in die Abend- und Nachtstunden Außenluft in Ihre Wohnung befördern. (Noch besser ist es natürlich, draußen im Schatten zu sitzen und dem Wind zuzuhören oder die Wolken zu beobachten.)

Ein Ventilator ist am wirkungsvollsten, wenn nur zwei Fenster geöffnet sind: das, an dem der Ventilator steht, und eines am anderen Ende der Wohnung. Die optimalen Bedingungen für das Durchlüften eines ganzen Hauses sind gar nicht so leicht herauszufinden. Jedes Haus ist anders geschnitten, und besonders bei zweistöckigen Häusern braucht es dazu ein bißchen Geduld. Manchmal ist es am sinnvollsten, den Ventilator in ein Zimmer im oberen Stock zu stellen, ihn nach draußen blasen zu lassen und gleichzeitig ein schattiges Fenster im unteren Stockwerk zu öffnen. Halten Sie immer ein Fenster geöffnet, wenn der Ventilator in die Wohnung bläst, damit ein Luftzug entsteht. Anderenfalls wird nur die Luft um das Gerät herum aufgewirbelt.

2. Treibhäuser und Wintergärten

Falls Sie jetzt denken, Gewächshäuser seien nur auf dem Land ein Thema, dann überlegen Sie noch einmal. Selbst wenn Sie im Hochhaus wohnen, können Sie Ihren Süd-balkon in ein Treibhaus verwandeln. An fast jedes Haus läßt sich ein Wintergarten anbauen, der zur Heizung beiträgt und in dem Sie gleichzeitig Gemüse züchten kön-nen.

So langsam merken auch immer mehr Architekten, daß sich die Energie der Sonne beim Bau neuer Gebäude nut-zen läßt. Dies ist durch »passive« Konstruktionsmerk-male (wie die Anordnung der Fenster, Vordächer oder wärmespeichernde Beton- oder Mauerflächen), durch »aktive« Anlagen, die die Wärme dorthin pumpen, wo sie benötigt wird, oder auch durch verschiedene Mischfor-men möglich. Wann immer Sie ein älteres Bauwerk reno-vieren, sollten Sie sich sorgfältig überlegen, wie Sie Treib-hauselemente integrieren können. Folgendes ist dabei zu beachten: Der Wintergarten sollte sich auf der niedrigsten Wohnebene befinden, damit die erwärmte Luft durch das ganze Haus aufsteigen kann.

Sorgen Sie für solide Fundamente, damit Sie nicht nur Pflanzenbehälter hineinstellen, sondern zur effizienten Wärmenutzung vielleicht auch einen Betonboden legen oder Wasserfässer aufstellen können. Wichtig sind auch Luftöffnungen, durch die Außenluft in das Glashaus ge-langen kann, sowie eine gut schließende Tür zum Wohn-bereich hin. Zum Schutz vor zu großer Hitze im Sommer brauchen Sie Blenden, Markisen oder einen Laubbaum. Oft bewähren sich auch in steilem Winkel angebrachte Doppelfenster und Dachluken in großer Höhe.

Auch in einem kleinen Gewächshaus läßt sich mit den entsprechenden Behältnissen ein erstaunlich ergiebiger Gemüsegarten anlegen. Außerdem tragen die Pflanzen zu einer Befeuchtung der Luft bei, was sich besonders im Winter sehr gesundheitsfördernd auswirkt.

3. Isolierung

Mit Hilfe von Isolierungsmaßnahmen und anderen Formen der Energiekonservierung könnten wir weit mehr Energie sparen – und so im Endeffekt gewinnen –, als wir mit Atomkraftwerken erzeugen, und das auch noch für viel weniger Geld.

Es läßt sich relativ einfach ausrechnen, wie schnell sich eine Investition in Isolierungsmaßnahmen amortisiert. Normalerweise geht man von drei bis fünf Jahren aus. Im Vergleich zu allem anderen, was Sie mit Ihrem Geld anfangen könnten, ist das eine phantastische Profitrate. Allein die Isolation eines Dachgeschosses spart jährlich etwa acht Prozent Heizungskosten, und dazu kommen dann noch Steuererleichterungen. Wenn es sich bei dem Dachausbau um ein wirklich großes Projekt handelt, lohnt es sich, einen Experten für Solarenergie zu konsultieren.

Isolationsmaterial ist in zwei Formen erhältlich: lose oder in Blöcke gepreßt. In loser Form besteht es aus gesponnener, feuerfester Steinwolle, manchmal auch aus unbrennbar gemachten Papierschnitzeln. Leider löst sich die Borsäureschicht, die die Papierstückchen bedeckt und feuerfest macht, gelegentlich ab, so daß Brandgefahr besteht. Das ist sehr problematisch, besonders in der Umgebung von Verteilerbuchsen in Wänden und Decken, wo sich Hitzestaus bilden können, oder bei Leuchten, die direkt an der Decke montiert sind. Da ist es nur ein kleiner Trost, daß Zwischenfälle fast ausschließlich in den ersten Tagen nach den Isolationsarbeiten auftreten – wenn Ihr Haus also in dieser Zeit nicht in Flammen steht, ist wahrscheinlich alles in Ordnung. Am sinnvollsten ist es aber, schon vorher um die Problemzonen herum kleine Kästen anzulegen, damit das Dämmaterial erst gar nicht mit den Gefahrenbereichen in Berührung kommt.

Der große Vorteil von losen Dämmstoffen liegt darin,

daß sie in fertige Wände hineingeblasen werden können. Bahnen aus Glas- oder Steinwolle sind zwar feuerfest, können aber nur während des Baus oder unter großem nachträglichem Aufwand angebracht werden. Tragen Sie dabei immer eine Atemschutzmaske! Die winzigen Fasern, die sich immer wieder aus den Blöcken lösen, sind krebserregend, wenn sie in die Lunge gelangen! Reißen und schneiden Sie das Material so wenig wie möglich, und tragen Sie Handschuhe, da die Fasern auch in die Haut eindringen.

Dämmstoffe werden nach ihrer Isolationsleistung und Dämmfähigkeit bewertet. Lassen Sie sich beraten, welche Stoffe für Ihr Klima am ratsamsten sind, und konsultieren Sie einen Experten, wenn Sie ein solares Heizsystem planen.

Ein Haus, das auf der Nordseite angemessen isoliert ist und auf der Südseite große Doppelfenster mit wärmedämmenden Jalousien für die Nacht hat, bezieht einen Großteil seiner Heizenergie von der Sonne. Das gilt besonders dann, wenn die Sonne hinter den Fenstern auf große Beton- oder Steinflächen oder auch auf Wasser, z. B. in Metallfässern, trifft.

Risse und Ritzen zu verschließen ist in älteren Häusern genauso wichtig, wie Decken und Wände zu isolieren. Dichten Sie Türen und luftdurchlässige Fensterrahmen sorgfältig ab, oder erneuern Sie sie. (Mit einer Kerze sehen Sie ganz genau, wo Luft hereinströmt.) Bei einem offenen Kamin sollte die Luftklappe dicht schließen, wenn er nicht benutzt wird. Sollte das nicht der Fall sein, decken Sie die Kaminöffnung mit einem Stück Metall ab (Holz könnte sich entzünden, wenn das Feuer noch nicht ganz aus ist).

Doppelfenster oder auch eine angeheftete Plastikfolie führen zu erheblicher Energieeinsparung. Auch die Isolation von Decken und Wänden sowie die Installation isolierender Jalousien macht sich bei den heutigen Heizölpreisen sehr schnell bezahlt. Das wichtigste und auch einfachste aber ist, einen Pullover zu tragen und die Zimmertemperatur tagsüber nicht über 20 Grad Celsius steigen zu lassen. Reduzieren Sie bei Nacht auf 13 Grad. Das ist gesünder, die Luft fühlt sich nicht so trocken an, und es spart sehr viel mehr Heizöl, als man annimmt, weil gerade die letzten paar Wärmegrade enorm viel Energie kosten. Das gleiche gilt anders herum für Klimaanlagen. Versuchen Sie, sich an 25 Grad zu gewöhnen.

E. Spaß mit Wasser

1. Eine Badewanne im japanischen Stil

Die meisten Menschen in den westlichen Industrienationen begreifen das Baden als einsame Tätigkeit, dem Beten vergleichbar und mit dem Ziel, dabei so keimfrei wie möglich zu werden. Das ist völliger Unsinn, da unsere Haut normalerweise von Millionen von Bakterien bevölkert wird. Die Haut ist eigentlich eine Art Rinde (weich und porös), und wer die oberste Schicht abschrubbt, bringt lediglich eine tieferliegende Mikrobenschicht zum Vorschein. Der Körper kann hervorragend mit Bakterien auf der Hautoberfläche umgehen. Tränen beispielsweise enthalten antibiotische Substanzen. Zu viel Seife beraubt die Haut ihrer natürlichen Fette und macht sie trocken und rauh. Auch der natürliche Säureschutzmantel wird zerstört, und die Haut wird anfällig für Pilzerkrankungen.

Eigentlich brauchen Sie beim Waschen ja nur Schweißrückstände und Schmutz zu entfernen, also: je weniger Seife, desto besser.

Die Hauptsache an einem schönen Bad ist viel heißes Wasser, aber auch Freunde sind dabei sehr wichtig: Wenn warmes Wasser für einen Körper gut ist, dann kann der Spaß sich vervielfachen, wenn noch ein paar dazukommen. Leider finden in einer normalen Badewanne nicht einmal zwei Personen bequem Platz. Zwar kann man statt dessen in Seen und Flüssen baden, doch ist das Wasser oft zu kalt, um sich längere Zeit darin zu aalen. Die Alterna-

tive besteht in einem selbstgebauten übergroßen Ba-
debecken. Es sollte etwa einen Meter tief sein und ca.
1,50 m Seitenlänge haben oder rund sein, wie viele im
Handel erhältliche Becken. Stellen Sie Ihre Wanne auf einen festen Untergrund oder verstärken Sie den Fußboden.
Wenn sie gefüllt ist, wiegt sie leicht zwei Tonnen – mehr
als genug, um einen normalen Fußboden zu durchbrechen
und alles Darunterliegende zu überschwemmen.

In Japan hat man sehr gründlich und kunstvoll über
Bäder nachgedacht. Wer nach einer langen Reise in einem
japanischen Haus ankommt, dem wird zuerst ein Bad angeboten. Die Japaner wissen, daß ein heißes Bad in einer
tiefen Wanne den matten Geist erfrischt und den müden
Körper entspannt. Eine traditionelle japanische Badewanne ist aus wohlriechendem Holz gemacht. Erst
wäscht man sich mit Seife an einer Waschschüssel, und,
nachdem man die Seife abgewaschen hat, läßt man sich bis
zum Hals in die Wanne gleiten.

Wir hingegen nehmen heiße Wannenbäder meist nur
auf ärztliche Anordnung, wenn wir krank sind, oder in
romantischen Filmen, umhüllt von unzähligen Seifenbla-
sen. Nur in Kalifornien, das in den siebziger Jahren von
einer Heißbadewelle ergriffen worden ist, kann man immer noch verschiedenste Wannentypen auch aus Holz
und Fiberglas kaufen. Diese Badewannen haben sich
mittlerweile in vielen Gebieten mit warmem Klima verbreitet, denn am besten kann man sie im Freien nutzen.
Aber auch, wenn es bei Ihnen kälter ist, können Sie sich
eine kleine japanische Wanne bauen. Bis auf die Warmwasserversorgung gibt es dabei keine besonderen Schwierigkeiten. Sie bauen einfach einen Kasten der gewünschten Größe aus 5 cm dickem Holz. Das Material muß gar
nicht unbedingt abgeschliffen werden – rauhes, frischge-
sägtes Holz fühlt sich gut an. Seien Sie sehr sorgfältig
beim Messen und Zurechtsägen, und nehmen Sie lange,
kräftige Schrauben, um die einzelnen Teile zusammenzuhalten. Die schiere Masse des Wassers würde eine gena-
gelte Wanne einfach auseinanderdrücken. Risse füllen Sie

145

mit Dichtmasse aus. Trotzdem wird die Wanne nicht ganz dicht sein, und da Sie sowieso für einen Abfluß sorgen müssen, stellen Sie sie am besten in eine Waschküche, eine ehemalige Garage oder einen anderen Raum mit wasserfest versiegeltem Boden und einem Abfluß.

Mit einem Wärmetauscher und einer Wärmepumpe koppeln Sie die Wanne an Ihr Warmwassersystem. Oder Sie kaufen sich einfach einen alten Warmwasserbereiter und lassen das heiße Wasser in einem Kreislauf ständig neu aufbereiten. Die Einstellung des Thermostats braucht wahrscheinlich ein wenig Geduld, damit das Wasser nicht zu heiß wird. Die meisten Menschen bevorzugen eine Temperatur von etwas unter 43 Grad Celsius.

Besorgen Sie sich auch eine wärmedämmende Platte zum Abdecken der Wanne, um den Wärmeverlust und damit die Kosten für die Erhitzung des Wassers so gering wie möglich zu halten.

Wie bei jedem Wasserkreislauf müssen Sie Vorsichtsmaßnahmen gegen im Wasser lebende Bakterien treffen. In einem Geschäft für Schwimmbadzubehör bekommen Sie Chlorpräparate, und von Zeit zu Zeit muß die Wanne entleert und geschrubbt werden.

Das Badezimmer ist nach der Küche der wichtigste Raum im Haus. Es ist einfach lächerlich, daß Bäder oft nicht größer sind als Wandschränke. Vielleicht können Sie Ihres vergrößern, indem Sie eine Wand einreißen oder einen Erker mit großem Fenster anbauen. Zu einem richtigen Badezimmer gehört nicht nur eine bequeme und tiefe Wanne (und eine Dusche, wenn Sie Duschen mögen), sondern auch viel Platz, um sich auszuziehen, herumzusitzen und zu lesen, sowie ein großes Fenster mit einem attraktiven Blick, z. B. ins Grüne. Ausreichend viele Kleiderhaken (z. B. einfache, in ein Brett gesteckte Holzdübel) erleichtern die Benutzung des Badezimmers durch mehrere Menschen gleichzeitig. Auch eine Auswahl großer Handtücher sollte immer vorhanden sein. In ein Bad gehört außerdem eine Holzbank, die so bequem ist, daß man sich noch naß darauf setzen kann. Gleichzeitig sollte sie breit genug sein, um als Massagebank dienen zu können. Stellen Sie auch einige Pflanzen auf – Farne lieben in der Regel die feuchte Luft. Es gibt keinen Grund, ein Bad ganz in emailleweiß und keimfrei wie ein Krankenhaus zu gestalten. (Meiden Sie jedoch gefärbtes oder mit Blumen bedrucktes Toilettenpapier – es kann Entzündungen verursachen.) Wenn Sie keinen Kommerz in Ihrem Badezimmer dulden wollen, dann wickeln Sie Seifen und Toilettenpapier aus, bevor Sie sie in die Regale räumen. Und egal ob Sie Naturholz oder leuchtende Farben, weichen Teppich oder kühlen glatten Boden bevorzugen, betrachten Sie das Badezimmer als Meditationsraum. Alles Leben kam aus dem Wasser auf die Erde, und so dient das Baden nicht nur der Körperreinigung, sondern auch dazu, mit unserem ursprünglichen Element in Kontakt zu treten. Ein Bad sollte eine freudige Angelegenheit sein.

2. Der Einbau einer Dusche

Wenn Sie schon eine Badewanne haben, brauchen Sie für eine Dusche lediglich zwei Dinge: eine Brause und einen Duschvorhang. Und so geht es am einfachsten und billigsten:

Nehmen Sie ein rundes oder viereckiges Rohr als Vorhangstange; ein Hula-Hoop-Reifen oder auch alte Wasserleitungen eignen sich gut dazu. Der Durchmesser sollte etwa einen Meter betragen, damit Sie beim Duschen genügend Platz haben. Zur Befestigung der Stange ziehen Sie einen Draht durch einige in Wand und Decke geschraubte Ösen. Vier Befestigungspunkte reichen normalerweise völlig aus.

Passende Plastikvorhänge erhalten Sie in Kaufhäusern und Baumärkten. Aber auch Nylon ist ein geeignetes Material, weil es wasserabweisend ist und schnell trocknet. Achten Sie darauf, daß der Vorhang die richtige Länge hat und Ihre »Duschkabine« vollständig abschließt, da Wände und Fußboden nicht naß werden sollten.

Bei der Wahl des Dusch-Schlauches sollten Sie darauf

achten, daß die Anschlüsse an Ihren Wasserhahn passen. Messen Sie vor dem Kauf den Durchmesser und sichern Sie sich ein Rückgaberecht, falls Sie den falschen gekauft haben. Überlegen Sie sich auch, ob Ihnen ein Wandhaken zur Befestigung der Dusche reicht, oder ob Sie eine Stange zum stufenlosen Verstellen der Höhe vorziehen.

Und natürlich können Sie auch bei einer Dusche Ihrer Phantasie freien Lauf lassen. Machen Sie sie so groß, daß auch zwei Personen bequem darin Platz haben. Schmücken Sie den Vorhang mit verschiedenen Mustern. Bauen Sie sich eine durchsichtige Duschkabine aus Plexiglas. Die verschiedenen Düsen und Schläuche könnten die Form einer Skulptur aus anmutig gebogenen Kupferleitungen, durchsichtigen Plastikschläuchen oder was Ihnen sonst einfällt erhalten. Oder lassen Sie sich von oben, von unten oder von der Seite besprühen.

F. Einrichten mit Phantasie

1. Gute und kreative Schlafgelegenheiten

Ein Schlafzimmer ist reine Platzverschwendung. Es wird in der Regel nur acht Stunden pro Tag genutzt und nimmt viel mehr Quadratmeter in Anspruch, als von seinem tatsächlichen Nutzen her eigentlich vertretbar wäre. Ein Schlafzimmer lohnt sich nur dann, wenn es von einer Person als Privatraum genutzt wird, in den sie sich zum Lesen, Fernsehen, Reden, für Sex, Nähen usw. zurückzieht. Daher ist ein solches »Multi-Funktionszimmer« vor allem in größeren Haushalten sinnvoll, wo es relativ schwierig ist, sich eine Privatsphäre zu schaffen. Aber selbst in diesem Fall braucht man dafür nicht allzuviel Platz.

Schlafnischen

In alten holländischen Bauernhäusern waren die Betten in kleinen Nischen in der Wand untergebracht, vom Hauptraum, in dem man kochte, aß, Besuch empfing und sich unterhielt, nur durch einen Vorhang abgetrennt. Ein solcher Alkoven hatte normalerweise keine Fenster, da Glas sehr teuer war. Das gilt nicht für moderne Schlafnischen – Fenster sind einerseits praktisch zum Lüften, und außerdem ist es schön, im Bett zu liegen und hinausschauen zu können. Platzsparend wirkten sich auch kleine Schränke und Schubladen aus, die unter den Betten angebracht waren. So brachte man auf einer Fläche von etwa drei Quadratmetern Schlafplatz und Kleiderschrank unter. Natürlich können Sie eine Schlafnische auch mit einer Tür vom Hauptraum abtrennen und ein zusätzliches Stück freilassen, um Platz zum Anziehen zu haben.

Wäre unsere Bauindustrie vernünftig organisiert, könnte man solche kleinen Schlafkammern nach dem Baukastenprinzip herstellen und über einen Versandhandel vertreiben. Die Hauptwohneinheit mit Küche, Bad, Heizung und anderen Einrichtungen würde man individuell bauen, um dann rundherum eine Reihe von Kammern anzusetzen. Manchmal ist es zumindest möglich, in einem bereits bestehenden Schlafzimmer einen Alkoven um das Bett herum zu bauen. Um seine Sonderstellung zu unterstreichen, sollte er eine niedrigere Decke haben als der übrige Raum (ein an der Decke angebrachtes Tuch hat im allgemeinen denselben Effekt).

Nicht fest installierte Schlafstätten

In Japan gibt es traditionell keine separaten Schlafzimmer. Die Menschen holen abends einfach Ihre Matten und Decken aus dem Schrank und legen sie aus. Das mag vielen von uns als Verlust der Privatsphäre erscheinen, vor allem, was den Sex betrifft. Doch gibt es offensichtlich eine ganze Reihe von Gesellschaften, die damit gut zurechtkommen. Und auch hierzulande gibt es Menschen, die im Zusammenleben entdeckt haben, daß Sex nicht immer eine private Angelegenheit sein muß.

Jeder, der einmal im Schlafsack geschlafen hat, kennt die Vorteile. Solange der Boden trocken ist, kann man den Schlafplatz je nach Lust und Laune wählen: vor dem Kamin, auf der Veranda, um dem Regen zu lauschen, oder auf einem Sofa. Wenn viele Leute in einem Zimmer schlafen, kann man sich in die Nähe derjenigen legen, mit denen man sich verbunden fühlt. In jedem Fall ist man nicht an ein Möbelstück gebunden.

Merkwürdigerweise legen viele bei der Gestaltung des Schlafplatzes in ihren Hütten oder Ferienhäusern weit mehr Phantasie an den Tag als zu Hause. Zum Schlafen ist eigentlich nichts weiter nötig als eine Matratze oder eine Schaumstoffmatte auf einer stabilen Sperrholzunterlage. (Bettroste mit Sprungfedern sind teuer, schlecht für den Rücken und verbrauchen zusätzlichen Platz.) Ein Bett können Sie praktisch überall unterbringen: Es läßt sich an Ketten, Seilen oder Drähten am Dachgebälk aufhängen, auf ein kleines Podest stellen (vielleicht mit Vorhängen als Sichtschutz) oder als platzsparendes Zwei- oder Dreifachstockbett konstruieren. Einer meiner Freunde hat sein Bett über der Spüle installiert. So nutzt er den Raum über einem unverrückbaren Einrichtungsgegenstand und hat ein Bett, ohne dadurch seine Wohnfläche zu verkleinern.

In Zukunft werden immer mehr Menschen in Wohnungen und Häusern enger zusammenrücken müssen. In kinderreichen Familien schlafen manchmal drei oder vier Kinder in einem Doppelbett. So bekommen allerdings nicht alle den Schlaf, den sie brauchen, besonders, wenn eines krank ist oder einen leichten Schlaf hat und damit die anderen wachhält. Sperrholz und Schaumstoff sind aber so preisgünstig, daß Sie jedem sein eigenes Bett bauen können. Oft genug findet sich im Haus oder in der Wohnung eine ungenutzte Ecke, in der sich ein Bett aufstellen läßt. Und mit einem zusätzlichen Oberlicht wird ein hoher Raum der ideale Standort für ein wunderbares Hochbett.

Sie können Ihr Bett aber auch in einer Nische unterbringen, es zusammenrollen, an die Wand lehnen oder in einen Schrank klappen. Sie können es außerdem mit einer Platte abdecken, die dann als Tisch oder Werkbank dient.

Kurz: Lassen Sie sich nicht von den herkömmlichen Vorstellungen über Betten gefangennehmen. Schlafen kann man überall, sei es in einem Nest aus Blättern und Tannennadeln oder auf einer Matratze, sei es in einem Schlafsack oder unter einer »normalen« Bettdecke.

Wasserbetten

An Wasserbetten gibt es viele interessante Aspekte: ihr einschläfernd-sanftes Schaukeln, ihr möglicherweise wohltuender Einfluß bei Rückenproblemen oder ihre Auswirkung auf den Sex. Allerdings sind sie auf keinen Fall jedermanns Geschmack, so daß Sie einige Nächte bei Bekannten mit einem Wasserbett verbringen sollten, bevor Sie sich zum Kauf entschließen. Falls das nicht möglich ist, dann mieten Sie erst einmal eines.

Folgende Grundbedingungen müssen für das Aufstellen eines Wasserbettes erfüllt sein: Ein tragfähiger Fußboden, da das Bett bis zu anderthalb Tonnen wiegen kann; ein stabiler, glatter und an den Ecken verstärkter Rahmen aus 5 cm dickem Holz, damit sich der Vinylschlauch nicht ausdehnen und reißen kann; eine dünne Plastikfolie, die das Wasser im Falle eines Lochs auffängt; eine Isolierdecke auf oder ein elektrischer Heizofen unter dem Bett.

Heizöfen stellen nach wie vor das größte Problem dar. Bei den billigen ist die Gefahr eines Kurzschlusses relativ groß, und alle verbrauchen sie sehr viel Energie. Wenn Sie einen Kubikmeter Wasser auf einer Temperatur von etwa 30 Grad Celsius halten wollen, dann müssen Sie sich auf eine hohe Stromrechnung gefaßt machen. Außerdem setzt Sie der Heizofen die ganze Nacht über einem elektromagnetischen Feld aus, was gesundheitliche Probleme mit sich bringen kann.

Manche supergünstigen Wasserbetten haben eine zu dünne Vinylhülle (das Minimum sollten 0,5 mm sein). Ein kleines Loch können Sie selbst flicken, Reparatursets sind beim Fachhandel erhältlich.

Wasserbetten eignen sich kaum für Leute, die viel unterwegs sind. Doch für seßhafte Menschen sind sie eine ernsthafte Alternative. Wenn Ihnen die Wellenbewegungen zu stark sind, füllen Sie Wasser nach. Manche Betten

151

lassen sich auch mit einem Gel füllen, das sich wie Wasser anfühlt, aber nicht hin- und herschwappt.

2. Selbstgemachte Bücherregale
Die bei Studenten in aller Welt beliebteste Lösung ist das Brett-und-Ziegelstein-System, für das man alle möglichen Holzbretter verwenden kann. Sie können verschieden lang und breit und auch aus unterschiedlichen Hölzern sein. Ob Treibholz, gebrauchtes Bauholz oder alte Regalbretter, mit sechs Planken und acht Steinen (die Sie vielleicht in einem Baugeschäft kaufen müssen) können Sie die Anordnung immer wieder verändern, sobald Ihnen die alte langweilig geworden ist. Falls Sie Ziegelsteine mit Löchern besorgen, können Sie diese zur Aufbewahrung von Stiften, Briefen, Linealen und anderen Dingen nutzen, die nicht in Ihre Schubladen passen.

Bauen Sie auf jeden Fall mehr Regale, als Sie anfangs zu benötigen glauben. Die zuerst leeren Borde werden sich schnell mit Radio, Schallplatten, Cassetten und Schachteln mit allerhand Krimskrams füllen.

Ein Regal aus Brettern und Steinblöcken läßt sich auch schnell in eine Sitzgelegenheit für Gäste oder in eine Stütze für ein als Tisch fungierendes Brett umwandeln. Und wenn es hart auf hart kommt, können Sie es im Ofen verfeuern, so wie einst der verarmte Mozart in Wien, als er im Sterben lag.

3. Selbstgemachte Sitzgelegenheiten
Die Japaner nennen die Angehörigen der westlichen Industriegesellschaften »Die auf Stühlen leben«. In Japan sitzen die Menschen entweder direkt auf dem weichen, mit Tatamimatten ausgelegten Fußboden oder auf großen, flachen Kissen. Wir verbringen enorm viel Zeit auf Stühlen: Bürostühlen, Küchenstühlen, Autositzen und Sesseln.

Das ist eigentlich gar nicht notwendig. Sie könnten Ihre Wohnung auch sehr bequem im japanischen Stil einrichten. Ihre Freunde brauchen vielleicht eine Weile, bis sie

sich daran gewöhnt haben (auch daran, an der Woh-
nungstür die Schuhe auszuziehen), aber es wäre einfacher
und gesünder, als sich immer auf Stühlen zusammenzu-
kauern. Beim Aufstehen und beim Hinsetzen würde die
Muskulatur des ganzen Körpers gekräftigt, und auch Ihre
inneren Organe würden weniger gequetscht als beim Sitzen auf schlechten Stühlen. Setzen wir jedoch voraus, daß
Sie (noch) nicht so weit gehen wollen. Widmen Sie Ihren
Stühlen trotzdem einige Aufmerksamkeit, und dulden Sie
keine häßlichen in Ihrer Umgebung. Wer auf einem häßlichen oder unbequemen Stuhl sitzt, tut sich wirklich keinen Gefallen.

Wenn Sie Sitzmöbel kaufen wollen, sehen Sie sich ge-
nauestens in Second-Hand-Läden um. Auf Sofas brauchen Sie allerdings gar nicht erst zu achten. Sogar eine
neue Couch läßt Ihren Rücken in der Regel ganz un-
natürlich zusammensacken. Dagegen findet man immer
wieder gute gebrauchte Küchenstühle, die trotz der einen
oder anderen fehlenden Sprosse stabil und schön sind.
Versuchen Sie nicht, lauter gleiche zu finden, sondern
freuen Sie sich an einem abwechslungsreichen Sortiment.
Viele alte Stühle sind mehrfach lackiert worden, doch unter den Farbschichten befindet sich noch gutes Holz.
Schauen Sie an einer Stelle, an der der Lack abgeschlagen
ist, nach, und bringen Sie, wenn Sie sich die Mühe machen
wollen, das Holz wieder zum Vorschein.

Es kann wunderbar sein, sich in einem Sessel zusam-
menzurollen und zu lesen, aber schöne und billige Sessel
sind sehr schwer zu finden. Die alten Ledersessel unserer
Großväter sind inzwischen durchgesessen, und neue sind
geradezu ruinös teuer. Viele Sessel jüngeren Datums sind
mit Stoff oder Plastik bespannt, oft genug in schreckli-
chen Farbtönen.

Die einfachste und günstigste Möglichkeit, zu einem
Sessel zu kommen, ist wahrscheinlich ein alter Lehnstuhl
mit verschlissener Polsterung, die aber nicht von den
Sprungfedern durchstoßen wird. Werfen Sie einfach ein
schönes Tuch darüber. Falls Ihnen ein wirklich schöner

und relativ einfach gestalteter Sessel begegnet, können Sie auch versuchen, ihn selbst zu polstern. Wenn die einzelnen Teile der Bespannung relativ leicht einzupassen sind, sollte das sogar bei einem Ledersessel möglich sein. Es bedarf dazu aber größter Sorgfalt. Unterziehen Sie den Sessel zuerst einer sehr genauen Inspektion – je mehr Stifte und Reißnägel Sie zum Befestigen der Decke verwenden können, desto weniger müssen Sie nähen, und desto einfacher ist die Aufgabe zu bewältigen.

Ungewöhnliche Sofas

Normale Sofas haben viele Nachteile. Oft sind sie so unförmig, daß ein kleines Zimmer gleich sehr vollgestopft wirkt. Auf einer Couch für drei Personen bildet die Person in der Mitte immer ein Hindernis, das die beiden äußeren am direkten Gespräch hindert. Unter kommunikativen Aspekten ist der altmodische Zweisitzer also besser. Viele Sofas sind zu eng oder zu weich, um darauf zu schlafen, und die Kissen lassen sich nicht einmal dann in eine zufriedenstellende Schlafstätte verwandeln, wenn sie auf dem Boden ausgebreitet werden.

Ausziehbare Schlafsofas können ganz bequem sein. Doch leider sind sie meist häßlich, zu hart oder zu weich und kosten ein Vermögen, wenn man nicht ein beschädigtes aus zweiter Hand bekommt. Futons aus zusammengenähten Baumwollmatten sind eine gesunde und platzsparende Alternative.

Alles in allem, soviel ist sicher, gibt es kaum wirklich zufriedenstellende billige Sofas, so daß Sie sich wahrscheinlich selbst eines bauen müssen, wenn Sie eines haben möchten.

Zum Glück ist das nicht besonders schwierig, wenn Sie sich ein wenig von den üblichen Vorstellungen lösen. Sie suchen wahrscheinlich eine relativ große Fläche, wahrscheinlich mit Lehne, auf der Sie mit Freunden sitzen, herumliegen und manchmal auch schlafen können. Die bekommen Sie, ganz wie beim Bett, am einfachsten, wenn Sie eine Sperrholzplatte verwenden, einige stabile Holzstücke als Unterbau, eine Schaumgummimatte oder eine alte Matratze, ein schönes großes Tuch und einige Kissen zum Anlehnen.

Sie können das Sofa freistehend und damit beweglich konstruieren oder es in eine Ecke einpassen, was einfacher ist, da Sie dann nicht so viele Beine brauchen. Besonders schön macht sich eine Couch in der Nähe eines offenen Kamins. So können Sie sich drauflegen und dem Feuer zuschauen. Ob Sie Ihrem Sofa lange oder kurze Beine geben, bleibt ganz Ihnen überlassen. Wenn Sie den hinteren Teil, z. B. mit Hilfe einer Kette, höhenverstellbar machen, können Sie die Fläche zum bequemeren Sitzen etwas schrägstellen und zum Schlafen wieder in die Waagerechte bringen. Und falls Sie die Deckenbalken Ihres Zimmers lokalisieren können, bietet sich sogar die Möglichkeit, das Sofa mit Seilen oder Drähten daran zu befestigen, so daß es sanft hin- und herschwingen kann. Darunter lassen sich in Schubladen oder Schachteln alle möglichen Sachen aufbewahren.

Noch etwas spricht dafür, Möbel (und Teppiche) lieber selbst zu machen oder gebraucht zu kaufen: Neue Artikel sind heute oft mit Insektiziden behandelt. Sie riechen merkwürdig und können Allergien oder sogar Krebs hervorrufen.

Kissen

Eine Anzahl großer Kissen sind ein schöner Ersatz für sperrige Stühle und machen Sofas bequemer, bunter und ansprechender. Auch die eleganten japanischen Flachkissen finden immer mehr Verbreitung. Außerdem können Sie aus Schaumstoff, alten Teppichen oder sonstigen geeigneten Materialien Kissen ganz einfach selber machen.

Manche Menschen brauchen nachts keine Unterlage für den Kopf, doch die meisten schlafen besser mit. Meines Erachtens ist ein Kissen ein notwendiger Luxus. Suchen Sie sich also eines aus, das Ihnen wirklich zusagt. Ich persönlich bevorzuge eine Federfüllung mittlerer Härte. Schaumstoff ist mir zu elastisch, und andere Materialien verklumpen zu leicht.

4. Selbstgemachte Arbeits- und Tischplatten

Zum Essen kommen normalerweise alle Mitbewohner zusammen. Der Eßtisch bildet also einen echten Haushaltsmittelpunkt. Er sollte daher nicht einfach ein billiges, mit Resopal beklebtes Sperrholzteil mit verchromten Beinen sein. Die besten Tische werden aus schwerem Massivholz gemacht und stehen auf kräftigen Beinen oder einem Sockel. Furnierte Tischplatten wirken zwar gelegentlich recht elegant, mit der Zeit löst sich das Furnier jedoch ab. Wenn Sie keinen Tisch finden, der groß genug ist, dann bauen Sie sich einen. In Bau- oder Heimwerkermärkten finden Sie relativ preiswerte vorgefertigte Sockel, so daß Sie sich nur um die Platte kümmern müssen.

Ein runder Tisch bietet den Vorteil, daß alle am Tisch sich gleichermaßen integriert fühlen können. Es ist allerdings schwierig, runde Tische für mehr als sechs Personen zu finden, und sie sind auch schwerer selbst anzufertigen als viereckige.

Eine Tischplatte sollte aus Hartholz sein und sollte vorsichtig mit nichtglänzendem Lack oder Öl bearbeitet werden, was die natürliche Schönheit des Holzes zur Geltung bringt. Wenn Sie eine schöne Holzoberfläche haben, brauchen Sie keine Tischdecke oder Tischsets. Sie müssen die Platte nur regelmäßig mit einem feuchten Tuch abwischen und gelegentlich nachlackieren, damit sie wasserfest bleibt.

5. Möbel selbst streichen oder lackieren

Lassen Sie sich nicht von dem Zwang anstecken, daß immer alles frisch gestrichen sein muß. Viele Häuser, Möbel, Regale und andere Sachen – besonders aus Holz – wirken mit einer gewissen Patina viel interessanter als mit Farbe bedeckt. Regale, Tische, Stühle und Schränke aus Holz läßt man am besten ganz ungestrichen. Holz, das der Umgebung direkt ausgesetzt ist, bekommt mit der Zeit eine sanft glänzende Oberfläche und fühlt sich bei Berührung sehr gut an.

Falls Sie sich aber doch zum Streichen entschließen, dann bedenken Sie, daß ein guter Maler meist mehr Zeit auf die Vorbereitung der Oberfläche als auf das Streichen selbst verwendet. Sie sollten die alte Farbe an den Stellen abschaben, an denen sie schon bröckelt, Löcher mit Kitt ausfüllen, Unebenheiten abschmirgeln und die gesamte Fläche säubern. Besonders Fett- oder Ölflecken müssen sorgfältig entfernt werden, da sonst die Farbe nicht deckt. Dann erst tragen Sie Farbe auf. Seien Sie kritisch, wenn die Arbeitsanleitung auf der Farbdose volle Deckung mit nur einem Anstrich verspricht. Begutachten Sie die erste Schicht bei Tageslicht ganz genau und streichen Sie, wenn nötig, noch einmal. Speziell, wenn Sie eine dunkle Schicht mit heller Farbe überstreichen wollen, kommen Sie nicht ohne zweiten Anstrich aus.

Lackieren mit Klarlack bedarf einer noch sorgfältigeren Vorbereitung, weil das Holz selbst ja noch durchscheint. Hartholz ist außerordentlich widerstandsfähig und wird durch heftige Alltagsbeanspruchung meist eher noch schöner. Durch Einlassen mit Leinöl oder Versiegeler können Sie die Oberfläche schützen, ohne sie glänzend werden zu lassen. Wenn Sie allerdings eine wirklich schlagfeste Schutzhülle wollen, sollten Sie synthetischen Lack verwenden. Führen Sie die Lackierarbeiten in einem staubfreien Raum durch – Lack wirkt auf Staub wie Honig auf Fliegen.

Ganz allgemein gibt es drei Arten von Farbe: wasserlösliche, öllösliche und synthetische. Wasserlösliche Farbe (Dispersions- oder Latexfarbe) ist am einfachsten zu handhaben, weil sie sich mit Wasser ab- und auswaschen läßt, solange sie nicht vollständig getrocknet ist. Weiße Latexfarbe eignet sich am besten, um die merkwürdige Farbgebung eines Vormieters oder Vorbesitzers zu übertünchen. Ölfarben werden gewöhnlich für Flächen im Freien verwendet, die von Sonne, Wind und Regen stark beansprucht werden. Acrylharzlacke sind sehr teuer. Ihre kräftigen und dauerhaften Farben machen sie besonders bei Künstlern beliebt. Außerdem sind sie wetterfest.

Heute enthalten die meisten Farben gesundheitsschädigende chemische Zusätze. Öffnen Sie also während des Streichens und etliche Tage danach so oft wie möglich die Fenster. Versuchen Sie, ein paar Tage lang auswärts zu schlafen. Wenn etwas einen durchdringenden Chemiegeruch hat, tut es Ihnen mit Sicherheit nicht besonders gut. Trauen Sie Ihrer Nase!

Farbe wird mit einem Pinsel oder einer Walze aufgetragen. Walzen lohnen sich nur für größere Flächen, für Ecken, Kanten und Stuck brauchen Sie in jedem Fall einen Pinsel. Manche bevorzugen zum Streichen Farbkissen aus Schaumstoff. Damit spritzt die Farbe nicht so sehr wie bei einer Walze, sie kann aber trotzdem auf die Arme tropfen.

Fünf Liter Farbe reichen für etwa 50 Quadratmeter Wand- und Deckenfläche aus. Das entspricht einem etwa zehn Quadratmeter großen Raum von 2,50 m Höhe. Eine ganze Wohnung zu streichen, kann also ziemlich teuer werden. Wenn Sie keinen großen Wert auf saubere Deckung und exakt passende Farbtöne legen, können Sie es mit einer Billigfarbe probieren, aber gute und entsprechend teurere Farbe hält länger.

Sie können auch Tünche verwenden, mit der früher viele Zäune, Scheunen usw. gestrichen wurden. Sie bleicht sehr langsam und unregelmäßig aus und bewirkt so mit der Zeit ein wunderschön verwittertes Aussehen. Um Tünche herzustellen, brauchen Sie Kalk, fein gemahlenes Kasein (Hauptbestandteil in weißem Leim), gemahlenes Kaolin (Porzellanerde) und, falls Sie sie im Freien verwenden wollen, etwas Soda (Natriumkarbonat). Hier das ungefähre Mischungsverhältnis für draußen: 32 Teile Kalk, 8 Teile Kasein, 6 Teile Kaolin und ein Teil Soda. Für drinnen nehmen Sie 30 Teile Kalk, 20 Teile Kaolin und 3 Teile Kasein. Die einzelnen Zutaten müssen nicht unbedingt ganz exakt abgemessen sein. Mischen Sie einfach alles zusammen und verrühren Sie die trockenen Bestandteile sehr gründlich. Erst dann fügen Sie in etwa das halbe Volumen an Wasser hinzu. Rühren Sie so lange um, bis sich alles vollständig aufgelöst hat, und lassen Sie die Tünche vor der Anwendung noch eine halbe Stunde lang stehen.

Es gibt aber noch andere Alternativen zu Farben und Lacken. Auch in vorindustriellen Gesellschaften wurden Möglichkeiten zur Imprägnierung von Holz entwickelt, an denen wir uns gelegentlich orientieren können. Die Verandadielen traditioneller japanischer Häuser erhalten ihren sanften Schimmer dadurch, daß sie jahrelang immer wieder mit der Hand abgewischt werden und der Schweiß sie mit der Zeit konserviert. Durch Einreiben mit Leinöl erhält Holz einen ähnlich schönen, matten Glanz. In manchen Gegenden Neuguineas hat man Statuen mit Tierfetten eingerieben – Holz erhält praktisch durch jede Art Fett oder Öl eine glänzende Schutzschicht. Bei jedem gründlichen Abreiben oder Schmirgeln schließen sich die Poren an der Oberfläche ein bißchen mehr, und es wird ein wenig wasserfester. Falls Sie kein frisches Holz mögen, dann reiben Sie es mit einer Mischung aus Wasser und Erde ein. So wird es dunkler und sieht ein bißchen verwittert aus. Frisches Redwoodholz wirkt nach einer Behandlung mit in Wasser gelöstem Backpulver sehr schön alt.

Hauptberufliche Maler verwenden sehr gute Pinsel, die jahrelang halten. Aber sie haben auch massenweise Verdünnung, Lösungsmittel und andere Reinigungsmittel zur Hand. Wer nur gelegentlich ein bißchen streicht oder einen Stuhl oder Tisch lackiert, ist mit einem Wegwerfpinsel besser dran, da allein die Anschaffung der verschiedenen Reinigungsmittel mehr als der Pinsel kosten würde. (Für ganz kleine Arbeiten können Sie sogar aus einem dünnen Stück Stoff, das Sie um einen Stab binden, einen »Pinsel« basteln – nicht gerade elegant, aber wirkungsvoll.) Wenn Sie aber gerne Malen und Streichen, macht es einfach mehr Spaß, mit guten Pinseln zu arbeiten. Mit ihren weichen dichten Borsten läßt sich die Farbe viel leichter auftragen als mit billigen Pinseln. Reinigen Sie sie aber immer sofort nach Gebrauch mit Verdünnung und hängen Sie sie zum Trocknen auf, damit sich die Borsten nicht verformen. Streifen Sie einen guten Pinsel nicht am Dosenrand ab, sondern schlagen Sie ihn leicht gegen die Innenseite der Büchse. Verwenden Sie für Latexfarbe keine Pinsel mit Naturborsten.

Ein Pinsel läßt sich auch dann reinigen, wenn die Farbe festgetrocknet ist. Das ist allerdings nicht ganz einfach, und der Pinsel leidet darunter. Zuerst schaben sie mit einem Spachtel oder einem anderen stumpfen Werkzeug soviel Farbe wie möglich ab. Dann weichen Sie die Borsten mehrere Stunden lang in Dieselöl ein. Sie können dazu auch Lackentferner benutzen, aber der ist so teuer, daß sich das nur lohnt, wenn Sie einen wirklich erstklassigen Pinsel haben, der wieder in einen sehr guten Zustand versetzt werden soll.

Wenn Sie Ihre Arbeit unterbrechen und am nächsten Tag weitermachen wollen, dann hängen Sie den Pinsel in eine Büchse mit Leinöl (möglicherweise mit Hilfe eines kleinen Gerüstes, damit die Borsten nicht unten aufliegen und sich biegen). Wenn Sie ihn voraussichtlich längere Zeit nicht benutzen, dann bleibt er geschmeidig, wenn Sie ihn vorher mit Leinöl tränken.

Wasserlösliche Farben sind am einfachsten auszuwaschen. Halten Sie Walzen und Pinsel unter fließendes Wasser, sobald Sie mit der Arbeit fertig sind. Wenn Sie nur eine Pause machen, wickeln Sie sie in Wachspapier oder eine Plastikfolie, um sie feucht zu halten.

KAPITEL 7
SELBST GÄRTNERN UND ZÜCHTEN

Je weniger Sie vom kommerziellen Handel abhängen, um so besser. Dieser Grundsatz läßt sich auch auf Lebensmittel anwenden. Nahrungsmittel selbst zu ziehen, spart Geld und gibt Ihnen die Gewißheit, daß sich keine Pestizidrückstände in Ihrem Essen befinden. Was aber vielleicht noch wichtiger ist: Wenn Sie den Anbau von Pflanzen zu einem Teil Ihres Lebens machen, gehen Sie gleichzeitig eine engere Verbindung mit der biologischen Grundlage unseres Planeten ein. Es lehrt Sie (und Ihre Kinder), andere Lebewesen zu hegen und zu pflegen. Wenn Sie erst ein wenig Erfahrung im Gärtnern gewonnen haben, dann reizt Sie vielleicht sogar eine Bienen- oder Fischzucht oder die Hühnerhaltung.

A. Der eigene Garten

Immer mehr Stadt- und auch Landbewohner entdecken den eigenen Garten als Quelle für gesunde und preiswerte Ernährung – ganz zu schweigen von dem damit verbundenen Erholungswert. Viele Stadthäuser haben Hinterhöfe, Balkone oder Flachdächer, wo man entweder im Boden selbst oder aber in Kisten und Wannen Nahrungsmittel anpflanzen kann.

1. Werkzeuge und Rohstoffe zum Nulltarif
Wahrscheinlich können Sie sich problemlos einen Spaten, eine Harke, eine Hacke und einen Wasserschlauch ausleihen oder sogar geschenkt bekommen. Aus Abfallholz

entstehen Behälter für Pflanzen, und auf einem verlassenen Grundstück können Sie sich mit Erde versorgen, die aber vielleicht erst mit Kompost und Naturdünger versetzt werden muß, damit sich Ihre Pflanzen darin wohlfühlen. Bei einer Kläranlage bekommen Sie wahrscheinlich Düngeschlamm umsonst, wenn Sie ihn selbst abholen. Er sollte im Herbst in den Boden gearbeitet werden. Auch Mulchmaterial wie Sägespäne, gemähtes Gras, Getreidespelzen etc., womit Sie sich viel Wässern und Gartenpflege ersparen, müßten Sie fast umsonst auftreiben können.

2. Gründlich informieren

Gute Gartenbücher gibt es im Überfluß; gehen Sie einfach in Ihre öffentliche Bibliothek. Reden sie auch mit erfahrenen Gärtnern in Ihrer Nachbarschaft, um zu erfahren, welche Gemüsearten in Ihrer Umgebung und auf Ihrem Boden am besten gedeihen und welche zu Krankheiten oder Schädlingsbefall neigen. Starten Sie die ersten Versuche mit solchen Pflanzen, die gute Erfolgsaussichten bieten.

3. Mit einfachen Pflanzen beginnen

Manche Gemüse, wie Zucchini und andere Kürbisarten, sind praktisch unverwüstlich und bringen unglaubliche Erträge. Auch Tomaten, Bohnen (die Sie möglicherweise mit Rotenon oder einem anderen natürlichen Pflanzenschutzmittel bestäuben müssen), Karotten, Kopfsalat und Mais sind durchaus erfolgversprechend. Sie alle schmecken frisch geerntet ganz hervorragend. Waschen Sie Ihre Gartenprodukte auf jeden Fall vor dem Essen, auch, wenn Sie keine Schädlingsbekämpfungsmittel verwenden – die Stadtluft birgt viele Giftstoffe.

4. Umgraben

Um erfolgreich zu gärtnern, sollten Sie ein wenig Spaß am Umgraben haben. Wenn der Boden einmal gut durchgearbeitet ist, können Sie mulchen, wodurch Sie die Erde nicht mehr so häufig mit dem Spaten zu bearbeiten brauchen. Wenn Sie lange nicht umgegraben haben, wird der Boden so fest, daß nicht mehr viel darin wachsen kann. Um daraus einen Garten zu machen, müssen Sie ihn gründlich und eine Spatenlänge tief durcharbeiten. Werfen Sie dann etwas Dünger, Moos oder Mist und Kompost darauf, damit die Erde nicht wieder zusammensackt, und hacken Sie nochmals um, bevor Sie säen oder setzen. Achten Sie auf Würmer: Eine große und rege Wurmpopulation ist ein Zeichen für guten Boden. Würmer sorgen für Durchlüftung und Entwässerung, und ihre Ausscheidungen düngen hervorragend. (Man setzt Würmer sogar zum Abbau von Klärrückständen ein.) Legen Sie einen Kompost an, sobald Sie an einen eigenen Garten denken. Messen Sie den ph-Wert des Bodens (erkundigen Sie sich im Fachhandel nach entsprechenden Möglichkeiten). Vielleicht wollen Sie ja auch eine kleine Ecke als Gewürzgarten nutzen.

5. Obstbäume pflanzen

Frischgepflanzte Obstbäume brauchen zwar etliche Jahre, bis sie Früchte tragen, so daß vielleicht jemand anders die Früchte Ihrer Arbeit erntet (so wie Sie die Bäume abernten, die frühere Generationen gepflanzt haben). Aber einen Baum zu pflanzen ist eine tolle, sehr befriedigende Sache, und ein Setzling kostet kaum mehr als ein Blumenstrauß.

Wahrscheinlich wird der Ertrag so hoch sein, daß Sie und Ihre Freunde gar nicht alles essen können. Daher ist es ratsam, einiges davon zu trocknen. Am einfachsten geht das mit einem Drahtgestell, das an einem sonnigen Platz aufgestellt und durch ein Gitter oder Sackleinen vor Vögeln und Insekten geschützt wird. Über ausgefeiltere Gerätschaften und Methoden informieren Sie sich am besten in Ihrer Bibliothek.

6. Moderne Gartenbaumethoden erlernen

In den letzten Jahren wurden bei der Produktivitätssteigerung auf kleinen Flächen große Fortschritte gemacht, z. B. durch Tiefgraben (bis zu 60 cm tief!), Hügelbeete und sehr eng gesetzte Pflanzen, was die Erdtemperatur niedrig hält und dadurch Feuchtigkeit konserviert. Gelegentlich werden diese Methoden auch unter dem Begriff »bio-dynamisch« zusammengefaßt.

B. Zimmerpflanzen

Jede Wohnung, und sei sie noch so düster, sieht mit Blumentöpfen auf dem Fensterbrett schöner aus, und Grünpflanzen heben überall die Lebensqualität. Lebendige Pflanzen vermitteln den Menschen ein gutes Gefühl. Außerdem geben sie tagsüber Sauerstoff ab, was auch nicht schaden kann.

1. Mit einfachen Pflanzen beginnen

Die meisten Zimmmerpflanzen sind relativ anspruchslos. Erkundigen Sie sich bei Gärtnereien oder Blumenläden, und fangen Sie mit den einfachsten und billigsten an. Lassen Sie die üblichen Gummibäume und Philodendren links liegen, und versuchen Sie es mit Farnen, Efeu und anderen. Wenn Sie fürchten, Ihre Kinder könnten die Töpfe umwerfen, dann hängen Sie sie einfach an Drähten oder Blumenampeln auf. Mit ein bißchen Phantasie werden aus großen Blechbüchsen oder Holzkästen ebenfalls Blumentöpfe. Die meisten Pflanzen brauchen Helligkeit, aber nicht unbedingt direktes Sonnenlicht. Sollte es irgendwo zu dunkel sein, können Sie nachhelfen, indem Sie die Wand hinter der Pflanze weiß streichen oder einen Spiegel aufhängen. Pflanzenerde ist in den meisten Supermärkten, Baumärkten und Blumenläden erhältlich.

2. Ausreichend wässern

Pflanzen benötigen in einer beheizten Umgebung erstaunlich viel Wasser. Manche, wie z. B. die schönen Farne, bevorzugen sehr feuchte Umgebung und müssen täglich gewässert werden. Legen Sie sich zu Anfang nur wenige Pflanzen zu, und beobachten Sie sie genau. So merken Sie schnell, welche Pflege die einzelnen brauchen.

Mit einer Gemüsezucht haben Sie im Winter in beheizten Räumen normalerweise wenig Glück. Unempfindliche Nutzpflanzen wie Erbsen können Sie aber im Sommer in einem Blumenkasten anpflanzen. Sie treiben wunderschöne Blüten und schmecken viel besser als die aus der Tiefkühltruhe oder der Dose.

3. Bäume in der Wohnung

Sogar kleine Bäume lassen sich in geschlossenen Räumen anpflanzen – wenn Sie die richtige Sorte wählen. Bäume sind außerdem sehr preiswert – manchmal sogar billiger als große Topfpflanzen. Sie benötigen viel Wasser und mögen eher niedrige Temperaturen. Die am weitesten verbreitete Sorte dürfte wohl der *Ficus benjamini* sein. Nähere Informationen auch über andere Sorten erhalten Sie im Fachhandel.

In den letzten Jahren werden lebende, in einen Topf gepflanzte Weihnachtsbäume immer beliebter. So braucht Ihr Christbaum nicht abgeschlagen werden, und Sie können ihn nach Neujahr im Garten oder im Wald einpflanzen. Nadelbäume überstehen eine Woche ohne größere Probleme, wenn sie in einem nicht überheizten Raum an der kühlsten Stelle – gewöhnlich in Fensternähe – stehen und ihre Wurzeln immer feucht gehalten werden. (Ein Baum von einem Meter Höhe gibt bis zu einem Liter Feuchtigkeit pro Tag ab, die ersetzt werden muß.) Ein lebendiger Weihnachtsbaum riecht wunderbar und paßt auch sehr gut zu der Ehrfurcht vor dem Leben, die viele von uns gerade in der Weihnachtszeit ausdrücken wollen.

In Baumschulen bekommen Sie genaue Ratschläge für das Einpflanzen des Baumes. Das Wichtigste ist ein tiefes Loch, umgeben von relativ weicher Erde, die den Wurzeln das Eindringen erleichtert. Außerdem ist die ausreichende Wasserversorgung in den ersten Monaten von großer Bedeutung. Bedenken Sie, daß ein kleiner Baum mit der Zeit riesig wird und kräftige Wurzeln bekommt; pflanzen Sie ihn also nicht zu dicht an Ihr Haus.

4. Nutzpflanzen

Früher war es allgemein unüblich, Nutzpflanzen im Inneren oder lediglich zur Dekoration anzubauen. Das hat sich mittlerweile zum Glück geändert. Spargel beispielsweise wird, nachdem man sich an den Frühjahrssprossen sattgegessen hat, zu einem hübschen Strauch. Artischocken und Rhabarber setzen farbenfrohe gärtnerische Akzente. Bohnen, Erbsen und einige Kürbisarten ranken sich an Gittern und Geländern hoch und bieten so Blickschutz und Schatten. Erdbeeren und neuseeländischer Spinat sind eßbar und dienen gleichzeitig als Bodendecker. Durch Kapuzinerkresse erhalten Salate einen würzigen Geschmack, ähnlich wie durch junge Löwenzahnblätter. Eine Reihe aus Buschbohnen gibt einen schönen Hintergrund für relativ kleine Blumen ab. Alfalfa ist eine hübsche und unempfindliche Pflanze, die Sie in Beeten anpflanzen und entweder an Ihre Hasen verfüttern, oder aber deren Sprossen Sie selbst essen können.

C. Keine Pestizide und Herbizide

Vermeiden Sie den direkten oder indirekten Kontakt mit allen Arten von Herbiziden, Pestiziden und sämtlichen anderen zweifelhaften chemischen Substanzen. In Ihrem Garten können Sie natürliche Pflanzenschutzmittel wie z. B. Rotenon, Pyrethrum oder verschiedene Seifen verwenden. Treffen Sie entsprechende Vorsichtsmaßnahmen, wenn Sie etwas versprühen oder ausstreuen: Tragen Sie einen Mundschutz oder zumindest ein feuchtes Taschentuch über Mund und Nase. Einige Insekten schaden einem Garten im übrigen in keiner Weise. Betrachten Sie sie als eine Art natürliche Steuereintreiber, die sich ihren Anteil an dem holen, was Sie gezogen haben. Außerdem haben die meisten auch natürliche

Feinde wie z. B. Vögel, die ihre Zahl in einem erträglichen Rahmen halten.

Pflanzengifte haben in einem Hobbygarten oder auf bewohntem Gelände generell nichts zu suchen. Mähen Sie von Hand oder reißen Sie unerwünschtes »Unkraut« aus.

In Ihrem Garten können Sie nicht nur »einheimische« Gewächse ansiedeln (Pflanzen, die an das Klima und den Boden gewöhnt sind, weil sie seit Tausenden von Jahren in dieser Region wachsen), sondern auch versuchen, ganz neue Pflanzengemeinschaften zu schaffen. Ein natürlich zugewachsener Garten kann etwas sehr Schönes und Erfüllendes sein – es sei denn, Ihre Nachbarn sind der Ansicht, daß Erde nur auf eine Weise zu bedecken sei: mit ordentlichem Rasen.

D. Mit Kompost düngen

Die Fruchtbarkeit unserer Gärten würde sich enorm verbessern, wenn wir unsere abbaubaren Küchenabfälle kompostieren und so der Erde zurückgeben würden. (Tierische Abfälle, auch Knochen, bauen sich zwar auch ab, ziehen gleichzeitig aber Aasfresser an.) Der Prozeß ist ganz einfach, aber die Ergebnisse sind verblüffend.

1. Einen Graben ausheben

Am besten heben Sie in einer Ecke Ihres Gartens, wo der Boden verbesserungsbedürftig ist, einen kleinen Graben aus. Er sollte etwa 30 cm tief und 1,00 bis 1,50 m lang sein. Wenn Sie dann einen Eimer mit Küchenabfällen gesammelt haben (ein Behälter mit verschließbarem Deckel schützt Ihre Nase vor den Kompostdüften), leeren Sie ihn am einen Ende Ihres Kompostgrabens aus. Verlängern Sie dann den Graben um vielleicht 30 cm und bedecken Sie die frischen Abfälle mit der ausgehobenen Erde. Auf diese Art und Weise decken Sie innerhalb eines Jahres eine ziemlich große Fläche ab und verbessern durch das Umgraben die Qualität Ihres Bodens enorm.

2. Einen Komposthaufen anlegen

Ein Kompostbehälter läßt sich ganz einfach aus Abfallholz bauen. Für einen Vier-Personen-Haushalt reicht ein quadratischer Kasten mit einem Meter Seitenlänge und einem Meter Höhe aus, um Küchenabfälle, Grasabschnitt, Blätter, Tiermist, vertrocknete Pflanzen etc. aufzunehmen. Decken Sie ihn mit einer Plastikfolie ab, um die Entstehung von Fliegenschwärmen zu verhindern und gleichzeitig die Temperatur des Kompostes zu erhöhen, womit die Zersetzungsprozesse beschleunigt werden. Denselben Effekt erreichen Sie auch mit einem dicht schließenden Holzdeckel.

Ein Kompost braucht Feuchtigkeit; besprenkeln Sie den Haufen also gelegentlich mit Wasser. Durch eine in Bodennähe angebrachte Klappe läßt sich die fertig kompostierte, weiche, lockere und wohlriechende Erde ohne großen Aufwand herausholen. Wenn das nicht möglich ist, dann bauen Sie Ihre Kiste am besten ohne Boden und heben sie ein wenig hoch, um an das Endprodukt zu kommen. In warmem Klima dauert der Kompostierprozeß oft nur wenige Wochen.

3. Im Mülleimer kompostieren

Mit einem alten Mülleimer aus Plastik oder Metall erreichen Sie das gleiche Ergebnis. Schneiden Sie den Boden ab, um später an die fertige Erde zu kommen, und stechen Sie etliche Löcher in die untere Hälfte, um eine ausreichende Luftzufuhr zu gewährleisten. Kompostieren können Sie auch in einem zylinderförmigen Behälter aus Zaunlatten, zwischen alten Betonblöcken, ja sogar in einer Plastiktüte. Geben Sie zu Blättern, Küchenabfällen und Rasenabschnitten einige Liter Wasser und etwas Erde, knoten Sie die Tüten sorgfältig zu und schütteln Sie sie alle paar Wochen kräftig durch.

Kompost kann man auch mit Erde vermischen oder einfach eingraben. Das verbessert die Bodenqualität. In manchen Häusern gibt es mittlerweile schon Trockentoiletten, die auch menschliche Ausscheidungen kompostieren. So wird ein Haushalt mit einem großen Garten zu einem fast geschlossenen Nahrungsproduktions- und -wiederverwertungssystem. Man hat beispielsweise errechnet, daß der Urin von vier Personen so viel Stickstoff enthält, wie die von diesen Personen jährlich verbrauchte Gemüsemenge zum Wachstum benötigt.

E. Hühnerzucht

Angesichts der Tatsache, daß eine Hühnerzucht in der Regel mit keinerlei behördlichen Auflagen verbunden ist, nehmen überraschend wenige Menschen diese Möglichkeit wahr. Dabei sind Fleisch und Eier sehr preisgünstige Proteinquellen. Außerdem können eigene Hühner für Kinder ein äußerst lehrreiches Vergnügen sein. Und falls Sie zu viele Eier haben, können Sie sie jederzeit tauschen oder Freunden schenken.

Für ein paar Hühner braucht man wenig Geld und Zeit, und außerdem fressen sie nicht kompostierbare Küchenabfälle wie beispielsweise Fleischreste, Austernschalen etc. Sechs Legehennen produzieren in aller Regel genügend Eier für eine Durchschnittsfamilie. In einem Hof mit langen Gräsern fressen sie wahrscheinlich auch eine Menge Ungeziefer, Gras- und Unkrautsamen, sehen schön und gepflegt aus, und es ist unterhaltsam, ihnen zuzusehen. Ähnlich wie Menschen scheinen sich auch Hühner in kleinen Käfigen nicht besonders wohlzufühlen.

Um mit einer Hühnerzucht anzufangen, brauchen Sie einen geschützten warmen Ort für die Küken, die Sie auf einer Hühnerfarm oder bei einem Bauern in Ihrer Nähe kaufen. In den Städten bekommen Sie gelegentlich auch welche in Tierhandlungen, allerdings zu höheren Preisen. Ein großer Korb oder auch ein Karton bietet für ein Dutzend erst einmal genügend Platz. In kälteren Gegenden müssen Sie sie in geschlossenen Räumen halten. Wenn Sie die Kiste draußen stehen lassen, sollten Sie sie gegen Hunde und Ratten sichern. Um die Küken warmzuhalten, nehmen Sie am besten einen 150-Watt-Scheinwerfer, den Sie in etwa einem Meter Höhe über der Kiste anbringen. Sorgen Sie aber auch für schattige Plätze, so daß sich die Küken zurückziehen könne, wenn es ihnen zu warm wird. Geben Sie ihnen genügend Wasser und Futterbrei – sie fressen praktisch ununterbrochen. Wasser ist besonders wichtig – falls die Versorgung unterbrochen wird, sterben die Hühnchen ziemlich rasch. Streuen Sie Sägespäne oder anderes saugfähiges Material aus, das die Feuchtigkeit der Ausscheidungen aufnimmt. Wenn Küken sich wohlfühlen, geben sie ein zufriedenes Piepsen von sich. Jämmerliches Quieken signalisiert, daß sie möglicherweise frieren oder Hunger haben. Normalerweise sind sie sehr aktiv und rennen ständig herum; dann wieder kuscheln sie sich zusammen und schlafen ein bißchen.

Je größer die Hühnchen werden, desto höher können Sie die Lampe hängen, da sie nun immer weniger Wärme benötigen. Mit der Zeit bekommen sie ihr volles Federkleid, so daß sie mit Frühjahrs-, Sommer- und Herbstwitterung gut zurechtkommen. Aber gewöhnen Sie sie langsam an die Außenwelt, und werfen Sie sie nicht einfach hinaus ins feindliche Leben. Wenn die Hühner dann die ersten Flügelfedern bekommen, sollten Sie anfangen, gemischte Körner oder aufgebrochenen Mais zu füttern. Eine mit Maiskörnern gelegte Spur ist ein gutes Mittel, um ein Huhn irgendwohin zu locken. Hühner sind nicht besonders schlau, aber auch nicht so schreckhaft wie Puten. Das einzig wirklich Berechenbare an ihnen ist, daß sie nach allem picken, was klein ist, glänzt oder sich bewegt.

Um in der Stadt Hühner zu halten, brauchen Sie einen gut umzäumten Hof, der sie vor umherstreunenden Hunden und Katzen schützt. Wenn Sie einen Hahn halten, gibt es möglicherweise Schwierigkeiten mit den Nachbarn. Sorgen Sie auf jeden Fall dafür, daß Ihre Hühner auf einer vom Boden entfernten Stange die Nacht verbringen können. Manchmal suchen sie sich dazu auch einen geeigneten Baum aus.

Wenn sich die Hennen dem Legealter von ca. fünf bis

sechs Monaten nähern, sollten Sie etliche bequeme Nistkästen vorbereiten. Sie sollten ein ganzes Stück vom Boden entfernt angebracht sein und ein Eingangsloch haben, das für die Henne gerade groß genug ist. Werfen Sie dann ein wenig Stroh oder getrocknetes Gras ins Innere und stellen Sie sicher, daß die Kästen gut geschützt sind und trocken bleiben. Die Eier sammeln Sie täglich ein. Ideal geeignet ist dafür eine Öffnung an der Rückwand des Nistkastens, durch die Sie sachte die Hand strecken können, um das Ei herauszuholen, auch wenn ein Huhn drinsitzt. Wenn Sie glauben, daß die Zeit dafür gekommen ist, können Sie einer Legehenne auch ein Stopfei oder auch ein echtes Hühnerei in den Kasten legen, damit sie ihr Ei nicht unter irgendeinem Holzstoß deponiert. Anfangs legen Hühner übrigens nur unregelmäßig. Es dauert etliche Wochen oder sogar Monate, bis sich ein – bei guten Hennen fast täglicher – Legerhythmus einstellt.

Die Qualität der Eier hängt entscheidend von der Ernährung der Hühner ab. Mit vielen Gräsern und Insekten werden die Dotter in der Regel herrlich gelb. Zur Bildung der Eierschalen brauchen Hühner von Beginn der Legeperiode an viel Calcium, das sie sich aus zerbrochenen Austernschalen holen. Bewahren Sie Eier im Kühlschrank auf, damit sie frisch bleiben.

Es gibt ganz verschiedene Hühnerarten, und man hat sehr viel Geld und Arbeit in genetische Forschungen und spezielle Kreuzungen investiert. Am weitesten verbreitet ist die weiße Leghorn-Rasse, sozusagen das Arbeitstier unter den Geflügelarten. Sie legt weiße Eier. Ein Nachteil dieser Rasse ist ihr langweiliges Aussehen. Besonders in einer ungepflegten Umgebung wird ihr Gefieder sehr schnell zerzaust, was bei guten Legehennen übrigens meistens der Fall ist. Leghorns sind außerdem leichter und können besser fliegen als viele schwerere Arten. Daher entkommen sie gelegentlich auch über Zäune. Viele Hühnerfarmen züchten zur Fleischproduktion ihre eigenen Sorten.

Die größte Gefahr für ihre Hühner ist die Geflügelkrankheit Coccidiose, die durch feuchte Ausscheidungen übertragen wird. Sie verbreitet sich daher besonders rasch in feuchten oder überfüllten Ställen. Aber auch Hühner mit viel Auslauf sind dafür anfällig. Infizierte Vögel werden zusehends schwächer und sterben schließlich. Ihre Leber ist dann mit kleinen gelblichen Pockennarben übersät. Benachrichtigen Sie bei einem Krankheitsverdacht sofort den Tierarzt.

Auch Vegetarier halten sich wegen der Eier manchmal Hühner, aber die meisten Menschen möchten auch die Tiere selbst essen. Das Schlachten wird Ihnen wahrscheinlich nicht besonders leichtfallen, vor allem, wenn Sie sich an ihre Gegenwart gewöhnt haben. Am besten, Sie lassen jemanden kommen, der damit Erfahrung hat.

Als Brathähnchen werden in aller Regel junge Hähne verwendet. Gut gefüttert schmecken sie im Alter von sechs bis zehn Wochen am besten. Ein Huhn, das schon sechs Monate lang Eier gelegt hat, ist immer noch recht zart, eine alte Henne jedoch eignet sich nur noch zum Schmoren.

F. Bienenzucht

Die Redensart »Fleißig wie eine Biene« kommt nicht von ungefähr. Bienen sind enorm geschäftig, und wenn Sie ihnen gute Bedingungen bieten, sind sie fast ununterbrochen im Einsatz und produzieren erstaunliche Mengen wohlschmeckenden Honigs. Die Kosten gehen gegen Null, und eine Bienenzucht ist fast überall möglich, mit Ausnahme von Gegenden, wo sehr viele Pestizide eingesetzt werden. Eine behördliche Genehmigung und die Abstimmung mit den Nachbarn sind freilich zu empfehlen.

Bienenstöcke lassen sich sogar im Gebäudeinneren aufstellen, was in manchen Schulen zur Freude der Kinder praktiziert wird. Das ist beispielsweise auf dem Fenstersims möglich, wenn Sie den Eingang für die Bienen durch eine dichte Röhre legen. Und Sie können sogar eine durchsichtige Wand anbringen, um die Insekten zu beobachten. Sorgen Sie dann aber auch für ein Stück Stoff zum Abdecken – Bienen mögen es nicht, wenn Licht in ihre Behausungen dringt. Und natürlich läßt sich ein Bienenstock auf einem Balkon installieren. Meiden Sie aber die Nähe zu anderen Balkonen oder Fenstern, da sich die in der Abenddämmerung heimkehrenden Bienen am Licht orientieren. Eine weitere Möglichkeit bieten Dächer. Sorgen Sie jedoch besonders auf heißen Asphaltdächern für genügend Schatten, um den Stock kühl zu halten. Montieren Sie ihn auf eine etwas erhöhte Plattform, wo der Wind zusätzliche Kühlung bringt.

Bienen stellen nicht nur Honig her – einen köstlichen und relativ gesunden Zuckerersatz und Energiespender –, sondern befruchten auch viele Pflanzen, darunter die auch in Städten weitverbreiteten Obstbäume. Manche Menschen haben eine irrationale Furcht vor Bienen, aber ein Stock, der sich in einem Hinterhof abseits vom Fußgängerverkehr befindet, stellt weder für Bewohner noch für Passanten eine Gefahr dar. Falls Sie einen Hund haben, wird er schnell lernen, die nötige Distanz zu wahren, und umsichtige Imker werden nur sehr selten gestochen.

Vielleicht bietet ja Ihre Volkshochschule einen Imkerkurs an, und in Ihrer öffentlichen Bibliothek finden Sie mit Sicherheit Bücher darüber. Am besten ist es jedoch, Sie holen sich bei einem aktiven Bienenzüchter Ratschläge. Einige wenige Bienen zu halten, die gerade genug Honig für Sie und Ihre Freunde produzieren, erfordert nur sehr wenig Arbeit. Aber die Versuchung ist groß, mehr Tiere anzuschaffen, sich weiter in dieses Gebiet einzuarbeiten und den Honig als willkommenen Nebenerwerb zu verkaufen.

G. Fischzucht

Bienen haben nur eine kurze Lebenserwartung. Im Umkreis jedes Bienenstocks liegen immer eine Menge toter Exemplare – und Fische lieben tote Bienen. Manche Leute stellen ihre Bienenkörbe direkt neben einem selbstgegrabenen Fischteich auf und lassen eine kleine Windmühle die Umwälzpumpe betreiben. In einem solchen Teich können Sie Karpfen, Goldfische und viele andere Arten züchten. Falls Sie aber keinen Fischteich anlegen wollen, können Sie die toten Bienen immer noch an Ihre Hühner verfüttern.

KAPITEL 8
GUT LEBEN IN DEN EIGENEN
VIER WÄNDEN

Eine Voraussetzung für hohe Lebensqualität besteht darin, nur die Dinge zu besitzen, die Sie selbst brauchen oder Ihr eigen nennen möchten – und nichts sonst, egal, was Ihre Nachbarn denken mögen. Wenn Sie kein Geld für unnütze Dinge verschwenden, dann haben Sie mehr Geld oder, noch besser, mehr Zeit für das, was Ihnen wirklich wichtig ist.

In diesem Kapitel geht es um jene Art von Sachen, die Menschen in ihrem Zuhause haben. Wir werden uns fragen, ob Sie dies oder jenes wirklich brauchen oder haben wollen, wie Sie Ihre Sachen am besten nutzen und am billigsten reparieren können.

A. Welche Geräte sind wirklich notwendig?

Wer billig leben will, muß versuchen, die Abhängigkeit von verschiedenen Geräten sowie den Energieverbrauch insgesamt zu reduzieren. Wo liegt das vernünftige Minimum? Meiner Erfahrung nach besteht es aus Kühlschrank, Herd, Stereoanlage, Mixer, Toaster und Bügeleisen.

Der Energieverbrauch verschiedener Elektrogeräte ist sehr unterschiedlich. Lesen Sie daher sorgfältig den Aufkleber mit den technischen Daten. Der Stromverbrauch ist im Verlauf von fünf Jahren in der Regel teurer als die Anschaffung, also liegt das Hauptproblem in der Reduzierung des Verbrauchs. Kühlschränke mit Abtau-Automatik, Gefrierschränke und Klimaanlagen sind besonders gefräßige Stromkonsumenten. Da viele größere Geräte mindestens zehn, Kühlschränke und Gefriertruhen bis zu zwanzig Jahre lang halten, bekommen Sie, aufs Ganze gesehen, auf dem Gebrauchtwarenmarkt mehr für Ihr Geld. Umsicht und Vorkenntnisse sind allerdings erforderlich, um das Risiko eines Fehlkaufs so gering wie möglich zu halten.

1. Was nützt die Garantie?

Wenn Sie etwas kaufen und das Geschäft nicht kennen, dann müssen Sie davon ausgehen, daß die Garantiebestimmungen zum Wohl des Herstellers und nicht zu Ihrem gestaltet sind. Vielleicht wird darin versprochen, »defekte Teile zu ersetzen« oder etwas in der Art, gleichzeitig aber wird die Firma vor allen anderen Ansprüchen geschützt. So kann es passieren, daß Sie nicht nur für den Transport Ihres defekten Gerätes, sondern auch noch für die Arbeitsstunden, die bei der Reparatur geleistet wurden, bezahlen müssen. Das kommt in der Regel noch wesentlich teurer als das Ersatzteil.

Geben Sie nicht zu schnell nach, wenn ein Händler die Verantwortung abschieben will. Oft lassen sich auch bei abgelaufener Garantie Kulanzfristen aushandeln, wenn Sie deutlich machen, daß Sie bei großzügiger Handhabung Ihres Anliegens gerne weiterhin hier einkaufen werden.

Die meisten Haushalts- und Elektrogeräte sind so zusammengebaut, daß Sie sie zu Hause nur sehr schlecht reparieren können. Ein Kriterium beim Kauf sollte deshalb sein, ob der Apparat so aussieht, als könnten Sie selbst mal reinschauen, wenn er nicht mehr richtig funktioniert.

Viele Hersteller geben ihren Produkten ganz bewußt eine begrenzte Lebensdauer – rechnen Sie also mit eingebautem Verschleiß, Pannen und Störungen. Bewahren Sie die datierte Rechnung unbedingt zusammen mit dem Garantieschein auf – in manchen Fällen gilt die Rechnung sogar als Garantienachweis.

Wenn Sie sich ein Gerät, ob neu oder gebraucht, zuschicken lassen, dann lassen Sie die Seriennummer in jedem Fall auf der Quittung notieren. Der Händler schickt Ihnen sonst vielleicht ein anderes, älteres oder defektes Modell, und ohne Seriennummer als Beweis haben Sie keine Chance, Ihr Geld wiederzusehen.

2. Wie wichtig ist ein Mixer?

Ein Mixer mit dazugehörigem Pürierstab ist wahrscheinlich das wertvollste unter den kleineren Küchengeräten. Ohne ihn gibt es keine frischen Frucht- und Gemüsesäfte und keine Milchshakes. Ein kräftiger Mixer verarbeitet jedes beliebige Gemüse zu Püree. So eröffnen Sie zu Hause Ihre eigene »Saftbar« und verwandeln Sellerie, Kohl, Pflaumen, Äpfel, Aprikosen und Ananas in trinkbare Genüsse. Außerdem können Sie damit billige Babynahrung, pürierte Brokkolisuppe, Karottenkuchen, Zucchinibrot, Walnußcreme, Soßen und viele andere Sachen selber machen. Ein Mixer ist relativ einfach konstruiert: entweder, er funktioniert, oder er funktioniert nicht. Ein Gebrauchtkauf ist also kein besonders großes Risiko, wenn Sie ihn vorher ausprobieren. Verschiedene Geschwindigkeitsstufen sind gar nicht nötig; es reicht, wenn der Motor läuft, das Gehäuse intakt und der eventuell dazugehörende Behälter dicht ist.

Wenn Sie viel und häufig auch für viele Personen kochen, lohnt sich vielleicht die Anschaffung eines Fleischwolfs. Damit bekommen Sie auch Fleisch, Nüsse und andere relativ feste Lebensmittel klein. Besonders wenn Sie gerne fernöstliche Gerichte essen, macht er sich bezahlt, da er vieles sehr viel schneller hackt, schneidet und zerkleinert, als das von Hand möglich ist. Andererseits ist solche Küchenarbeit aber auch gut, um Aggressionen abzubauen.

3. Wie wichtig ist ein Mikrowellenherd?

Mit einer Mikrowelle kann man sehr schnell und mit etlicher Energieeinsparung kochen und aufwärmen. Viele Geräte geben jedoch Mikrowellenstrahlung in die Umgebung ab, und die davon ausgehenden Gefahren sind längst noch nicht genügend erforscht. Es steht jedoch fest, daß Mikrowellen menschliches Gewebe erhitzen (die Augen sind dabei besonders empfindlich – etliche auf Radarstationen Beschäftigte sind schon an Grauem Star erkrankt), und sie könnten durchaus auch noch andere, schwerer feststellbare Auswirkungen haben. Osteuropäische Wissenschaftler haben die Höchstgrenze für Mikrowellenstrahlung 10 000 mal niedriger angesetzt als amerikanische. Vielleicht weiß man dort Dinge, die wir nicht wissen – möglicherweise über die Auswirkungen von Mikrowellen auf die hochempfindlichen Gehirnströme.

Am klügsten ist es wohl, Mikrowellengeräte zu meiden, wann immer es geht. Halten Sie Kinder, die ja gerne in Ofenfenster schauen, immer auf Distanz. Seien Sie sich darüber im klaren, daß manches Keramikgeschirr nicht in der Mikrowelle verwendet werden sollte, weil die Glasur Giftstoffe ins Essen abgibt. Verbannen Sie die Mikrowelle aus Ihrem Haushalt, und setzen Sie sich auch in Restaurants nicht in die Nähe solcher Geräte. Wenn Ihr Nachbar eines an einer gemeinsamen Wand stehen hat, dann meiden Sie diesen Bereich (Mikrowellen durchdringen normale Wände, von Metallschirmen oder Aluminiumfolie werden sie reflektiert). Auch Radaranlagen und Fernsehsender strahlen Mikrowellen in unsere Umgebung ab. Wählen Sie Ihren Wohnort möglichst weit davon entfernt und vor allem nicht in deren »Schußlinie«.

4. Wie wichtig ist ein Kühlschrank?

Jeder Kühlschrank, der fünf oder weniger Jahre alt ist, hat noch eine große Lebenserwartung, und auch viele ältere können ihren Dienst noch lange versehen. Die Kompressoreinheiten, die die gesamte Arbeit verrichten, sind so einfach und robust, daß sie oft sogar die Türdichtungen überdauern.

Abgesehen von der Energieersparnis gibt es keinen ernsthaften Grund, ein neues Gerät zu kaufen. Kühlschränke mit Abtauautomatik haben, abgesehen vom höheren Anschaffungspreis, auch etwa 40 bis 100 Prozent höhere Betriebskosten sowie eine komplizierte Elektrik, Ventilatoren und Heizaggregate, die potentielle Störfaktoren sind. Weshalb so viele Menschen sich vor dem Abtauen regelrecht fürchten, ist mir ein Rätsel. Man muß dabei nichts tun, außer einen Schalter drehen und das geschmolzene Eis in das Waschbecken schütten. Wer nicht mit der vollen Wasserschale durch die Wohnung laufen möchte, kann die Flüssigkeit auch mit einem Plastikschlauch in einen Eimer ablassen. Lassen Sie einen gebrauchten Kühlschrank eine Weile laufen, bevor Sie ihn kaufen, um zu sehen, ob er auch wirklich kühlt. Hören Sie genau hin, ob der Motor, besonders beim Start, sehr angestrengt klingt.

Falls Sie doch einen neuen Kühlschrank kaufen, sollte es in jedem Fall ein Gerät sein, das ohne das ozonfressende FCKW produziert wurde.

Hier noch drei Möglichkeiten, mit einem Kühlschrank Geld und Energie zu sparen:

Temperatur
Stellen Sie die Temperatur nicht unter fünf Grad Celsius ein. Legen Sie zur Kontrolle ein normales Haushaltsthermometer 10-15 Minuten lang in das mittlere Fach.

Dichtung
Kaufen Sie für einen gebrauchten Kühlschrank eine neue Türdichtung, um den Kälteverlust zu stoppen. Um die alte Dichtung zu testen, stecken Sie ein Blatt Papier in die Tür und schließen sie; wenn das Papier sich ohne Widerstand herausziehen läßt, ist die Dichtung wahrscheinlich hinüber. Probieren Sie es mehrfach an verschiedenen Stellen aus.

Größe
Kaufen Sie keinen Kühlschrank, der mehr faßt, als Sie

brauchen. Ein großes Gerät braucht mehr Strom als ein kleines, und außerdem vergißt man leichter etwas in einer unzugänglichen Ecke, was dann verdirbt.

5. Wie wichtig ist ein Toaster?

Bei fast allen Toastern wird zuviel Wert auf ein hochpoliertes Äußeres und das Design gelegt. Inzwischen gibt es aber auch welche aus rostfreiem Stahl, Aluminium oder emailliert. Sie können einen verchromten Toaster, der rostet oder dessen Chromschicht sich ablöst, in kräftigen Farben lackieren. Ziehen Sie den Stecker aus der Steckdose, säubern Sie ihn gründlich von Fett und Schmutz und passen Sie auf, daß keine Farbe ins Innere tropft.

Wenn Sie einen gebrauchten Toaster kaufen, dann probieren Sie ihn auf jeden Fall vorher aus. Die Halterung sollte unten einrasten und dann mit einem Ruck nach oben schnappen. Die Heizdrähte zu beiden Seiten des Brotes sollten sich aufheizen und eine rote Färbung bekommen. Überprüfen Sie, ob die elektrischen Leitungen noch unbeschädigt und gut isoliert sind, und ob sich die Röstzeit verstellen läßt. Am besten ist ein Gerät mit einem herausnehmbaren Boden, damit Sie die Krümel leichter entfernen können. Ziehen Sie zum Reinigen den Stecker heraus und benutzen Sie einen kleinen Lappen. Waschen Sie einen Toaster niemals unter fließendem Wasser, sonst werden die Heizdrähte naß und es besteht die Gefahr eines Kurzschlusses oder eines Stromschlags.

Manche neueren Toaster haben keinen Griff mehr, den man nach unten drückt. Vielmehr steckt man das Brot einfach in den Schlitz, und es wird automatisch abgesenkt. Der Effekt ist derselbe wie bei anderen ausgeklügelten Neuerungen auch: Sie steigern die Reparaturanfälligkeit. Dasselbe gilt für »Feuchtigkeitskontrollen«. Ein Toaster ist ein einfaches Gerät, das nur eines soll: zuverlässig toasten. Besorgen Sie sich also einen, der diesen Zweck erfüllt.

Auch bei einfachen Toastern lohnt sich eine Reparatur nicht immer, da sie teurer werden könnte als ein neues oder gebrauchtes Gerät. Wenn Sie handwerklich geschickt sind, ist es bestimmt der Mühe wert, das Ding aufzuschrauben und einen Blick hineinzuwerfen. Halten Sie es jedoch zuerst einmal mit geöffnetem Boden über die Spüle und schütteln Sie es kräftig: Oft wird das Problem durch Krümel oder Rosinen verursacht, die den Stromkreis unterbrechen. Andere Störfaktoren sind lose Kabel oder ein verbogener oder defekter Bimetallstreifen. Er dehnt sich normalerweise mit zunehmender Hitze aus und löst den Mechanismus aus, der das Brot nach oben springen läßt.

Noch ein Hinweis zu Ihrer Sicherheit: Wenn ein Stück Brot im Toaster feststeckt, ziehen Sie den Stecker, bevor Sie mit irgend etwas Spitzem darin herumstochern. Die Berührung der Heizdrähte mit Messer oder Gabel kann Ihnen einen üblen Schlag versetzen.

6. Wie wichtig ist ein Staubsauger?

Fußböden sind wahrscheinlich am einfachsten sauberzuhalten, wenn Sie keine Teppiche haben und alle paar Tage staubsaugen. Beim Kauf eines gebrauchten Staubsaugers können Sie nicht allzuviel falsch machen, solange Sie ihn zum Ausprobieren eine Weile laufen lassen und sich davon überzeugen, daß er auch wirklich Staub aufsaugt. (Nehmen Sie zum Ausprobieren ein bißchen Sand – dazu braucht es eine gewisse Saugkraft.) Es ist nicht besonders sinnvoll, zum Test einfach die Hand vor die Düse zu halten. Schließlich geht es ja darum, wie gut er Sachen vom Boden aufsaugt. Lassen Sie sich nicht von irgendwelchen »Zusatzgeräten« beeindrucken, die dann nur in Ihrem Schrank herumliegen. Mit einer ganz normalen Saugbürste kommen Sie bis auf die Ecken überall hin. Wenn Sie Teppiche haben, dann ist ein kräftiger Staubsauger mit einer rotierenden Teppichbürste sinnvoll. Um Beschädigungen an Ihren Möbeln zu vermeiden, kleben Sie die Ecken der Bürste mit Klebeband ab.

Jeder Staubsauger streikt, wenn Sie nicht regelmäßig den Staubbeutel entleeren. Sehen Sie schon beim Kauf nach, ob das sehr mühsam ist. Wegwerfbeutel bedeuten zusätzliche Kosten, daher sollten Sie versuchen, ein Modell zu erwischen, wo Sie den Schmutz einfach auf eine ausgebreitete Zeitung schütten und wegwerfen können. Prüfen Sie auch nach, ob das Saugrohr irgendwo einen engen Knick hat und sich dadurch leicht verstopft. (Ein verstopftes Rohr ist mit einem Besenstiel recht einfach wieder frei zu bekommen.)

Wenn Sie viel mit Holz oder anderen staub- und schmutzproduzierenden Materialien arbeiten, lohnt sich wahrscheinlich ein stärkeres und größeres Gerät.

Staubsauger gehören zu den lautesten Haushaltsgeräten überhaupt und verursachen viel störenden Lärm. Ironischerweise blieben etliche Firmen auf ihren deutlich leiseren Geräten sitzen, weil die Kunden viel Krach mit viel Leistung verbinden. Also wurden die Produkte wieder lauter. Vielleicht finden Sie aber noch ein relativ leises Gebrauchtgerät. Es kommt auf die Saugleistung an, nicht auf das Geräusch!

7. Wie wichtig sind Waschmaschine und Trockner?

Diese Geräte sind teuer, und Reparaturen können leicht noch einmal die Hälfte des Anschaffungspreises kosten. Daher ist es möglicherweise sinnvoller, im Waschsalon zu waschen. Noch besser ist es natürlich, sich Waschmaschine und Trockner mit einigen Nachbarn zu teilen.

Laden Sie die Geräte immer voll, um Wasser und Energie zu sparen. Wenn Sie eine Waschmaschine mit Energiesparprogramm haben, dann nutzen Sie es.

Unter dem Eindruck ständig steigender Strompreise wird auch die Wäscheleine als Trockengerät wieder beliebter (Wäschetrocknen mit Solarenergie!). Übrigens wirkt Sonnenlicht auf Windeln desinfizierend. Hüten Sie sich vor teuren Bleichmitteln, Weichspülern und anderen überflüssigen Waschzutaten.

8. Wie wichtig ist ein elektrischer Dosenöffner?

Die meisten Haushaltsutensilien, die nur eine einzige

Funktion haben, sind überflüssig. Zum Plätzchenausstechen reicht ein Glas, Teig kann man auch mit einem Besenstiel oder einer Weinflasche ausrollen, und Eier lassen sich in jeder Bratpfanne pochieren. Wenn Sie sich vernünftig ernähren, brauchen Sie sowieso nur selten einen Dosenöffner. Wenn Sie aber gelegentlich doch eine Büchse aufmachen wollen, brauchen Sie dazu Ihre Küche nicht mit einem chromglänzenden elektrischen Dosenöffner zu verschandeln. Kaufen Sie sich einen, der manuell zu bedienen ist. Falls das Büchsenöffnen damit etwas mühsam ist, gut so. Das motiviert Sie, mehr frisches oder tiefgefrorenes und also gesünderes Gemüse zu verwenden.

B. Energie und Geld sparen

1. Isolieren Sie den Wasserboiler

In einem normalen Haushalt verbraucht nur die Heizung noch mehr Energie als der Wasserboiler. Umwickeln Sie ihn also mit Isolationsmaterial, das Sie in Baumärkten und größeren Haushaltswarengeschäften bekommen. Wenn Sie dazu Glaswolle verwenden, mit der der Energieverlust um 30 bis 40 Prozent gesenkt werden kann, dann denken Sie unbedingt daran, einen Mundschutz zu tragen, und sorgen Sie dafür, daß keine Glasfasern ins Zimmer gelangen können.

Der Energieverbrauch läßt sich auch durch Einschränkung des Warmwasserverbrauchs drastisch senken. Waschen Sie also nicht unter fließendem Wasser ab, installieren Sie im Duschkopf eine Wasserbremse, waschen Sie die meisten Kleidungsstücke mit kaltem oder lauwarmem Wasser und machen Sie die Waschmaschine voll oder benutzen Sie das Energiesparprogramm.

Gasboiler lassen sich sehr viel wirtschaftlicher betreiben als elektrische. Bei Kochherden ist der Unterschied nicht so groß, aber gute Köche bevorzugen im allgemeinen Gas, weil man die Hitze damit viel besser regulieren kann.

Die Solartechnik bietet mittlerweile eine breite Palette an Möglichkeiten, angefangen bei einfachen Vorheizaggregaten für warmes Klima bis hin zu relativ komplizierten Geräten mit Wärmetauschern, wärmespeichernden Flüssigkeiten und kleinen Pumpen, die in jedem Klima die gesamte Warmwasserversorgung übernehmen können.

2. Warten Sie Ihre Heizung sorgfältig

Heizkessel müssen regelmäßig gereinigt werden, da sie sonst völlig verrußen und ihr Wirkungsgrad sehr schlecht wird. Eine neue Einspritzdüse (in vielen Heizkesseln ist eine falsche montiert) könnte Ihren Heizenergieverbrauch halbieren. Beheizen Sie keine ungenutzten Räume und schließen sie die Türen.

3. Sparen Sie die Sparflamme

Sie können viel Energie sparen, wenn sie die Sparflamme an Ihrem Gasherd abschalten. Sie brennt sonst das ganze Jahr über und verbraucht enorm viel Gas. Streichhölzer sind genauso geeignet, um einen Herd anzuzünden, und die meisten neueren Gasherde haben elektrische Zünder. Wenn Sie viel backen, sollten Sie vielleicht die Isolierung Ihres Ofens verbessern.

Auch durch einen Rauchfang kann eine Menge Wärme verloren gehen. Schließen Sie immer die Klappe, wenn Sie kein Feuer brennen haben. Oder noch besser: Ersetzen Sie den offenen Kamin durch einen Holzofen.

4. Wie sinnvoll ist ein Holzofen?

Mit einem wirklich guten Holzofen können Sie sehr effizient heizen. Ein offener Kamin aber ist ein echter Wärmeverschwender, da man damit mehr Warmluft durch den Kamin jagt, als das Feuer an Wärme produziert.

Die Installation eines Holzofens erfordert eine exakte Planung und die Berücksichtigung vieler verschiedener Gesichtspunkte. Da ist zum einen der Anschaffungspreis: Ein guter Ofen ist ziemlich teuer. Außerdem muß man sich sehr engagiert und regelmäßig um ihn kümmern, da er sonst entweder ständig ausgeht oder womöglich das Haus in Brand setzt. Der Standplatz muß sehr sorgfältig gewählt werden. Der Ofen soll ja möglichst das ganze Haus oder die Wohnung heizen. Dazu kommt, vor allem in den Städten, die Frage der Brennholzbeschaffung und das Problem der zusätzlichen Luftverschmutzung.

Erkundigen Sie sich in jedem Fall vor dem Kauf ausführlich bei Freunden, Händlern und Behörden nach Vorbedingungen und möglichen Auflagen.

5. Wasser sparen

– Drehen Sie beim Rasieren, Zähneputzen, Abspülen usw. immer den Wasserhahn zu, wenn Sie gerade kein fließendes Wasser brauchen.

– Bringen Sie tropfende Wasserhähne schnellstmöglich in Ordnung. Abgesehen von dem nervtötenden Geräusch werden so schnell Hunderte von Litern verschwendet.

– Installieren Sie einen Duschkopf mit Wasserbremse oder besorgen Sie sich einen zusätzlichen Wasserstopper (eine kleine Scheibe, die in den Duschkopf eingesetzt wird).

– Kaufen Sie sich Zierpflanzen mit niedrigem Wasserbedarf.

– Setzen Sie Ihr Gemüse ziemlich eng und in Hügelbeete. Wässern Sie Ihre Nutzpflanzen mit einem Tropfsystem, anstatt flächendeckend zu gießen. Bedecken Sie die Erde mit Mulch (so verringern Sie auch die Gefahr des Krankheitsbefalls).

– Wässern Sie Ihren Rasen sehr gründlich, aber am besten in unregelmäßigen Abständen und nur abends. Das ist für den Rasen besser, und Sie reduzieren den Verdunstungsverlust.

– Falls Sie unbedingt Ihr Auto waschen wollen, verwenden Sie dazu einfach einen Eimer mit Seifenwasser und benutzen Sie den Schlauch erst zum Schluß.

6. Strom sparen

Ihren Stromverbrauch können Sie auf verschiedene Weise drosseln: durch die Abschaffung elektrischer Heizöfen, durch weniger Lampen, durch Ausknipsen der Lichter in unbenutzten Zimmern und durch die Vermeidung leistungsstarker Elektrogeräte, wie z. B. Grills, Friteusen, Trockenhauben und Bügeleisen.

Die meisten Glühbirnen halten etwa 750 Stunden lang. Es gibt auch langlebigere, die 1500 bis 10 000 Stunden lang Licht abgeben. Der Haken an der Sache aber ist, daß eine Glühbirne mit zunehmender Lebensdauer immer weniger Licht spendet. Diese Tatsache ist unumstößlich und hängt mit der physikalischen Beschaffenheit des Glühfadens zusammen. Die Beleuchtungskosten für ein Haus machen sich aber dennoch hauptsächlich in der Stromrechnung bemerkbar. Eine Glühbirne, die 750 Stunden lang brennt, verbraucht in dieser Zeit das Fünf- bis Sechsfache ihres Kaufpreises an Stromkosten. Übrigens spendet eine 150-Watt-Birne mehr Licht als zwei mit 75 Watt Leistung.

Kompakte Leuchtstofflampen, sogenannte »Energiesparlampen«, kosten zwar deutlich mehr als Glühbirnen, brauchen aber etwa viermal weniger Strom und halten etwa zehnmal so lang. Damit sparen Sie also auf jeden Fall eine Menge Geld. Achten Sie aber beim Kauf darauf, daß die Lampe in den dafür vorgesehenen Sockel paßt. Besonders bei kleineren Leuchten (wie z. B. Leselampen) gibt es in dieser Hinsicht manchmal Schwierigkeiten. Leuchtstofflampen entwickeln auch viel weniger ungenutzte Wärme als Glühbirnen.

Um Ihre Beleuchtungskosten zu senken, schalten Sie alle Lichter aus, die Sie gerade nicht benötigen, und denken Sie daran, daß Sie Ihr Zuhause nicht wie einen Operationssaal auszuleuchten brauchen. Wahrscheinlich können Sie allein durch regelmäßiges Lichtausknipsen beim Verlassen eines Zimmers bis zu 15 Prozent Stromkosten sparen!

Der Vorteil von Leuchtstofflampen liegt darin, daß sie

mit weniger Strom mehr Licht erzeugen als Glühbirnen. Deshalb sind sie mittlerweile auch in Haushalten und Büros weit verbreitet. Doch bringen Sie letztlich so viele Nachteile mit sich, daß ich mich vor einigen Jahren entschlossen habe, sie nicht länger zu benutzen. Ältere Lampen machen ein störendes Summgeräusch und flackern gelegentlich. Vor allem aber strahlen sie, im Gegensatz zur Sonne und zu Glühbirnen, nicht das gesamte Lichtspektrum ab, sondern konzentrieren sich auf die intensiven Lichtspitzen: viel rosa, dann lange nichts und dann wieder viel blau. (Vielleicht läßt sich durch diesen unnatürlichen Charakter auch ihre hypnotische Wirkung in Supermärkten und Kaufhäusern erklären.) Mittlerweile gibt es auch Leuchtstofflampen, die das gesamte Lichtspektrum abstrahlen. Wenn Ihnen also das Summen und Flackern nichts ausmacht, dann kaufen Sie die, obwohl sie teurer sind. Am besten, obwohl noch teurer, sind natürlich moderne Energiesparlampen, die keines dieser Mankos mehr aufweisen.

Unbestimmte, aber dennoch beängstigende Anhaltspunkte deuten darauf hin, daß Licht aus Leuchtstoffröhren gesundheitsschädlich ist. Für Pflanzen trifft das auf jeden Fall zu, und auch mit verschiedenen menschlichen Krankheiten wurde das Kunstlicht aus Neonröhren schon in Verbindung gebracht. Licht dringt relativ problemlos durch menschliches Gewebe, was Sie gut sehen können, wenn Sie Ihre Hand gegen eine starke Lampe halten. Über die Netzhaut beeinflußt es direkt unser Nervensystem. Daher ist es wohl insgesamt am besten, Leuchtstofflampen so gut wie möglich aus dem Weg zu gehen und für genügend Sonnenlicht zu sorgen. Mit der Sonne aufzustehen und nicht lange nach ihr zu Bett zu gehen ist vielleicht nicht das schlechteste, im Alltag wie im Urlaub.

C. Sparen bei Haushaltszubehör

1. Kaufen Sie billige Uhren

Grundsätzlich bin ich Wegwerfartikeln gegenüber sehr skeptisch eingestellt. Doch bei Uhren und Weckern ist das für viele Leute das einzig Vernünftige. Massenhaft produzierte Zeitmesser gehen oft genauer als exklusive juwelenbesetzte und kosten weniger.

Wenn an Ihrer teuren Uhr etwas kaputt ist, bekommt der Uhrmacher allein für das Öffnen und Begutachten des guten Stücks schon eine ganze Menge Geld. Also: Kaufen Sie Billiguhren und -wecker und werfen Sie sie weg, wenn sie kaputt sind – was in der Regel nach etwa fünf Jahren der Fall ist. Vermeiden Sie Leuchtzifferblätter. Sie verpassen Ihnen nur eine zusätzliche Dosis schädlicher Radioaktivität. Zifferblätter, die von einer kleinen Lampe beleuchtet werden, sind unbedenklich.

Wenn Sie Wecker häßlich finden oder möglichst wenig besitzen wollen, dann kaufen Sie sich eine Armbanduhr mit eingebautem Weckalarm. Es gibt sie batteriegetrieben oder mit Solarzellen – der erste Massenartikel, der sich die Sonnenenergie zunutze macht.

Armbanduhren sind das personifizierte »notwendige Übel«. Sie unterbrechen und stören unseren eigenen biologischen Rhythmus und drängen uns künstliche Maßstäbe auf, die keinerlei wirkliche Bedeutung haben. Die Armbanduhr ist, wie die Stechuhr oder der Anzug, gewöhnlich ein Zeichen der Knechtschaft. Verlieren Sie Ihre Armbanduhr gelegentlich, oder verbannen Sie sie aus Ihrem Blickfeld. Sie kommen ohne wahrscheinlich genauso gut zurecht – und vielleicht wirkt sich ein solcher Akt entspannend aus.

Digitaluhren sind übrigens ein hervorragendes Beispiel für die Künstlichkeit technologischer Größen. Wir erleben die Zeit ja nicht in gleichmäßigen Sekundenabständen, sondern in größeren und kleineren Einheiten. Wenn wir die Zeit wissen wollen, dann reicht eine auf fünf Minuten genaue Schätzung normalerweise aus. Eine Uhr mit

Zeigern stellt die Zeit ebenfalls als »analoge« Einheit dar, was unserer eigenen Wahrnehmung relativ nahekommt. Eine Digitaluhr dagegen vermittelt eine völlig überflüssige Präzision, die wir dann wieder in unsere analogen Lebensumstände rückübersetzen müssen.

Ein elektrischer Wecker wird in der Regel von einem erstaunlich starken elektromagnetischen Feld umgeben. Stellen Sie ihn in mindestens einem Meter Entfernung von Ihrem Schlafplatz auf.

2. Billiges Geschirr

Ein Service aus weißem Porzellan, glänzende Gläser und weiße Leinenservietten entsprechen einem alten westeuropäischen Ideal. Falls Sie das Glück haben, so etwas zu erben, dann freuen Sie sich daran und hüten Sie es wie einen kostbaren Schatz. Für die meisten von uns stellt sich aber einfach die Frage, von welchen Tellern wir tagtäglich essen sollen. In Second-Hand-Läden findet man riesige Mengen an Geschirr aus Plastik, dunklem, billigem Porzellan oder auch alte Teller mit rosa Blümchendekor. Welche Alternativen gibt es dazu?

Zunächst einmal sollten Sie von der Vorstellung Abschied nehmen, daß alle Teller eines Gedecks gleich aussehen müssen. Ganz im Gegenteil: Ein gedeckter Tisch kann viel ansprechender sein, wenn an jedem Platz anders gedeckt ist. Machen Sie sich also gar nicht erst auf die Suche nach einem ganzen Service, sondern wählen Sie interessante Einzelstücke aus. Sie werden sehen, daß ein Teller, der Sie anspricht, auch zu Ihren anderen Sachen paßt, weil ihnen, trotz unterschiedlicher Größen und Muster, ein gemeinsamer Geist innewohnt.

Ein oder zwei Macken sind nicht weiter schlimm. Ein schöner angeschlagener Teller bleibt immer noch ein schöner Teller. Zerbrochene und wieder zusammengeklebte Teller halten jedoch selten lange.

Verwenden Sie kein Plastikgeschirr. Essen gehört zu den persönlichsten und intimsten Dingen überhaupt, also lassen Sie es sich nicht durch Plastikteller oder -becher

verderben. Für Kleinkinder gibt es jetzt absolut unzer-
brechliches Glasgeschirr. Die Oberfläche spiegelt ein
bißchen, und es ist in verschiedenen Farben und Mustern
erhältlich.

3. Praktische Messer

Einige der wichtigsten Erfindungen überhaupt gehen bis
auf den Beginn der Menschheitsgeschichte zurück. Dazu
gehört auch das Messer. Von Anfang an haben die verschiedenen Völker Messer – zuerst aus Stein, dann aus
Metall – benutzt, und sie sind heute wie damals ein un-
entbehrlicher Teil unseres Alltags (ganz abgesehen von
der starken Symbolkraft des Messers in unseren Träumen
und Phantasien). Von daher müßte man eigentlich annehmen, daß die Menschen auf wirklich schöne, ihrer Bedeutung entsprechende Messer Wert legen. Schließlich dürfte
es für moderne Designer und Hersteller kein Problem
sein, elegante und doch preiswerte Stücke zu produzieren. Doch in den meisten Geschäften wird nur Schund
verkauft, und die meisten Menschen verwenden nutzlose
Messer oder solche, die toll aussehen, aber kaum ein
Stück Butter durchschneiden können. Wenn Sie sich bisher nur in Haushaltswarengeschäften oder Kramläden
nach Messern umgesehen haben, dann gehen Sie einmal in
einen speziellen Messerladen. Dort bekommen Sie einen
neuen Blick für Messer und merken erst, wie häßlich die
meisten der üblicherweise verwendeten sind – ein echter
Jammer, denn ein schlechtes oder unzweckgemäßes Messer ist ein ständiges Ärgernis, ob Sie es nun merken oder
nicht.

Die Vielfalt der Größen, Formen und Typen in einem
großen Geschäft wirkt sicherlich verwirrend. Doch normalerweise brauchen Sie sowieso nur zwei verschiedene
Arten: ein Taschenmesser und eine relativ große Klinge,
die sich zum Schneiden von Brot, Wurst, Leder, Gummi,
Holz, Gemüse u. a. eignet.

Ein Messer mit einer etwa 20 cm langen Klinge können
Sie in der Küche benutzen, aber genauso gut in einer

Scheide zum Camping mitnehmen. Eine Klinge aus gutem Stahl läßt sich jahrelang immer wieder nachschärfen. Durch säurehaltige Nahrungsmittel wie Tomatensaft erhält der Stahl eine dunkle Färbung, und wenn er naß ist, rostet er. Das schadet aber der Schneidefähigkeit nicht, und vielleicht gefällt Ihnen die dunkle Patina ja sogar. Wenn nicht, dann halten Sie die Klinge mit Metallpolitur oder Stahlwolle glänzend. In den letzten Jahren haben sich jedoch Messer aus rostfreiem Stahl immer mehr durchgesetzt.

Ein Taschenmesser ist praktisch ein tragbares Universalwerkzeug. Mit manchen kann man sogar leichte Reparaturarbeiten ausführen. Es gibt sie mit Schraubenziehern, Flaschenöffnern, Dosenöffnern, Korkenziehern, Handbohrern, Feilen, Sägen, Scheren, Pinzetten und sogar Zahnstochern. Schweizer Armeemesser sind zwar relativ teuer, aber solide gearbeitet und in den unterschiedlichsten Größen und Zusammenstellungen erhältlich. Sie sind aus rostfreiem Stahl und schneiden von daher nicht überragend. Seien Sie jedoch vorsichtig beim Kauf: Es gibt viele billige Imitationen.

Welche Messer Sie sich letztlich aussuchen, ist weitgehend Geschmackssache. Manche Leute haben einfach gern eine Menge verschiedener und schöner Küchenmesser zur Verfügung. Mit der Form von Messern ist es wie mit der von Booten und anderen Dingen, die die Menschheit seit einigen tausend Jahren begleiten: Sie wurde im Lauf der Jahrhunderte immer wieder verändert und überarbeitet, so daß man heute sehr elegante Stücke, aber auch viel Schund aus der Massenproduktion bekommt. Messer unterscheiden sich in verschiedenen Punkten: im Gewicht, in der Gewichtsverteilung zwischen Klinge und Heft und in der Grifform, die zu Ihrer Hand und Ihren Arbeitsgewohnheiten passen muß. Sie sollten kein Messer kaufen, daß Ihnen nicht gefällt oder das sich nicht gut anfühlt. Besondere Aufmerksamkeit sollte der Verbindung von Klinge und Griff gelten. Hält sie auch starker Beanspruchung stand? Ist das Metallband an den Griffenden (wenn eines vorhanden ist) zu dünn? Hat der Griff ein Heft oder zumindest eine Schutzkante, die verhindert, daß eine nasse Hand in die Klinge abrutscht? Sind schon Risse oder Bruchstellen sichtbar, in denen sich Speisereste und Feuchtigkeit absetzen könnten? Paßt der Griff zur Klinge?

Der Preis ist kein verläßlicher Indikator für die Qualität, aber ein wirklich gutes Messer ist nicht billig. Ein ziemlich nutzloses Messer aus rostfreiem Stahl kann Sie eine Menge Geld kosten, während ein einfaches Stahlmesser, das nur wenig teurer ist, jahrzehntelang halten kann.

Ein Messer muß regelmäßig geschärft werden, um auf Dauer zu etwas nutze zu sein. Das geht am besten mit einem Wetzstahl, aber Sie können auch einen kleinen Wetzstein verwenden. Erkundigen Sie sich in einem Spezialgeschäft, wie er benutzt wird.

Ein Messer zu benutzen bedeutet mehr, als einfach nur draufloszuhacken. Schauen Sie bei Gelegenheit einmal in die Küche eines chinesischen Restaurants und betrachten Sie deren unglaublich schnelle und präzise Schneidetechnik. Wenn Sie viel Gemüse essen, könnte sich auch die Anschaffung eines Hackmessers lohnen.

4. Billige und gute Spiegel

Ein Spiegel, in dem man sich von Kopf bis Fuß betrachten kann, sollte in keinem Haushalt fehlen. Das gefällt den Erwachsenen, und kleine Kinder bekommen so eine Vorstellung davon, wie sie aussehen. Neue Spiegel sind teuer, aber man bekommt sie auch gebraucht recht günstig, besonders, wenn eine Ecke abgebrochen ist oder die Silberfolie schon ein bißchen abblättert. Wichtig ist jedoch, daß die Spiegelfläche sich nicht wellt, sondern ganz flach ist. Treten Sie also mindestens drei Meter zurück und schauen Sie genau hin, ob Ihr Spiegelbild nicht verzerrt wird. Wenn der Spiegel selbst noch gut ist, spielen kleine Macken oder ein häßlicher Rahmen eine untergeordnete Rolle (Rahmen lassen sich auch jederzeit abnehmen oder austauschen).

5. Billige Töpfe und Pfannen

Es gibt praktisch keinen Grund, neue Pfannen zu kaufen. In Gebrauchtwarenläden und auf Flohmärkten finden sich immer wieder schwere alte Töpfe und Pfannen, deren ehemalige Besitzer sich nun mit Teflonpfannen und anderen Küchengeräten auf »Gourmetniveau« eingedeckt haben. (Teflon gibt bei Erhitzung ein giftiges Gas ab – also auf keinen Fall verwenden!) Ganz allgemein gilt: Je schwerer eine Pfanne und je dicker ihr Boden, desto besser, weil sich so die Wärme gleichmäßiger verteilt. Dünne Aluminiumtöpfe sind zwar auch gute Wärmeleiter, aber sie verbeulen leicht und fühlen sich irgendwie blechern an. Es gibt auch etliche Anzeichen dafür, daß der Körper eine gesundheitsschädliche Dosis Aluminium zugeführt bekommt, wenn Sie solche Gefäße regelmäßig verwenden. Töpfe und Pfannen aus rostfreiem Stahl sind jedenfalls am einfachsten zu reinigen und sehr langlebig. Die besten haben einen Boden aus Kupfer oder Aluminium für eine optimale Wärmeleitung. Achten Sie auch auf dicht schließende Deckel. Damit sparen Sie Energie und können Gemüse schneller garen. Vielleicht lohnt sich sogar die Anschaffung eines neuen Deckels, wenn Sie keinen passenden haben, auch wenn dieser dann teurer kommt als ein gebrauchter Topf.

Natürlich brauchen Sie kein teures Topfregal zu kaufen. Hängen Sie die Gefäße einfach an Nägel, Holzdübel oder Haken, die Sie in einem schönen Holzbord oder in der Wand befestigen.

6. Billige Küchengeräte aus rostfreiem Stahl

Heutzutage bezeichnet der Begriff »Silberbesteck« entweder versilberte Messer und Gabeln oder solche aus rostfreiem Stahl. Letztere sind aus zwei Gründen zu bevorzugen: Sie sind im allgemeinen einfacher gestaltet und blättern nicht so stark ab. Im Gebrauchtwarenhandel findet man in der Regel große Kisten voller Besteck. Gebrauchtes rostfreies Besteck hat einen sanften Grauton und fühlt sich sehr hart an, versilbertes ist ein bißchen gelblicher, und oft scheint an abgeblätterten Stellen ein Stück Blech oder Rost hervor. Suchen Sie sich Besteckteile mit klaren Formen und ordentlichem Gewicht aus. Vorsicht vor Messern mit losem Griff. Verbogene Gabelzinken lassen sich normalerweise wieder zurechtbiegen, werden aber nicht mehr völlig gerade.

Rostfreies Besteck ist auch neu nicht übermäßig teuer, wenn man sich in verschiedenen Haushaltswarenläden ein bißchen umsieht.

Wenn Sie gerne asiatisch essen, dann besorgen Sie sich Stäbchen. Sie sollten aus Bambus sein, nicht aus Plastik, und sind sehr billig in asiatischen Geschäften zu haben. Sie vereinfachen das Tischdecken, das Abwaschen, und es macht einfach Spaß, damit zu essen.

7. Verwenden Sie Einkaufstaschen oder -netze

Ein Einkaufsnetz läßt sich ganz eng zusammenknüllen und in jeder Jackentasche problemlos mitführen, für den Fall, daß Sie unterwegs noch schnell etwas einkaufen wollen. Vermeiden Sie umweltschädliche Plastiktüten und benutzen Sie statt dessen Einkaufstaschen aus Stoff oder Jute. Legen Sie immer ein paar davon ins Auto.

Wenn Sie nicht zu weit von Ihrem Supermarkt enfernt wohnen, dann können Sie den Einkauf statt mit dem Auto auch mit einem kleinen Leiterwagen bestreiten. Das steigert die körperliche Fitness und vermeidet zusätzliche Luftverschmutzung.

D. Selbst reparieren

In jeden Haushalt gehören ein Werkzeugkasten und ein kleiner Schrank, in dem einige Reparaturmaterialien aufbewahrt werden. Sie binden natürlich ein wenig Kapital, so daß Sie nicht zuviel davon ansammeln sollten. Andererseits aber sparen Sie jedesmal Geld, wenn Sie etwas reparieren können, anstatt es ersetzen zu müssen. Oft kann schon eine winzige Reparatur mit einer Zange oder einem

Tropfen Klebstoff die Lebensdauer eines Gegenstandes um Jahre verlängern. Manche Leute schaffen sich grundsätzlich nichts an, was sie nicht selbst reparieren können. Aber auch wir weniger Charakterstarken, die wir eine Stereoanlage im Haus dulden, obwohl wir ihr nicht in allen Punkten gewachsen sind, können viele kleinere Haushaltsprobleme selbst lösen.

Die wichtigsten Werkzeuge sind: Hammer (ein richtiger, kein Hämmerchen), Schraubenzieher, Kombizange, Holzsäge, Schraubenschlüssel, Ringschlüssel, kleiner Hobel, mittelgroße Feile, Eisensäge, Stechbeitel, Spachtel, Pinsel und Ölkännchen.

Die wichtigsten Reparaturmaterialien sind: Isolierband, ein Sortiment verschieden großer Nägel und Holzschrauben, ein Sortiment verschieden großer Muttern, Schrauben und Unterlagsscheiben, eine Schachtel mit Moltofill, um Löcher in der Wand zu schließen, sowie Verdünner, Dieselöl oder Leinöl, um Pinsel auszuwaschen. Auch verschiedene Klebstoffe sind sinnvoll: Sekundenkleber, Zwei-Komponentenkleber, Holzleim und Universalkleber.

Ein bißchen Öl dient zum Schmieren kleiner Motoren oder verschiedener Scharniere, Gleitmittel aus Silikon ist für Schiebetüren und Schubladen geeignet, und auch Sprays oder Öle zum Entrosten und Enteisen erweisen sich immer wieder als nützlich.

Wenn Sie einmal einen Aufbewahrungsort für all diese Sachen gefunden haben, dann werden es langsam immer mehr: Drahtreste, Stahlplatten, Reifenstücke, Lederschnipsel, halbvolle Farbdosen (klopfen Sie den Deckel mit dem Hammer fest, sonst hält sich die Farbe nicht) und vieles andere mehr. Werfen Sie auf keinen Fall etwas weg – sie brauchen es garantiert am nächsten Tag! Sparen Sie Platz, indem Sie alles in Schachteln aufbewahren.

Viele, die erst wenig Erfahrung mit Do-it-yourself gesammelt haben, bekommen einen entmutigenden Dämpfer, wenn sie etwas auseinanderschrauben, keinen Fehler finden und das Gerät dann nicht mehr richtig zu-

sammensetzen können. Es gibt zwei Tricks, die das verhindern können. Außerdem sollten Sie sich damit trösten,
daß oft schon einfaches Auseinandernehmen, Ölen, Reinigen und Zusammenbauen ausreicht, um ein Gerät wieder zum Laufen zu bringen. Vielleicht haben Sie – unbemerkt – beim Aufschrauben ein paar Schmutzpartikel
entfernt, die einen Kontakt blockierten, oder eine festsit-
zende Welle gelöst.

Tip 1
Bereiten Sie neben Ihrem Arbeitsplatz eine große Fläche
vor, auf der Sie alle Teile genau in der Reihenfolge auslegen, in der Sie sie herausgenommen haben, und möglichst
auch in derselben Position zueinander. So können Sie,
selbst wenn Sie überhaupt nicht mehr wissen, welches
Teil eigentlich welche Funktion hat, normalerweise alles
wieder an seinem Platz einsetzen. Passen Sie besonders
auf Unterlagsscheiben und andere scheinbar unwichtige
Kleinteile auf: Sie sorgen oft dafür, daß bewegliche Teile
richtig ineinandergreifen. Achten Sie beim Auseinandernehmen sehr sorgfältig darauf, ob ein bestimmtes Teil
Rillen, Schlitze oder besonders geformte Löcher oder
Zacken hat, und wie sie zusammenpassen.

Tip 2
Sie können auch jedes einzelne Teil markieren. Das ist besonders bei Getrieben und ähnlichem sehr wichtig, da
z. B. abgenutzte Zähne wieder genauso aufeinandertref-
fen müssen wie vorher. Anderenfalls besteht die Gefahr,
daß der Mechanismus blockiert. Markieren Sie gegen-
überliegende Zahnräder dort, wo sie sich treffen, mit einem bzw. zwei Kratzern oder mit farbigen Punkten. Für
Drähte oder Kabel können Sie farbiges Garn oder kleine
Klebebandstreifen nehmen. Auf Holz lassen sich anein-
anderstoßende Kanten auch einfach mit Nummern oder
Zahlen beschriften, so daß beispielsweise A zu A oder 1
zu 1 paßt.

Die meisten Mechanismen sind voll von altem, ver-
klebtem Öl und Staub, der mit Alkohol, Verdünnung
oder einem anderen Lösungsmittel abgewischt oder ab-

getupft werden muß. Gehen Sie beim Zusammenbauen sparsam mit Öl um. Und bei Gerätschaften mit besonders empfindlichen Kleinteilen (z. B. Uhren) müssen Sie spezielles Nähmaschinenöl in winzigen Mengen verwenden. Manchmal lassen sich solche Geräte auch ohne Aueinandernehmen reinigen. Pusten Sie sie mit einem Strohhalm kräftig durch und lassen Sie dann vom Ende eines Zahnstochers oder von einem Stück Schnur Lösungsmittel hineintropfen.

1. Spezialwerkzeuge mieten

In vielen Städten gibt es Werkzeugverleihe, die alles vom elektrischen Bohrer bis hin zu schwerer Ausrüstung vermieten. Suchen Sie sich die Nummern aus den Gelben Seiten heraus und machen Sie auf jeden Fall Preisvergleiche. Erkundigen Sie sich auch nach der Höhe der geforderten Kaution.

Oft liegt es nur am richtigen Werkzeug, ob man eine Arbeit selber tun kann oder dafür Handwerker engagieren muß. Das Abschleifen und Lackieren eines Holzbodens beispielsweise ist nur möglich, wenn Sie sich für einen Tag eine große Schleifmaschine mieten.

Generell ist es besser, nicht regelmäßig benötigte Werkzeuge zu mieten. Nicht einmal Bauunternehmungen besitzen alles selbst, sondern mieten sich gelegentlich etwas und brauchen sich so nicht um gestohlenes Gerät, Reparaturen, Instandhaltung oder Rentabilität zu kümmern. Je teurer das Werkzeug, desto eher lohnt sich das Mieten.

Wenn Sie etwas vom Verleiher mitnehmen, dann sollten Sie es auch bedienen können. Vergewissern Sie sich außerdem, ob das Gerät in Ordnung ist, sonst müssen Sie möglicherweise für die Reparatur aufkommen. Am besten bitten Sie den Verleiher, Ihnen zu zeigen, »wie es funktioniert«.

Die normale Leihdauer beträgt 24 Stunden. Manche Sachen sind aber auch für einen kürzeren Zeitraum und entsprechend billiger zu haben, und wochenweise Vermietung ist natürlich ebenfalls möglich.

2. Kleinere Reparaturen

In jedem Haushalt gibt es Sachen, die einen verrückt machen, weil sie nicht richtig funktionieren. Das bedeutet oft, sie so schnell wie möglich wegzuwerfen. Aber manchmal können oder wollen Sie das eben nicht.

Schlecht oder nicht schließende Schränke

Kratzen Sie die Farbklumpen ab, die sich an den Türkanten, an Angeln und Riegeln gesammelt haben. Schrauben Sie den Schließriegel ab und tauchen Sie ihn in Lackentferner, oder schaben Sie ihn zumindest ab und spritzen Sie ein bißchen Öl auf die beweglichen Teile. Oder noch besser: Werfen Sie ihn weg, und ersetzen Sie ihn durch einen billigen Magnetverschluß (eine der wenigen Erfindungen, die eine wirkliche Verbesserung im Haushalt bedeuten). Falls der Schrank sich jedoch verzogen hat, müssen Sie vielleicht die Angeln abschrauben und die Türen (oder die Türöffnungen) abhobeln.

Schlecht funktionierender Dosenöffner

Weichen Sie ihn in heißem Seifenwasser ein und putzen Sie die beweglichen Teile mit einer alten Zahnbürste, einem Zahnstocher o. ä. Wenn sich der Griff nur schwer drehen läßt, dann hilft ein Tropfen Öl auf die beweglichen Teile.

Loser Messergriff

Wenn die Klinge einfach in den Griff hineingesteckt wird, dann ziehen Sie sie heraus, füllen das Loch mit Epoxidkleber und drücken die Klinge kräftig wieder hinein. Lassen Sie den Klebstoff zwei Tage lang aushärten. Große Messer haben in der Regel genietete Griffe, die sich mit einem Hammer wieder festklopfen lassen.

Quietschendes Bett

Werfen Sie die Sprungfedern weg (ist sowieso gesünder). Legen Sie statt dessen eine Sperrholzplatte auf den Lattenrost. Falls der Bettrahmen quietscht, versuchen Sie, die losen Verbindungsstücke zusammenzukleben. Vielleicht ist aber auch jetzt der Zeitpunkt gekommen, das Bett einfach ganz abzuschaffen.

Der Ventilator bewegt sich nicht mehr
Reinigen Sie den Schwingmechanismus an der Rückseite
des Ventilators mit Alkohol, Verdünnung oder auch mit
Wasser, Seife und einem kleinen Tuch. Tropfen Sie ein
wenig Öl auf die beweglichen Teile. Ölen Sie auch den
Antriebsmotor, falls Sie eine dafür vorgesehene Öffnung
finden.

Klebriges Bügeleisen
Stärke, Seifenrückstände usw. hinterlassen oft häßliche
Spuren auf einem Bügeleisen. Normalerweise wird es
wieder sauber, wenn Sie es in kaltem Zustand mit Seife
und warmem Wasser abwaschen. Sie können auch ganz
feines Schmirgelpapier oder Stahlwolle verwenden.

*Sparflamme am Gasherd geht immer aus; Brenner sprin-
gen nicht an*
Wahrscheinlich ist eine schmierige Fettschicht die Ursache. Reinigen Sie daher zuerst einmal den ganzen Herd
gründlich mit warmem Wasser und Ammoniak. Durchstechen Sie alle Gaslöcher mit einer Nadel. Stellen Sie mit
der kleinen Schraube, die an der Leitung sitzt, die Sparflamme ein. Entfernen und reinigen Sie gegebenenfalls die
zu den Brennern führenden Leitungen, die außerdem
ganz waagerecht installiert sein müssen. Eine elektrische
Zündung oder ein Laborfeuerzeug, mit dem Sie sich die
Sparflamme sparen können, verbraucht weniger Geld
und Energie.

Rollo bleibt nicht unten oder geht nicht mehr hoch
Alles in allem sind Rollos keine Zierde. Um aber einen
Raum bei Tag abzudunkeln, sind sie immer noch das beste Mittel. Wenn Sie ein Rollo besitzen, dann sollten Sie
wissen, wie der ausgeklügelte kleine Ratschenmechanis-
mus im Inneren der Rolle funktioniert. Ein Rollo, das
nicht unten bleiben will, läßt sich in der Regel durch Ölen
dieses Mechanismus in Ordnung bringen. Im Inneren
sitzt eine Feder, die dafür sorgt, daß die Rolle sich genau
so weit wieder aufrollt, wie sie ausgezogen wurde. Wenn
das Rollo also spannungslos herumbaumelt, spannen Sie
die Feder, indem Sie es ganz herausziehen, es dann aus der

Halterung nehmen und von Hand wieder aufrollen. Wenn es zu schnell nach oben schnappt, nehmen Sie es aufgerollt aus der Halterung und entrollen es von Hand. Ein Rollo, das die ganze Zeit an der Aufhängung scheuert, ist vielleicht nicht waagerecht aufgehängt. Vielleicht ziehen Sie beim Ausziehen aber auch zu stark seitwärts. Wenn die Ränder ausfransen, können Sie sie mit einer Schere wieder zurechtschneiden.

Stecker hat keinen Halt in der Steckdose

Manchmal muß man nur die Steckerspitzen leicht nach außen oder die Schutzkontakte in der Steckdose nach innen biegen. Bei sehr alten Dosen ist es jedoch wahrscheinlich sinnvoll, die Sicherung abzuschalten und eine neue Dose einzusetzen.

Stromprobleme

Wenn Sie in eine neue Wohnung einziehen, stellen Sie fest, wo der Sicherungskasten ist. Probleme mit der Stromversorgung werden meist von einer durchgebrannten Sicherung verursacht. Das heißt, daß Sie zu viele Elektrogeräte gleichzeitig in Betrieb haben. Wenn das passiert, schalten Sie die Schalter der meisten Lampen und aller Geräte ab, gehen Sie mit einer Taschenlampe oder Kerze zum Sicherungskasten und wechseln Sie die Sicherung aus. Achten Sie dabei darauf, daß die neue dieselbe Amperezahl hat wie die alte. (Viele neuere Wohnungen haben keine Schraubsicherungen mehr, sondern Schutzschalter, die Sie einfach wieder einschalten.) Legen Sie sich einen Vorrat von Sicherungen an, da sie fast immer nachts durchbrennen, wenn alle Läden geschlossen haben. Eine durchgebrannte Sicherung erkennt man daran, daß das kleine Sichtfenster vom geschmolzenen Metall geschwärzt ist. Falls die Ersatzsicherung auch gleich wieder durchbrennt, dann verständigen Sie einen Elektriker.

Sicherungen sollen Sie und Ihr Haus vor größeren Schäden bewahren. Überbrücken Sie also niemals eine Sicherung mit einem Stück Draht oder einem Geldstück. Falls sich irgendwo ein Kurzschluß befindet, ist die Gefahr groß, daß das ganze Haus abbrennt. Dasselbe gilt, wenn Sie eine Sicherung mit wenig Ampère durch eine für eine höhere Stromstärke ausgelegte ersetzen.

Installieren Sie keine Elektrokabel und Elektrogeräte in der Nähe von Waschbecken, Spülen und Wasserleitungen. Wasser ist ein sehr guter Stromleiter, und es besteht die Gefahr eines schweren oder sogar tödlichen Schlages.

Falls Sie sehr viel mehr Steckdosen gebrauchen könnten oder Ihnen ständig eine Sicherung durchgeht, dann haben Sie vielleicht einfach zu viele Elektrogeräte.

3. Kleine Elektrogeräte selbst reparieren

Viele Elektrogeräte, wie z. B. Kochplatten, Waffeleisen, Toaster, Bügeleisen oder Föne, bestehen im Grunde aus Heizdrähten und einem Gehäuse. Ein Thermostat verhindert das Überhitzen. Föne und Heizöfen haben zusätzlich noch einen Ventilator, der die erwärmte Luft wegbläst. Neben dem Kabel ist bei diesen Geräten meist das Heizelement die Hauptstörquelle. Die Heizdrähte verdunsten buchstäblich im Lauf der Jahre, werden spröde und schließlich reicht ein kleiner Stoß aus, um sie reißen zu lassen und so den Stromkreislauf zu unterbrechen.

Untersuchen Sie also als erstes den Stecker und das Kabel. Testen Sie auch, ob auf der Steckdose überhaupt Strom ist, indem Sie ein anderes Gerät dort einstecken.

Ziehen Sie auf jeden Fall den Stecker, bevor Sie ein Gerät öffnen. Manchmal sind die Schrauben unter einem Griff oder einem abnehmbaren Schild versteckt. Nach dem Öffnen schütteln Sie es und achten auf lose Heizdrähte oder Befestigungen. Gebrochene Drähte reparieren Sie, indem Sie die Enden umeinanderschlingen und dann mit einer Zange fest zusammendrücken. Achten Sie darauf, daß keine Stelle des Drahtes mit dem Metallgehäuse in Kontakt kommt. Die Folge wären ein Kurzschluß und ein heftiger Stromschlag. Eine solche Reparatur hält natürlich nicht so lange wie ein komplettes neues Heizelement, kostet aber keinen Pfennig.

Bei Lampen oder anderen Geräten, die nicht dem Erhitzen dienen, kann eine ganze Menge kaputtgehen. In der Reihenfolge der Wahrscheinlichkeit: Stecker bekommt keinen Kontakt in der Steckdose (Steckerspitzen leicht nach außen oder Schutzkontakte in der Steckdose nach innen biegen); Kabel gebrochen (ersetzen); Glühbirne berührt nicht den Sockelboden (Birne herausschrauben, Lampe aus der Steckdose ziehen und Metallstreifen am Sockelboden nach oben biegen); Schalter kaputt (neuen einbauen).

4. Improvisieren statt kaufen
Natürlich macht es Spaß, Sachen im Stil eines Profis zu bauen und zu reparieren, die richtigen Ersatzteile zu kaufen, sie fachmännisch einzupassen und mit den besten Schrauben, Klemmen und Halterungen zu befestigen. Das kann aber auch sehr teuer werden. Daher sollte man als Heimwerker immer zu Improvisationen bereit sein.

Kühnheit ist der Schlüssel zum Erfolg. Wer nichts wagt und sich immer an die bekannten Lösungen hält, kommt wahrscheinlich nur zu kläglichen Ergebnissen. Denken Sie also in größeren Kategorien; möglicherweise können Sie so Ihr Problem auf eine wunderschöne und gleichzeitig elegante Weise lösen. Es gibt immer mehr als eine Möglichkeit, und vielleicht sind die ausgetretenen Pfade gar nicht die schönsten oder originellsten. Mit einem Gespür für ungewöhnliche Gestaltungsmöglichkeiten kann man viele Dinge bauen und reparieren, ohne dafür viel Geld ausgeben zu müssen.

Hier einige Beispiele für Alternativen zu den gebräuchlichsten Haushalts- und Eisenwaren:
Tür- und Fensterangeln
Als Alternative zu herkömmlichen Türen und Fenstern können Sie eine Schwingtür installieren, indem Sie von oben und unten vom Rahmen aus einen Nagel oder Holzdübel in Türe oder Fenster treiben. Eine vergleichbare Lösung ist mit großen Klammern und Nägeln denkbar. Teile eines Reifenschlauches, Lederstücke oder andere bewegliche und reißfeste Materialien lassen sich

ganz einfach wie Türangeln befestigen. Noch besser sind Schiebetüren – ein Stück Sperrholz, das zwischen zwei Holzschienen läuft –, die ganz ohne Angeln auskommen.

Riegel

Türriegel müssen nicht aus Metall sein. Holzbolzen in hölzernen Führungen sind genauso wirkungsvoll.

Kleiderhaken

Bohren Sie Löcher in eine Holzwand und befestigen Sie Holzdübel darin.

Toilettenpapierhalter

Suchen Sie sich einen Zweig in Form eines Y, schnitzen Sie ihn zurecht und schrauben Sie ihn an die Wand. Für Papierhandtücher gilt dasselbe, nur mit einem größeren Zweig.

Türknäufe an Schränken und anderswo

Verwenden Sie dazu ungewöhnlich geformte Stücke aus Treibholz oder verwittertem Holz.

Zersprungene Fenster

Dort, wo die Gefahr eines Einbruchs besteht, sollten Sie zersprungene oder zerbrochene Fenster sofort ersetzen. An anderen Stellen können Sie das alte Glas aber erhalten, indem Sie den Sprung von innen und außen mit glasfaserverstärktem Klebeband kleben. Eine ganze Rolle dieses Bandes ist allerdings ziemlich teuer. Versuchen Sie also, ein bißchen davon zu schnorren, zu leihen oder zu klauen – sie finden es in den Versandstellen von Geschäften, Warenhäusern und Ämtern. Reinigen Sie das Fenster gründlich, bevor Sie es bekleben, und sorgen Sie dafür, daß es trocken ist.

Wenn Sie ein neues Fenster einsetzen, lassen Sie am besten den Hausbesitzer Glas und Kitt bezahlen. Man braucht nur wenige Minuten, um zu lernen, wie es geht. Das wichtigste ist, den Rahmen sorgfältig zu reinigen und genau auszumessen, damit die Glaserei die Scheibe genau passend zurechtschneidet.

Vorhangringe

Mit einer Kombizange können Sie aus Metallkleiderbügeln Vorhangringe machen, sogar so, daß sich das Tuch damit festklemmen läßt und Sie nicht einmal nähen müssen. Ringe sind besser, als die Vorhangstange durch einen Saum zu ziehen, denn auch wenn der Saum relativ groß ist, bleibt der Vorhang immer wieder hängen. Ringe lassen sich dagegen wesentlich leichter hin- und herschieben.

Aufhänger aller Art

In Eisenwarengeschäften finden Sie jede Menge Haken, Drähte, Stangen, Spangen und Stäbe, aber normalerweise brauchen Sie, um etwas aufzuhängen, nichts weiter als ein paar Nägel – und sogar die können Sie oft durch ein einfaches Loch ersetzen. Wenn Sie beispielsweise etwas in Ihren Holzschrank hängen wollen, dann bohren Sie einfach ein paar kleine Löcher, führen Schnüre oder Drähte hindurch und knoten sie zusammen. Damit erreichen Sie dreierlei: Sie konstruieren etwas Ungewöhnliches, Sie schleppen keine häßlichen Chrom- oder Plastikhaken ins Haus, und Sie sparen Geld. Und mit einer solcherart befreiten Phantasie können Sie noch ganz andere Dinge machen: farbige Bänder flechten, um daran Toilettenpapier oder Haushaltstücher aufzuhängen; Baumzweige als Kleiderhaken verwenden; kleine Regale aus Treib- oder Abfallholz basteln; in den Höhlungen von Steinen oder Treibholz kleine Pflanzen züchten; verbogene und rostige Metallstücke als Aufhänger für Töpfe und Pfannen verwenden usw.

Vorhangstangen und Handtuchhalter

Halterungen für die Stangen bekommen Sie, indem Sie zwei kleine Holzstücke in V-Form an die Wand nageln.

5. Probleme mit der Heizung

Rein rechtlich ist der Vermieter verpflichtet, vernünftige Heizungen in der Wohnung oder dem Haus zu installieren. Sollte das nicht der Fall sein, dann können Sie die Behörden einschalten oder aber eine Mietminderung vornehmen und alle Ihre Heizungskosten abziehen. Wenn Sie jedoch lieber einen anderen Weg einschlagen wollen, hier einige Tips, wie Sie Ihre Heizungssituation selbst ein wenig verbessern können.

Risse und Spalten an den Fensterrahmen
Dichten Sie Risse und Spalten schon vor dem ersten Kälteeinbruch ab. An den Außenwänden verwenden Sie am besten Kitt oder »Moltofill außen«. (In kälteren Klimazonen überziehen viele Leute die gesamte Fensteröffnung mit einer Plastikfolie.) Für die Innenwände können Sie fast alles benutzen. Zeitungsschnipsel beispielsweise, die in einem Gemisch aus Wasser und Mehl eingeweicht, dann in die Ritzen gepreßt und nach dem Trocknen mit Wandfarbe gestrichen werden. Oder Teppichreste, die Sie in alte Farbe tauchen und in die Spalten stecken. Die Türen dichten Sie am besten mit Isolationsband ab.

Heizkörper erwärmen sich schlecht
Manchmal gerät Luft in einen Heizkörper und behindert den Wasserdurchfluß. Besorgen Sie sich im Eisenwarengeschäft (oder beim Vermieter) einen Ventilschlüssel und öffnen Sie das Ventil, das sich meist an einer der oberen Ecken des Heizkörpers befindet. Die Luft entweicht dann mit einem pfeifenden Geräusch. Schließen Sie das Ventil, wenn fast nur noch Wasser herauskommt. Es kann sein, daß Sie diesen Vorgang öfter wiederholen müssen. In diesem Fall läßt sich das Problem nur mit einem automatischen Ventil dauerhaft lösen.

Elektroöfen
Wärme, die mit Hilfe von elektrischem Strom erzeugt wird, ist wesentlich teurer als mit Gas erzeugte. Ein elektrischer Heizofen lohnt sich jedoch dann, wenn Sie nur einen kleinen Raum beheizen wollen und die übrige Wohnung kalt bleiben soll. Schauen Sie sich auf dem Gebrauchtwarenmarkt nach einem Gerät in gutem Zustand um. Leichte Defekte, wie beispielsweise ein verstaubter Thermostat, sind leicht selbst zu beheben und daher kein Hindernis.

Heizen mit dem Herd
Im Notfall können Sie mit einem normalen Herd zumindest Ihre Küche heizen. Schalten Sie den Backofen an und lassen Sie die Tür offen. Eine gute Wirkung erzielen Sie auch, wenn Sie auf mehreren Platten große Wassertöpfe

erhitzen. So werden die Topfwände zu »Heizkörpern«, und der Wasserdampf erhöht die Luftfeuchtigkeit im Zimmer. Dadurch fühlt sich die Luft wärmer an, ähnlich wie in einem Dampfbad. In einem dicht abgeschlossenen Raum sollten Sie das allerdings nicht zu häufig machen, da sich unter Dampfeinfluß die Tapete von den Wänden lösen könnte.

Die für Menschen gesündeste Temperatur liegt bei etwa 18 Grad Celsius. Doch das finden viele zu kalt und heizen ihre Wohnungen auf 23 Grad oder noch höher, so daß die Nasenschleimhäute austrocknen. Merkwürdigerweise besteht die Tendenz zum Überheizen vor allem in kühleren Gegenden.

Ziehen Sie lieber einen zusätzlichen Pullover, ein zweites Hemd oder auch lange Unterwäsche an, anstatt Ihre Wohnung so stark zu überheizen. So macht es Ihnen auch weniger aus, nach draußen in die Kälte zu gehen. Sie bewahren sich selbst dadurch enorm viel Energie, und wenn Sie für die Heizung selbst bezahlen müssen, sparen Sie eine Menge Geld. Jedes zusätzliche Wärmegrad ist ausgesprochen kostspielig.

Ein Thermostat hält nicht nur die Temperatur konstant, sondern spart auch Brennstoff. Versuchen Sie, auch wenn Sie mit Gas oder Kerosin heizen, einen Thermostat zu installieren, und stellen Sie ihn tagsüber auf 18 bis 21 Grad und bei Nacht noch niedriger ein.

6. Die Grenzen des Materials

Ein kluger Handwerker kennt und respektiert die Stärken und Schwächen der Materialien, die er verwendet. Stein und Beton halten großem Druck stand; Holz hat eine große Zug- und Biegefestigkeit; Stahl und andere Metalle sind, wie auch Fiberglas, ebenfalls sehr zugfest, lassen sich jedoch nur schlecht biegen.

Auch beim Zusammenfügen verschiedener Materialien sind bestimmte Grenzen zu beachten. Treiben Sie keine Schrauben oder Nägel in ein Aststück, da es sich leicht herauslösen kann. (Falls sich das betreffende Teil nicht festbinden läßt, versuchen Sie es mit Dübeln.) Dünne Holzbretter, besonders, wenn sie schmal sind, splittern leicht, wenn ein Nagel hineingeschlagen wird. Leim hält nur dann zuverlässig, wenn die Klebefläche groß genug ist. Wenn der angeklebte Gegenstand zu schwer ist, kann es passieren, daß der Klebstoff zwar hält, die oberste Holzschicht durch die Masse aber einfach abgerissen wird. Undurchlässiges Material wie z. B. Glas ist selbst mit Epoxid- oder Silikonleim sehr schwer zu kleben. Schwierigkeiten gibt es auch immer dann, wenn die Klebestellen nicht wirklich plan aufeinanderpassen, da selbst kleinere Unebenheiten eine stabile Verbindung verhindern. (Zum Festleimen einer losen Stuhlsprosse tauchen Sie ein kleines Stück Stoff in Leim und wickeln es um das Stück der Sprosse, das in das Loch gesteckt wird. So verhindern Sie weiteres Wackeln).

Um geklebte Teile aufeinanderzupressen, verwenden Sie am besten Schraubzwingen. Sollte das nicht möglich sein, kann man die Teile auch mit einem kleinen Nagel aneinander befestigen, den Sie wieder herausziehen, wenn der Leim getrocknet ist. Klebstoff oder Leim sind billiger als Bolzen oder Schrauben, und man erzielt damit auch optisch ansprechendere Ergebnisse.

Um zwei Bretter zusammenzuhalten, die einer Drehbeanspruchung standhalten müssen, sind Nägel am besten geeignet. Ein schräg eingeschlagener Nagel kann auch einen gewissen Zug aufnehmen. Wenn Sie aber stärkeren Zugkräften begegnen wollen, sollten Sie Schrauben oder, noch besser, Schraubbolzen verwenden. In weichem Holz oder aber bei sehr großen Kräften sorgen breite Unterlagsscheiben für eine bessere Verteilung der Belastung.

Beim Zusammenfügen verschiedener Teile ist das Dreiecksprinzip entscheidend: Drei feste Punkte schaffen eine starre Form. Daher haben Häuser und andere Großbauwerke normalerweise diagonale Rahmenelemente – anderenfalls würde man sehr schwere Verbindungsstücke benötigen, um Schwankungen zu verhindern. Auch eine flache Membran (z. B. ein Stück

Sperrholz), die an verschiedenen Punkten befestigt wird, ist geeignet, eine Konstruktion zu stabilisieren.

7. Installationsarbeiten

Wer einen Klempner braucht, muß auf jeden Fall eine Menge Geld ausgeben. Doch die meisten Probleme mit Rohren und anderen Installationen lassen sich recht einfach und mit sehr geringen Kosten selbst beheben.

Das Waschbecken ist verstopft

Unter jedem Waschbecken und jeder Spüle befindet sich ein Siphon in S- oder P-Form. Darin bleibt immer ein kleiner Wasserrest zurück, der verhindert, daß Faulschlammgase aus der Kanalisation in die Wohnung dringen. Allerdings sammelt sich im Siphon auch Fett aus dem Spülwasser oder heißes Öl, das in die Spüle gekippt wurde. Wenn das Fett die kalten Leitungen berührt, gerinnt es zu einem kleinen Klumpen, an dem sich Essensreste usw. sammeln.

Wenn die Leitung dann verstopft ist – was früher oder später auf jeden Fall passiert –, sollten Sie sich einen Saugstab leihen oder kaufen. Dieses einfache Werkzeug gleicht einer auf einen Holzstiel gesetzten Gummiglocke. Setzen Sie sie am Abfluß an, achten Sie darauf, daß die Ränder dicht sind und pumpen Sie mit kräftigen Stößen. Wenn es im Abfluß gurgelt, ist das ein Zeichen, daß es funktioniert. Sehen Sie nach, ob das Wasser abläuft. Wenn nicht oder nur sehr langsam, dann machen Sie noch ein bißchen weiter. Wenn es dann besser abläuft, drehen Sie das Wasser so heiß wie möglich auf und lassen Sie es eine Zeitlang laufen.

In den meisten Fällen läßt sich die Verstopfung auf diese Weise beheben. Wenn nicht, gibt es zwei Möglichkeiten. Entweder, der Abfluß steckt so voller alter Rückstände, daß der Saugstab allein den Klumpen nicht lösen kann (das dürfte der Fall sein, wenn das Wasser schon längere Zeit nur langsam abgeflossen ist), oder aber das Hindernis liegt irgendwo unterhalb des Siphons. Manche Siphons haben eine Reinigungsöffnung mit Schraubdeckel, aber wahrscheinlich müssen Sie ihn doch ganz abmontieren. In moderneren Küchen und Badezimmern ist das kein Problem, da die Rohrverbindungen alle von Hand zu öffnen sind. Schwieriger wird es bei einem alten, schweren Metallsiphon, der nur mit einem großen Rohrschlüssel aufgeschraubt werden kann. Besorgen Sie sich schon vorher im Eisenwarenladen oder im Baumarkt zwei neue Gummidichtungen, da die alten oft nicht mehr verwendet werden können. Messen Sie dazu den Durchmesser der Rohre. Halten Sie außerdem etwas Abdichtmasse bereit, da die neuen Dichtungen in verbogenen oder zerkratzten Siphons möglicherweise nicht hundertprozentig dicht halten. Oft finden Sie in einem abmontierten Siphon auch Ringe oder Besteckteile wieder, die in das Waschbecken gefallen waren.

Die Toilette ist verstopft

Nur wenige Dinge sind so niederschmetternd wie ein Badezimmer, das von Toilettenabwässern überflutet ist. Leider verstopfen Toiletten sehr leicht, etwa durch Tampons, Binden, Kugelschreiber, Wegwerfwindeln, Papp- oder Plastikstücke und andere Dinge, die kleine Kinder gerne hinunterspülen. Auf einem Schiff habe ich einmal folgendes Schild gesehen: »Spülen Sie nichts diese Toilette hinunter, was Sie nicht zuerst geschluckt haben.« Auch wenn dieser Hinweis vor allem zeigt, welcher Disziplin es bedarf, um eine Schiffstoilette funktionsfähig zu halten, so erinnert er doch auch daran, daß das Abflußrohr einer Toilette nur etwa acht Zentimeter Durchmesser hat. Außerdem ist es aus verschiedenen Verbindungsstücken zusammengesetzt und daher innen nicht vollkommen glatt. Eine Toilette eignet sich also nur zur Beseitigung von wasserlöslichen Dingen.

Wenn Ihre Toilette verstopft ist, versuchen Sie es zuerst mit dem Saugstab. Setzen Sie ihn gut am Abfluß an, bevor Sie damit auf und ab pumpen. In der Regel befindet sich das Hindernis in der Toilette selbst und nicht in den Abflußrohren, so daß Sie es wahrscheinlich auf diese Weise aus dem Weg räumen können.

Hartnäckigere Blockaden werden mit einer »Schlange« beseitigt, einem langen, dünnen, beweglichen Drahtseil, das Sie durch Drehen und Biegen vorsichtig die Toilette hinunterschieben. Das Drahtseil sollte möglichst leicht sein, da sonst die Gefahr besteht, daß Sie die Toilette beschädigen. Sie ist ja aus Porzellan und kann brechen oder zerkratzen.

Die Toilettenspülung läuft

Zum Wasserbehälter einer Toilette gehört ein Ventil, das mit Hilfe eines Schwimmers bedient wird. Theoretisch soll das Ventil den Wasserzufluß abstellen, sobald sich der Behälter gefüllt hat. Tut es das nicht, schauen Sie in den Tank. Wahrscheinlich hält der Gummistöpsel am Wasserauslaß zur Toilettenschüssel hin nicht mehr ganz dicht. So läuft ständig ein wenig Wasser aus, und die Flüssigkeit im Behälter steigt nie hoch genug an, um das Ventil vollständig zu schließen. Diese runden Stöpsel ermüden mit der Zeit, werden schlaff und passen dann nicht mehr genau in die vorgesehene Öffnung. Ein neues Teil ist billig und läßt sich einfach auf den dafür vorgesehenen Draht schrauben. Danach sollte die Spülung einwandfrei funktionieren. Wenn nicht, ist möglicherweise der Draht verbogen.

Eine weitere Störungsquelle könnte darin liegen, daß sich der Schwimmer mit Wasser vollgesogen hat (Ersatzteile sind leicht zu bekommen), oder daß seine Träger verbogen sind. Ein wenig Öl auf die beweglichen Teile kann auch nicht schaden. Das Ventil selbst ist nur selten kaputt.

Der Duschkopf ist verstopft

Wasser enthält immer Spuren von Mineralien und anderen Substanzen, die sich an den Rändern der kleinen Löcher im Duschkopf absetzen. Schrauben Sie ihn ab und durchstechen Sie die Löcher mit einer Nadel.

Der Wasserhahn leckt

Im Inneren eines Wasserhahns reguliert ein kleiner Gummiring den Wasserdurchfluß. Dieser Dichtungsring ermüdet mit der Zeit und muß dann ausgetauscht werden. Drehen Sie auf jeden Fall das Wasser ab, bevor Sie den

Wasserhahn aufschrauben – entweder am Hahn unterhalb des Waschbeckens oder aber am Haupthahn. Wahrscheinlich können Sie erst nach dem Auseinandernehmen des Wasserhahns sagen, wie der benötigte Dichtungsring genau auszusehen hat. In Eisenwarengeschäften und Baumärkten erhalten Sie Tüten mit einem ganzen Sortiment verschiedenster Ringe. Setzen Sie den Hahn auf jeden Fall sehr sorgfältig wieder zusammen und ziehen Sie die Dichtungsschraube nicht zu stark an. Es genügt, wenn sich an der Basis des Hahns kein Wasser mehr sammelt.

Wenn ein Hahn zu tropfen beginnt, dann drehen Sie ihn nicht mit Gewalt immer weiter zu. So ruinieren Sie lediglich die Dichtung und womöglich noch das Dichtungslager, was dann zu wesentlich größeren Problemen führt. Tauschen Sie statt dessen die Dichtung aus, denn auch wenige Tropfen addieren sich schnell zu einer enormen Menge verschwendeten Wassers.

Die Leitungsrohre geben hämmernde Geräusche von sich
Hämmernde Leitungsrohre signalisieren einen wirklich ernsthaften Schaden, der mit der Zeit die Installationen zerstört. Benachrichtigen Sie den Hauswirt und machen Sie deutlich, daß eine Reparatur dringend notwendig ist, um größeren Schaden zu vermeiden. Ein Klappern in den Rohren kann auch von ermüdeten oder losen Dichtungen herrühren.

KAPITEL 9
WIE MAN AN INFORMATIONEN KOMMT

Genausowenig, wie Sie sich von anderen abhängig machen müssen, um Ihre Wohnung einzurichten oder zu renovieren, ist dies erforderlich, um an Informationen zu gelangen. Im Gegenteil: Sie sind wesentlich besser bedient, wenn Sie das, was Sie wissen wollen, selbst herausfinden. Wenn Sie sich auf die Auskünfte anderer verlassen, bekommen Sie lediglich Antworten auf deren Fragen, nicht auf Ihre eigenen.

Vor allem zwei Dinge sprechen dafür, möglichst vieles selbst zu ergründen: Es ist unterhaltsam und es bildet. Und je mehr Spaß Sie am Lernen haben, desto mehr vermischen sich diese beiden Aspekte.

Niemand kann alles das im Kopf haben, was man braucht, um den vielen kleinen Alltagsproblemen zu begegnen. Tatsächlich ist es die Hauptaufgabe einer guten Bildung, uns mit Hilfsmitteln auszustatten, mit denen wir uns im Bedarfsfall die benötigten Informationen besorgen können. (Das meiste, was wir in der Schule lernen, ist hoffnungslos veraltet.) Eine der wichtigsten Informationsquellen ist eine öffentliche Bibliothek. Ihr Nachteil besteht jedoch darin, daß man sie selbst aufsuchen muß, wenn man sie nutzen will.

A. Richtig telefonieren

Mit Ausdauer und ein wenig Phantasie läßt sich vieles am Telefon klären. So ersparen Sie sich viel Rennerei, Busfahrkarten und Autofahrten. Zögern Sie nicht, einen Laden anzurufen und zu fragen, ob man dort einen Artikel führt, den Sie suchen. Falls Sie sich an eine Behörde wenden müssen, schauen Sie im Telefonbuch unter »Behörden« oder »Stadtverwaltung« nach. Wahrscheinlich müssen Sie trotzdem erst die Zentrale anrufen und sich von dort an die zuständige Stelle weiterverbinden lassen, da die Dienststellen oft nach einem undurchschaubaren System angeordnet sind, gerade die Bezeichnung gewechselt haben oder gar nicht erst einzeln aufgeführt werden.

Sollten Sie damit keinen Erfolg haben, rufen Sie das Büro Ihres Stadt- oder Gemeinderatsabgeordneten an und erkundigen Sie sich dort nach den zuständigen Ansprechpartnern. Ihre Repräsentanten brauchen bei der Wahl Ihre Stimme – lassen Sie sie dafür arbeiten!

B. Informelle Kanäle

Wenn Sie sich für ein ganz spezielles Gebiet interessieren, dann werden Sie schnell merken, daß zwei verschiedene Informationssysteme existieren. Da gibt es zum einen die offiziellen Publikationen, Broschüren, Vorträge, Bücher etc., die sich gut zur breiten Streuung von Informationen eignen, aber relativ langsam arbeiten. Deshalb hat sich ein anderer, inoffizieller Kanal entwickelt. Unter Wissenschaftlern beispielsweise sorgen der persönliche Austausch von Papieren sowie Telefonate, Briefe oder Telefaxe dafür, daß jeder einzelne genau weiß, woran der andere gerade arbeitet. Wenn ein Bericht dann die Öffentlichkeit erreicht, ist er für Insider schon veraltet. Solche auf informellen Hilfsmitteln basierenden Netzwerke gibt es in jedem Bereich. Um immer auf der Höhe der Zeit zu sein, sollten Sie also versuchen, zu den Kreisen Ihres Interesses Zugang zu finden. Das ist nicht leicht, es sei denn, Sie können Ihrerseits etwas beitragen, das andere, die dem Netzwerk angeschlossen sind, interessant finden. Mittlerweile können Sie sich auch per Computer oder E-Mail mit verwandten Seelen austauschen.

C. Zeitschriften und Zeitungen

Wer Spaß am Lesen von Zeitschriften hat, muß dafür tief in die Tasche greifen. Natürlich können Sie auch stundenlang an Zeitungsständen stehen und so lange blättern, bis Sie vertrieben werden – das macht mitunter Spaß und ist billig. Eine andere Möglichkeit bietet der Zeitschriftenleseraum Ihrer Bibliothek, wo die Ausgaben vieler bekannter und weniger bekannter Zeitschriften erhältlich sind – oft zusammen mit einem bequemen Lesestuhl, da man zumindest die neuesten Hefte meist nicht mit nach Hause nehmen kann. Wahrscheinlich finden Sie für jedes auch nur denkbare Gebiet, von Filmen bis hin zur Wahrsagerei, mindestens eine Fachzeitschrift.

Manche sind sehr weit verbreitet und enthalten neben außerordentlich hilfreichen Informationen auch sehr viele kommerzielle Beiträge – trauen Sie keiner Zeitschrift, die mit großen Anzeigen vieler verschiedener Hersteller überladen ist. Eine wirklich aufregende Erfahrung ist ein Besuch im Zeitschriftensaal einer Universitätsbibliothek: Regal drängt sich an Regal, dichtgefüllt mit Zeitschriften, Rundschreiben und Aufsatzsammlungen in vielen verschiedenen Sprachen.

Da die Produktion eines Buches relativ lange dauert, erscheinen neue Informationen, besonders auf technischem oder politischem Gebiet, gewöhnlich zuerst in Zeitschriften. In jeder größeren Bibliothek finden Sie ein Verzeichnis der Neuerscheinungen, oft auch gegliedert nach einzelnen Sachgebieten. Dort hilft man Ihnen auch gerne weiter, wenn Sie etwas nicht finden.

Manche Menschen lieben ihre Tageszeitung und würden ohne sie gar nicht erst aufstehen; andere finden Zeitungen unerträglich deprimierend und lesen sie, wenn überhaupt, nur einmal im Monat. Angesichts der Konzentrationsprozesse auf dem Zeitungsmarkt wird es auch immer schwieriger, eine Zeitung mit wirklich eigenem Charakter zu finden. Außerdem ist eine überregionale Tageszeitung zwar für Informationen aus Wirtschaft und

Politik geeignet, doch sind die ebenfalls darin enthaltenen, oft recht ausführlichen Lokal- und Regionalteile für viele Käufer völlig uninteressant. Diesem Problem begegnen manche Zeitungen mit einem überregionalen Mantelteil, der dann von verschiedenen Redaktionen mit einem für die jeweilige Region interessanten Lokalteil versehen wird.

Zeitungsberichte enthalten immer auch Vorurteile und vorgefertigte Meinungen, sind auch nicht unbedingt verläßlich oder vollständig, bieten aber immer noch wesentlich mehr als Fernsehnachrichten. Das Material einer Fernsehnachrichtensendung würde bequem in einige wenige Zeitungsspalten passen. Andererseits sendet das Fernsehen gelegentlich Magazine und Berichte, die weitaus informativer und kritischer sind als alles, was man bisher in der Zeitung zu diesem Thema gelesen hat.

D. Bücher

Mit dem Einzug des Fernsehens in unsere Häuser verbrachten immer mehr Menschen immer mehr Zeit damit, auf die Mattscheibe zu starren. Von Technikexperten war zu hören, das Buch werde bald aussterben, oder es werde zumindest noch weniger gelesen als bisher. Das ist, obwohl niemand sagen kann, warum, nicht eingetreten. Natürlich lesen immer noch viele Menschen nichts als Zeitungen und Zeitschriften, aber statistisch gesehen lesen wir (sowohl in absoluten Zahlen als auch pro Kopf gerechnet) heute mehr Bücher als jemals zuvor.

Ein Grund dafür mag in einer insgesamt besseren Schulbildung liegen, ein anderer in der betäubenden Langeweile der meisten Fernsehsendungen. Auf jeden Fall haben viele Menschen gemerkt, daß nichts so unterhaltsam, geistig anregend, streßlos und preiswert ist wie das Lesen.

Da unsere Massenmedienkultur (einschließlich der in Massen produzierten Taschenbücher) mehr und mehr von multinationalen Medienkonzernen kontrolliert wird, wird sie wohl auch immer stumpfsinniger werden – was aber andererseits diejenigen, die immer noch persönliche, leidenschaftliche Bücher schreiben – die Verrückten und Genies –, nur noch faszinierender werden läßt. Ein echter Schriftsteller ist kein Angestellter irgendeiner Fernsehanstalt, sondern ein Individuum; wahrscheinlich sogar ein ziemlich aufmüpfiges Individuum, das etwas zu sagen hat und nicht einfach die Zeit bis zur nächsten Werbeunterbrechung ausfüllen will. Ein Schriftsteller läßt sich nicht den Ton abstellen. Beim Lesen beschäftigen Sie sich ganz direkt und ungezwungen mit der Wahrheit eines bestimmten Autors – besonders, wenn Sie die Bücher kleiner Verlage lesen, die oft noch von Menschen gemacht werden, die nicht nur auf den Umsatz starren.

Wenn Sie also in eine Bücherei oder Buchhandlung gehen können, dann haben Sie, ganz gleich, in welchem Erdteil Sie leben, Zugang zu den hervorragendsten Geistern der Menschheit – und die sind nur selten auf der Mattscheibe zu sehen. Sie können sich im Geiste mit wirklichen Personen messen, deren Gedanken die »Informationen« zurechtrücken, mit denen wir uns blockieren. Und Sie entfliehen so den sogenannten »Kontroversen« der Rundfunk- und Fernsehanstalten, denn wirklich abweichende und kritische Stimmen werden häufig nicht gesendet, die finden Sie nur in gedruckter Form vor. Wir lesen, um zu überleben; wir lesen, um zu erkennen, was wirklich passiert; wir lesen aus reinem Vergnügen. Mit den Millionen von Menschen, die mittlerweile alphabetisiert wurden, erlebt die Welt eine wahre Leseexplosion.

1. Lehrbücher meiden

Nichts nimmt einem Thema so vollständig jede Lebendigkeit wie ein Lehrbuch. Die völlige Abschaffung von vorgegebenen Texten wäre eine der besten und einfachsten Reformen an unseren Schulen und Universitäten. So wären die Lehrer und Dozenten zur Organisation und Präsentation des Lernstoffes auf ihren eigenen Einfallsreichtum und ihre Intelligenz angewiesen, und viele würden sich neue Herangehensweisen überlegen.

Wenn Ihr Kind Schwierigkeiten in der Schule hat, schauen Sie sich einmal das Lehrbuch an. Streichen Sie alle die Stellen an, die langweilig, unklar, ungenau, einseitig, voreingenommen, sexistisch oder einfach für einen Durchschnittsleser völlig unverständlich sind. Zeigen Sie sie dem Lehrer und reden Sie mit ihm darüber oder schreiben Sie an die zuständige Schulbehörde. Und falls Ihr Kind ab und zu auch einen guten Text in die Hände bekommt, teilen Sie Ihr Lob denselben Leuten mit.

Das Hauptproblem für Schüler und Studenten besteht darin, der Diktatur dieser Pseudobücher zu entkommen. Das läßt sich am besten durch den Besuch von Bibliotheken erreichen, in denen die wirklichen Bücher stehen. Wenn ein Geschichtstext von dem großartigen Helden Hernán Cortéz schwärmt, können Sie sich Bücher besorgen, die seine Taten genau beschreiben. So kommen Sie möglicherweise zu der Schlußfolgerung, daß er ein weißer europäischer Imperialist war, der sich für nichts anderes als Gold und Macht interessierte. Während Ihr Lehrbuch erläutert, wie Regierungssysteme eigentlich funktionieren sollen, beschreiben viele andere Bücher, wie die Wirklichkeit aussieht. Und wenn bestimmte Geisteshaltungen in Ihrem Lehrbuch Ihnen veraltet oder einfach dumm vorkommen, dann finden Sie in Ihrer Bibliothek mit Sicherheit viele Bücher, die Ihren Geist erweitern, anstatt ihn einzuengen.

2. Lesen beim Schlangestehen

Gewöhnlich empfinden wir mit Warten verbrachte Zeit als »verloren«. Wenn Sie sich allerdings von vornherein auf eine gewisse Wartezeit vorbereiten, können Sie sie nutzen und sind dadurch wahrscheinlich auch weniger gereizt. Gewöhnen Sie sich an, immer ein Taschenbuch und ein Stück Papier für Notizen dabeizuhaben. Machen Sie unauffällig einige Körperübungen: Isometrische Übungen, bei denen verschiedene Muskelpartien abwechselnd angespannt werden, lassen sich durchführen, ohne daß es irgend jemand anders merkt. Haben Sie keine Hemmungen, mit anderen Leuten, die interessant aussehen, ein Gespräch zu beginnen. Und vor allem: Ergreifen Sie die seltene Gelegenheit zum Nachdenken fernab aller beruflichen und privaten Zwänge. Schlangestehen ist fast so gut zum Nachdenken geeignet wie ein langer einsamer Spaziergang. Widmen Sie sich einer bestimmten Frage Ihres Lebens, und wägen Sie Pro, Contra und die Unklarheiten sorgfältig und systematisch ab. Überlegen Sie, ob es Lösungsmöglichkeiten gibt, die Sie im Alltagstrott nicht bedacht haben. Wenn sich das Thema nach einer Weile in Ihrem Kopf richtig festgesetzt hat, dann versuchen Sie, überhaupt nicht mehr daran zu denken. So können ganz neue Ideen heranreifen.

E. Nutzen Sie Bibliotheken

In einer Bibliothek kann man viel mehr lernen als in der Schule. Gut möglich, daß die Bibliothek Ihre Hauptbildungsquelle wird, die Sie dann Ihr ganzes Leben lang nutzen können. Niemand kann sich alles Wichtige merken; also muß man wissen, wo was zu finden ist. Darüber hinaus ist es einfach gut, sich in einer Bibliothek auszukennen. Eine große Ansammlung von Büchern erzeugt eine einzigartige Atmosphäre. Und wenn Sie einmal wissen, wie Sie sich mit Hilfe einer Bibliothek umfassend informieren können, dann erweitern sich Ihre Grenzen in jeder Hinsicht ganz enorm. Bücher sind die Essenz der gesamten geistigen und emotionalen Menschheitsgeschichte. Was immer Sie wissen möchten, Ihre Bibliothek hat mit großer Sicherheit ein Buch, in dem genau das steht.

Doch wie machen Sie es ausfindig?

Das Betreten einer großen Bibliothek kann eine schreckliche Erfahrung sein. Viele Bibliotheken sehen aus wie Bahnhöfe oder Behörden, mit riesigen Säulen und Marmorflächen. Aber sie sind öffentliche Einrichtungen, die für alle zugänglich sind. Und im Inneren sehen sie die meisten in etwa gleich aus, so daß Sie, wenn Sie sich einmal mit den verschiedenen Einrichtungen vertraut gemacht haben, nicht nur Ihre, sondern auch andere Stadt- und Universitätsbibliotheken benutzen können.

Informationsschalter

Dieser befindet sich in der Regel in Eingangsnähe. Hier erfahren Sie, wie Sie einen Benutzerausweis bekommen, um Bücher mit nach Hause nehmen zu können, wo Sie bestimmte Themenbereiche finden und nach welcher Systematik die Bücher sortiert sind.

Nachschlagewerke

In großen Bibliotheken gibt es einen besonderen Raum nur für Nachschlagewerke. Hier findet man dann Enzyklopädien, Atlanten, Almanache, Sprachlexika, Adreßbücher, Bibliographien und andere wertvolle Hilfsmittel. Auch Telefonbücher anderer Städte und Länder sind dort möglicherweise vorhanden. Wenn Sie wissen möchten, wieviele Schafe es in Neuseeland gibt, wenn Sie die Adresse einer französischen Firma oder aber bibliographische Angaben suchen – hier finden Sie genau die Informationen, die Sie interessieren. Fragen Sie die zuständige Bibliothekarin, falls Sie alleine nicht zurechtkommen. Es ist absolut faszinierend, wieviel reine Information selbst in einer kleinen Bibliothek auf engem Raum versammelt ist.

Katalog

Der Katalog bildet das Herz der Bibliothek. Früher bestand er aus Karteikarten, heute werden Computer dafür verwendet. Falls Sie mit dem Gerät nicht vertraut sind, lassen Sie sich zeigen, wie es funktioniert. Normalerweise sind die Bücher alphabetisch geordnet, einmal nach Autorennamen und einmal nach Buchtiteln. Schauen Sie dort nach, wo es für Sie am einfachsten ist. Manche Kataloge haben auch eine Schlagwortabteilung. So finden Sie, wenn Sie sich z. B. speziell für Uhren, Autos, Revolution, Musik oder ein anderes Gebiet interessieren, eine ganze Anzahl von Büchern, die sich genau damit beschäftigen.

Die Registriernummer, die sich auch auf dem Buchrücken befindet, zeigt Ihnen, wo das Buch steht. Notieren Sie sich diese Nummer zusammen mit Autor und Titel und fragen Sie einen Angestellten, falls Sie den Standort selbst nicht finden können.

In einer Bibliothek an den Bücherregalen entlangzustreichen, ist ein herrlicher Zeitvertreib und für den Geldbeutel weit weniger gefährlich als ein Streifzug durch eine Buchhandlung. Auf der Suche nach einem bestimmten Buch stoßen Sie auf andere Werke, auf die Sie von selbst nie gekommen wären, und die Ihnen ganz neue Gedankenwelten öffnen. Bringen Sie die Bücher, die Sie entleihen wollen, zum Ausleihschalter. In der Regel beträgt die Ausleihdauer vier Wochen, manchmal sind die Zeiträume auch kürzer.

Das Rückgabedatum wird auf einer Karte, die im Buch steckt, oder aber auf einem Extrazettel vermerkt. Wer ausgeliehene Bücher nicht rechtzeitig zurückbringt, muß Strafe zahlen (eine Bibliothek ist der Inbegriff gemeinschaftlichen Teilens).

In manchen sehr großen Bibliotheken sind die Regale (oder ein Teil davon) nicht öffentlich zugänglich. Dann geben Sie am Schalter eine ausgefüllte Karte ab und warten, bis Sie das Buch ausgehändigt bekommen. In Universitätsbibliotheken kann es auch sein, daß Sie das bestellte Buch erst am nächsten Tag abholen können.

Manche Bibliotheken verleihen mittlerweile auch Schallplatten, Musikcassetten und CDs sowie Videos, Filme und Dias. Spezielle Kinderabteilungen sind ganz auf die Bedürfnisse der Jüngeren ausgerichtet. Zeitschriften werden in einem gesonderten Raum ausgelegt. Volle Jahrgänge werden gebunden und zum Nachschlagen aufbewahrt. Auch Zeitungsleseräume mit den aktuellen Ausgaben etlicher regionaler und überregionaler Tageszeitungen sind recht verbreitet – und gut geeignet, um Job- oder Wohnungsanzeigen zu studieren.

Bücher sind das zentrale Hilfsmittel, mit dem unsere Gesellschaft ihre Kultur bewahrt und erhält. Zwar wird viel von Informationssystemen, Computern und anderen elektronischen Wunderdingen gesprochen, aber abgesehen von einigen sehr speziellen wissenschaftlichen Dokumenten wird man, soweit wir das beurteilen können, weiterhin alles Wissenswerte in den Bibliotheken finden. Eine Bibliothek wurde einmal charakterisiert als »kompakte Einrichtung, die in der Lage ist, Millionen Einheiten zu speichern. Diese, fortlaufend eingeordnet, mit dem menschlichen Auge – mit oder ohne Unterstützung durch ein Verzeichnis – leicht zu erfassen, per Post zu niedrigen Kosten übertragbar, lange haltbar, ohne maschinelle Hilfe wiederverwendbar und bemerkenswert preiswert, werden auch einfach kurz als B.U.C.H. bezeichnet.«

Das Wichtigste an Büchern ist jedoch, daß Sie eine viele Jahrhunderte zurückreichende Fundgrube für die besten (und manche der schlechtesten) menschlichen Gedanken und Gefühle aus den verschiedensten Kulturen und allen Kontinenten sind. Sie wurden niedergeschrieben von Heiligen, Wissenschaftlern, Diktatoren, Verbrechern, Dichtern, Visionären, Bankiers, Chefköchen, Revolutionären, Musikern und Verrückten. Sie enthalten, so oder so, das geballte Gedankengut unserer Spezies. Wissen ist Macht, und das Wissen liegt in den Bibliotheken.

F. Landkarten

Landkarten sind ebenso faszinierend wie nützlich. Aber man muß erst lernen, sie zu lesen – ein völlig anderer, weil rein visueller Prozeß: eine Landkarte ist im wesentlichen ein Bild. Kinder haben große Schwierigkeiten damit, eine Landkarte zu lesen, weil es einer großen Vorstellungskraft bedarf, einen Zusammenhang zwischen der Karte und einem bestimmten Gebiet herzustellen. Hilfreich ist dabei die Vorstellung, eine winzige Ameise zu sein, die auf der Karte – einer Art Kopie der Welt – umherspaziert. Erst wenn Sie wirklich begriffen haben, daß diese zwei Zentimeter lange Wellenlinie einen zehn Kilometer langen Flußabschnitt abbildet, und daß die rote Linie, die ihn überquert, eine Autobahn »ist«, dann können Sie Landkarten lesen. Wenn Sie genügend Erfahrung damit gesammelt haben, werden Sie sie automatisch auch interpretieren können und daran viel Vergnügen finden.

Manche Leute können stundenlang mit einem großen Atlas auf dem Boden liegen, so wie es andere mit der Sonntagszeitung machen. Es ist unglaublich, was man mit Hilfe einer Karte alles entdecken kann, sogar in einer Gegend, die man eigentlich ganz gut kennt: Straßen, von denen Sie gar nicht wußten, daß sie existieren, merkwürdig poetische Namen bestimmer Winkel oder kleine versteckte Dörfer.

Außerdem sollten Sie, wenn Sie viel unterwegs sind, in der Lage sein, sich auf einer Landkarte schnell und präzise zurechtzufinden. Wenn Sie ein Wanderleben führen oder zügig durch eine unbekannte Gegend reisen wollen, müssen Sie eine Straßenkarte handhaben können. Beim Wandern oder Campen in der Wildnis brauchen Sie eine topographische Karte. Ein Tip: Legen Sie die Karte so, daß ihr Norden auch wirklich nach Norden zeigt. Dann können Sie sich besser vorstellen, tatsächlich darauf zu fahren oder zu gehen.

Wahrscheinlich kennen Sie die Straßenkarten, die von den großen Ölgesellschaften herausgegeben werden. Die sind natürlich daran interessiert, daß Sie wissen, wie Sie von A nach B gelangen, weil Sie dazu Benzin kaufen müssen. Diese Karten sind relativ uninteressant, weil sie nur Straßen und einige wenige Hauptmerkmale wie Städte und große Flüsse zeigen. Aber für den Anfang reichen sie aus. Sie können damit lernen, den Maßstab und die Legende umzusetzen.

Maßstab
Irgendwo auf der Karte befindet sich eine kleine Umrechnungstabelle, einem Lineal vergleichbar, die den Verkleinerungsfaktor auf der Karte anschaulich macht.

Legende
Die Legende ist ein Schlüssel zu den verschiedenen, in der

Karte verwendeten Symbolen. Sie zeigt Ihnen, welches Zeichen für große Städte verwendet wird, wie ein Sumpfgebiet gekennzeichnet ist und welche Linien Autobahnen, Bundesstraßen, Landstraßen und Feldwege bezeichnen.

In einer Bibliothek können Sie dann einen ersten Blick auf eine richtige Landkarte werfen. Dort finden Sie auch gute Atlanten mit sehr sorgfältig recherchierten und schön gedruckten Karten; wenden Sie sich an einen Bibliothekar, wenn Sie selbst kein gutes Exemplar entdecken konnten. Solche Karten zeigen zum einen durch verschiedene Farbschattierungen die Meereshöhe eines Ortes an (aufgeschlüsselt in der Legende). Außerdem verraten Ihnen unterschiedliche Schrifttypen die Größe einer Stadt oder Ortschaft. Wichtige Berggipfel sind mitsamt der Höhenangabe ebenfalls verzeichnet. Auf speziellen Karten lassen sich auch Waldgebiete von kahlen Gegenden unterscheiden.

Eine physikalische Landkarte Ihrer Heimatregion, die Flußverläufe, Berge und Täler, Städte und landwirtschaftlich genutzte Flächen optisch zur Geltung bringt, vermittelt eine gute Vorstellung von Ihrer näheren Umgebung und davon, wie sich Ihr Leben in diese regionalen Zusammenhänge einpaßt. So können Sie sich an Ihrem Wohnort vielleicht leichter »zu Hause« fühlen.

G. Informationen schriftlich anfordern

Einer der Schlüssel zur preiswerten Bereicherung Ihres Lebens liegt darin, zu wissen, wie Sie mit der Außenwelt in Kontakt treten können, um an Informationen oder andere Dinge zu kommen. In Ihrer näheren Umgebung geht das per Telefon, aber oft muß man dazu auch Briefe schreiben. Viele fühlen sich dabei nicht so recht wohl in ihrer Haut. Doch dafür gibt es keinen Grund! Die Hälfte aller Briefe, die unsere Wirtschaft am Laufen halten, steckt voller Rechtschreibfehler, schlechter Formulierungen usw. Versuchen Sie daher gar nicht erst, alles perfekt zu machen, sondern schreiben Sie einfach drauflos. Wichtig ist nur, Ihr Anliegen so unmißverständlich zu formulieren, daß Sie auch wirklich die gewünschte Information oder Antwort bekommen.

Als erstes müssen Sie wissen, an wen Sie überhaupt schreiben sollen. Wenn Sie sich über ein bestimmtes Produkt informieren wollen, wenden Sie sich am besten an die Herstellerfirma. Die meisten Unternehmen unterhalten einen Kundenservice, ansonsten schreiben Sie an die Vertriebsabteilung. Wenn Sie gar nicht wissen, an wen Sie Ihre Anfrage richten sollen, schicken Sie sie an den Bundeskanzler. Überhaupt ist es eine gute Idee, alle Beschwerden und wütenden Briefe (die zu schreiben viel Spaß machen kann) an das Bundeskanzleramt zu richten. Gut möglich, daß Sie damit etwas erreichen. Wenn Sie sich an eine Bundesbehörde wenden wollen, brauchen Sie lediglich die Adresse richtig zu schreiben; niemand kann genau wissen, was nun an welche Dienststelle geschickt werden muß.

Formulieren Sie Ihre Frage eindeutig. Die Antwort wird normalerweise von irgendeinem Angestellten verfaßt, also versuchen Sie, die Frage so zu stellen, daß einfache, klare Antworten möglich sind. Falls Sie mehrere zusammenhängende Fragen haben, numerieren Sie sie durch. Wenn Sie sich nach etwas erkundigen, was Sie vielleicht kaufen möchten, bitten Sie um eine Preisliste und Informationen über Bestellmöglichkeiten. Die meisten Firmen und Organisationen verfügen über Kataloge, Heftchen und Informationsblätter. Sollte das, was Sie interessiert, in diesen allgemein gehaltenen Informationen nicht enthalten sein, müssen Sie sich ganz gezielt danach erkundigen.

Schreiben Sie immer Ihren vollen Namen und Ihre Adresse auf den Briefbogen – ansonsten kann man Ihren Brief nicht erwidern. Wenn Sie eine schnelle Antwort brauchen, hilft es vielleicht, eine Postkarte beizulegen, auf der Sie Ihre Adresse schon eingetragen haben, so daß der Bearbeiter nur noch seine Antwort daraufschreiben muß.

Es gibt eine Menge Sachen, die man schriftlich anfordern kann. Regierungsamtliche Mitteilungen sind meist kostenlos bei den einzelnen Ministerien zu beziehen. Viele Firmen wie auch verschiedenste Organisationen, die ihre Dienste anbieten oder die Sie um Unterstützung bitten wollen, schicken Ihnen auf Nachfrage gerne umfangreiches Informationsmaterial zu.

H. Sich selbst weiterbilden

Der Lernstoff an Schulen und Hochschulen wird so festgelegt und vermittelt, daß Schüler und Studenten regelrecht davon abgehalten werden, zur Bewältigung der wirklichen Aufgaben und Notwendigkeiten des Lebens ihren Verstand zu benutzen. Trotzdem kann man in der Schule vieles lernen, und jeder, der sich etliche Jahre lang auf die Schulbank begibt, sollte das Beste daraus machen.

Viele Grundbegriffe eines halbwegs anständig bewältigten Lebens werden in der Schule nicht einmal berührt, und es liegt bei uns selbst, uns diese Kenntnisse anderswo zu verschaffen. Stellen Sie selbst eine Liste der Dinge zusammen, die Sie glauben, wissen zu müssen, um unter den modernen Lebensbedingungen zurechtzukommen, und prüfen Sie dann nach, ob eine Schule oder Volkshochschule, ein Telekolleg oder eine Institution des zweiten Bildungswegs Ihnen dabei helfen kann. Auf dieser Liste könnte ein gewisses technisches Grundwissen (der sichere Gebrauch von Werkzeugen oder Grundbegriffe der Elektrizität) ebenso stehen wie Kenntnisse in Haushaltsführung (gesund kochen, Flicken, Stopfen, Erkennen von minderwertiger Ware beim Einkauf, Preisvergleiche). Auch soziale Fähigkeiten könnte diese Liste enthalten: wo man schnell Informationen über Abtreibungen bekommt, wie man sich bei der Stadtverwaltung beschwert oder beim Amtsgericht einen Antrag stellt, wie man auf Polizeischikanen reagiert und wie man sich selbst verteidigt.

Wir alle sollten autofahren, Schreibmaschine schreiben und uns mit Nahrung versorgen, also gärtnern, fischen sowie Fleisch und Geflügel zubereiten können. Viele Pädagogen bemängeln, daß dabei »nur« praktische Fähigkeiten ausgebildet werden. Sie vergessen dabei jedoch, daß wir die zentralen Inhalte einer theoretischen Ausbildung anwenden, wenn wir uns sinnvolle Alltagsfertigkeiten aneignen: Wir nehmen dabei eine Situationsanalyse vor und bringen unser angelesenes mathematisches, physikalisches und biologisches Wissen in einem konkreten Fall zur Anwendung. Jeder Versuch, solche Dinge abstrakt zu vermitteln, führt nur zu Langeweile und Ärger und ist zum Scheitern verurteilt. Ein Selbstverteidigungskurs beispielsweise erfordert das Verständnis aller mechanischen Prinzipien (Hebel, Kräfte, Massenträgheit) aus dem Physikunterricht – aber unvergleichlich viel direkter und persönlicher!

Unsere Ausbildung läuft merkwürdig abstrakt ab und beschränkt sich nur auf das Wort. Sie enthält nicht den Hauch von Poesie, auch dann nicht, wenn eine Deutschklasse ein Gedicht analysiert. Unser Körper ist fast ein Tabuthema: Wenn überhaupt darüber gesprochen wird, dann nur in besonderen Kursen und oft unter Ausgrenzung der Sexualität. Die meisten Jugendlichen schnappen eine Menge Klatsch und Tratsch über Hautpflege, Geschlechtskrankheiten usw. auf, aber die wenigsten können Erste Hilfe leisten – obwohl Autounfälle überall an der Tagesordnung sind. Unser Schulsystem trägt dazu bei, daß uns die Verletzlichkeit und Empfindlichkeit des menschlichen Körpers nicht bewußt wird: Er kann ertrinken, ausbluten, Herzanfälle bekommen und ist vielen anderen Gefahren ausgesetzt, denen durch schnelle Hilfe begegnet werden könnte. Trotzdem gibt es nur wenige ausgebildete Kräfte, und die Erste-Hilfe-Kurse an der Schule sind in der Regel ein Witz. Die Schulen sollten dafür sorgen, daß alle Schüler die Grundbegriffe der

Ersten Hilfe nicht nur kennen, sondern auch praktisch anwenden können. Um das richtige Verhalten in entsprechenden Situationen einzuüben, könnte man beispielsweise auf dem Schulgelände »Unfälle« inszenieren.

Doch ignorieren wir oft nicht nur in Gefahrensituationen die Bedürfnisse unseres Körpers. Für Menschen, die sehr angespannt und steif sind und die sich nicht genügend bewegen, ist z. B. eine Massage sehr wohltuend und hilfreich. Zahlreiche Massagepraxen, Fitneßcenter und Gesundheitsclubs verdienen eine Menge Geld mit Massagen. Dabei sollte es eigentlich für jeden selbstverständlich sein, gut massieren zu können. Aber das läßt sich nicht aus Büchern lernen.

Vielleicht das Schlimmste an unserem Schulsystem ist jedoch, daß wir dort nicht lernen, miteinander auf verantwortliche und hilfsbereite Weise umzugehen, sondern daß unpersönliches Konkurrenzverhalten gefördert wird. Unser Bildungssystem leitet uns zu einem Leben voller Entfremdung, Konflikte und Einsamkeit an. Wer im Gefängnis aufwächst, verhält sich auch wie ein Gefängnisinsasse – er hat ja nichts anderes gelernt. Um die Woge der Anonymität und Gleichgültigkeit verebben zu lassen, brauchen wir kleinere Schulen und Hochschulen, an denen Schüler und Studenten ein gewichtiges Wort mitzureden haben. Nur so können sie lernen, einander mit gegenseitigem Verantwortungsgefühl begegnen. Und wenn es uns in unserem Freundes- und Bekanntenkreis, in unserer Familie und in den verschiedenen politischen und gesellschaftlichen Gruppen gelingt, einander ganz praktisch zur Seite zu stehen, dann können wir womöglich jene direkte persönliche Solidarität entwickeln, die früher in Großfamilien ganz selbstverständlich war, in denen man sich gegenseitig erzogen und ausgebildet hat.

I. Unterhaltung zum Nulltarif

In unseren Städten läßt sich erstaunlich viel unternehmen, ohne daß man dafür einen Pfennig bezahlen muß. Die meisten Leute haben bloß noch nichts davon gehört und landen deshalb vor dem Fernseher. Folgende Quellen informieren Sie über die verschiedenen Veranstaltungen:

Zeitungen

In regionalen oder lokalen Tageszeitungen sowie in Stadtteilzeitungen und Stadtmagazinen finden Sie in verschiedenen Rubriken eine Vielzahl von Museen, Ausstellungen, politischen Veranstaltungen, Vorträgen, Konzerten (manchmal gibt es verbilligte Karten für Studenten und Arbeitslose, oder Sie bekommen einen Platz umsonst, wenn Sie vorher als Platzanweiser zur Verfügung stehen – sprechen Sie mit dem Geschäftsführer), Theaterstücken, Tanzveranstaltungen, Filmen, Gerichtsverhandlungen oder Gemeinderatssitzungen, die wenig oder gar keinen Eintritt kosten.

Schwarze Bretter

Man findet sie in Bibliotheken, in der Nähe von Universitäten und manchmal auch in Verwaltungsgebäuden. Viele Ereignisse werden hier mit Plakaten oder Zetteln angekündigt.

Plakate

Achten Sie auf die zahlreichen Plakate, mit denen nicht nur Litfaßsäulen und Plakatwände, sondern auch zahlreiche U-Bahn-Schächte, Unterführungen, Bauzäune etc. gepflastert sind.

Viele attraktive Möglichkeiten der kostenlosen Freizeitgestaltung werden jedoch gar nicht mit den genannten Hilfsmitteln angekündigt. Kümmern Sie sich also selbst um das, was Ihnen gefällt. So bieten viele öffentliche Verkehrsverbände 24-Stunden- oder Wochenendtickets an, mit denen Sie das ganze Netz nutzen können. Besonders interessant sind natürlich die etwas außerhalb gelegenen Stationen, in deren Nähe sich Parks, Wälder, Strände o. ä. befinden. Oder aber Sie fahren durch die Innenstadt und lernen sie dadurch besser kennen. In manchen Städten an der Küste oder einem Fluß gibt es auch Fähren, die sich ebenfalls als billiges Vergnügen nutzen lassen. Ganz allgemein läßt sich sagen, daß alles, was dem Alltagsgebrauch dient, auch eine preiswerte Freizeitgestaltung verspricht.

Parks

Unter den vielen großen und kleinen Parks und Gärten in Ihrer Stadt finden sich bestimmt auch etliche wirklich schöne und interessante. In einem botanischen Garten beispielsweise gibt es eine phantastische Vielzahl exotischer Pflanzen, die man nirgendwo sonst zu sehen bekommt. Oder aber Sie entdecken einen Rosengarten oder ein riesiges Gewächshaus, in dessen feuchter, merkwürdig riechender Luft tropische Pflanzen wachsen. Vielleicht gibt es auch einen kleinen See, wo Sie Paddel- oder Tretboote mieten und im Sommer schwimmen können. An einem kleinen Hafen können Sie herumstreifen und elegante Boote betrachten – so habe ich selbst schon viele schöne (aber auch regnerische) Nachmittage verbracht. Einfaches Spazierengehen oder Fahrradfahren im Park kann sehr erholsam und entspannend sein.

Viele Gemeinden stellen Sportplätze zum Fußball-, Handball- oder Basketballspielen zur Verfügung. In manchen Parks werden Tischtennisplatten installiert, und gelegentlich gibt es sogar Flächen zum Rollschuh- oder Skateboardfahren. Auch öffentliche Schwimmbäder sind eine Möglichkeit, wenn auch nicht immer die preiswerteste.

Andere Stadtviertel

Es kann auch sehr viel Spaß machen, Gegenden Ihrer Stadt zu entdecken, in die Sie gewöhnlich nicht kommen. Reizvoll an Städten ist ja insbesondere, daß auf engem Raum sehr viel los ist, daß sich ganz in Ihrer Nähe viele verschiedene Möglichkeiten bieten. Beschränken Sie sich nicht auf die Gegenden, mit denen Sie vertraut sind. Am interessantesten sind oft die Gebiete, die hauptsächlich von Menschen aus anderen Ländern bewohnt werden.

Dort bietet sich auch die Möglichkeit, andere Kulturen kennenzulernen. Bevor Sie sich jedoch auf unbekanntes Terrain begeben, versuchen Sie herauszufinden, ob Sie dort möglicherweise Feindseligkeiten ausgesetzt sind.

J. Richtig fernsehen

Ganz allgemein läßt sich sagen: Je weniger Zeit Sie vor dem Fernseher verbringen, desto reicher und erfüllter ist Ihr Leben, weil Sie Ihre Zeit für andere Dinge nutzen. Doch gibt es zwei Möglichkeiten, den Fernseher zu nutzen, ohne gleich abhängig davon zu werden.

Videorecorder und Videoverleih

Ein Videorecorder lohnt sich auf lange Sicht gesehen auf jeden Fall. Auch inklusive Verleihkosten sind die Filme so wesentlich billiger als im Kino. (Das ist auch richtig so, angesichts der deutlich schlechteren Qualität.) Außerdem sparen Sie zu Hause Geld für überteuerte Erfrischungen und Knabberzeug, und Sie können Freunde einladen. Suchen Sie sich einen Video-Shop mit einer großen Auswahl an alten Filmen, Dokumentar- und Experimentalfilmen. Alte Hollywoodstreifen, die weitgehend aus Nahaufnahmen mit vielen Dialogen bestehen, verlieren nicht so viel auf dem kleinen Bildschirm wie Filme, die von aufwendigen Spezialeffekten leben. Und wenn Sie doch einmal ins Kino gehen wollen, besuchen Sie keines der großen Premierenfilmtheater, sondern wählen Sie ein kleineres am Stadtrand oder ein Programmkino. Auch Universitäten und manche Museen zeigen Filme unterschiedlichster Genres. Über Filme läßt sich endlos nachdenken und diskutieren. In Ihrer Bibliothek finden Sie bestimmt auch etliche Bücher zu diesem Thema.

Kabelanschluß oder Satellitenschüssel

Ein Kabelanschluß kostet, ebenso wie die Anschaffung einer Satellitenschüssel, zunächst einmal eine Menge Geld. Wenn Sie aber sehr viel fernsehen, könnte es sich lohnen. Sie bekommen so nicht nur Zugang zu einer immer größer werdenden Zahl in- und ausländischer Spielfilmsender, sondern auch zu ausführlichen Nachrichtensendungen (die aber dennoch meist weniger gründlich sind als Zeitungen) sowie zu Sport- und Musikkanälen. Mit dem Kabel bekommen Sie auch ein besseres Bild, falls Sie über Antenne leichte Empfangsschwierigkeiten haben.

KAPITEL 10
KLEIDUNG SELBERMACHEN UND AUSBESSERN

Unsere Vorfahren haben alle ihre Kleider selbstgemacht. Wenn wir uns diese Fähigkeit wieder aneignen, befreien wir uns damit von der Tyrannei der Modetrends und der Textilgeschäfte.

A. Nähen lernen

Nadel, Faden und Schere sind zunächst einmal alles, was Sie zum Nähen brauchen. Mit etwas Glück finden Sie für wenig Geld sogar eine alte Nähmaschine, die normalerweise ewig hält. Die komplizierten elektrischen Zick-Zack-Modelle sind sehr viel teurer und scheinen für echte Nähvirtuosen gemacht zu sein. Außerdem ist ihr extrem komplexes Innenleben sehr störanfällig. Besorgen Sie sich also lieber ein Arbeitstier als eine exotisch schnurrende Raubkatze, entspannen Sie sich und freuen Sie sich an der Arbeit. Wenn ein Geschäft in großen Anzeigen »phantastische Gebrauchtgeräte zu phantastischen Preisen« anbietet, gehen Sie gar nicht erst hin – es sei denn, es macht Ihnen nichts aus, den Laden mit leeren Händen wieder zu verlassen: Die Anzeigen sind nur dazu da, Sie anzulocken, und die angepriesenen Maschinen sind irgendwie immer schon ausverkauft.

Zum Nähen brauchen Sie außerdem ein Maßband, ein Stück Kreide zum Anzeichnen, eine ganze Anzahl Stecknadeln und ein Sortiment verschiedenfarbiger Garne. Ein Nähkasten oder Nähkorb mit verschiedenen Fächern ist sehr praktisch, um die Dinge aufzubewahren, die sich mit der Zeit ansammeln: Knöpfe, Reißverschlüsse, Schnapp-verschlüsse, Haken und andere Kleinteile sowie Nähgarn in vielen schönen Farben.

Unklug wäre es, gleich mit einer komplizierten Arbeit beginnen zu wollen. Lassen Sie erst einmal die Finger von Kragen, Taschen und anderen aufwendigen Dingen. Su-chen Sie sich in einem Fachgeschäft einfache Schnittmu-ster mit klaren, eindeutigen Arbeitsanleitungen aus. Be-folgen Sie diese genau und langsam – jede Linie hat ihren Sinn.

Indem Sie sich von einfachen Formen ausgehend lang-sam an kompliziertere Designs wagen, können Sie sich auch eigene Schnitte ausdenken. Fangen Sie z.B. mit ei-nem Poncho an, der ja eigentlich nur aus einem Stück Stoff mit einer Kopföffnung besteht. Die nächste Schwie-rigkeitsstufe ist ein Kimono. Er liegt zwar etwas enger am Körper an, erfordert aber trotzdem fast keine Schnitte. Sie müssen lediglich einzelne Stoffstücke abschneiden. Nähen Sie die Ärmel einfach an den Hauptteil und fügen Sie dann die Seiten zusammen. So erhalten Sie einen Ki-mono, der wie ein Pullover an- und ausgezogen wird. Um hineinschlüpfen zu können, trennen Sie die Vorderseite auf und säumen die Ränder.

Auch Röcke, die mit einem einfachen Gummiband um die Hüfte gehalten werden, lassen sich in nur wenigen Mi-nuten herstellen. Nähen Sie zuerst ein großes Stück Stoff zylinderförmig zusammen. Anschließend kommt an den oberen Rand ein breiter Saum, durch den Sie das Gummi-band schieben. Nach der Anprobe säumen Sie den unte-ren Rand auf der gewünschten Länge, und fertig ist der Rock.

Hemden werden vor allem durch den Kragen kompli-ziert, lassen Sie also die Finger davon. Aus einem einzigen Stück Stoff können Sie jedoch eine ganz einfache Bluse machen. Falten Sie den Stoff wie den oberen Teil eines Ki-monos und nähen Sie die Seiten von den Achseln an bis nach unten zusammen. Das Loch für den Kopf bekom-men Sie mit einem einfachen Schlitz, dessen Ränder dann

noch gesäumt werden müssen. Ein solches Kleidungsstück allein nützt zwar bei großer Kälte nicht viel, es kann
aber auch über einem Rollkragenpullover oder einem
hochgeschlossenen Hemd getragen werden.

Jedes gängige Kleidungsstück besteht im Grunde nur
aus etlichen aneinandergefügten Röhren. Eine Röhre für
den Rumpf, eine für jeden Arm und (bei Hosen) für jedes
Bein. Da sich eine Röhre ganz einfach durch Zusammennähen eines Stoffstückes herstellen läßt, ist alles andere, wie z. B. Saum, Futter, Bänder, Knöpfe, Falten usw.,
reine Kosmetik. Solange Sie Kleider machen, die den
Körper eher behängen als ihn zu umfassen, können Sie
Ihrer Phantasie freien Lauf lassen. Und was das Beste ist:
Sie können auch seltene und ungewöhnliche Stoffe verwenden.

Ein weiterer Vorteil sanft fließender Kleidungsstücke
ist übrigens, daß sie sich wunderbar zum Dekorieren eignen: Fransen, Bänder, Zackenlitzen, Paspelverschlüsse
und viele andere interessante Kleinigkeiten sind in Stoff-
geschäften erhältlich.

B. Stoffe selbst färben

Kleidungsstücke, die Ihnen bis auf die Farbe eigentlich
gut gefallen, lassen sich oft ganz einfach färben. So wird
aus einem scheußlichen Rosa fast jede denkbare dunkle
Farbe, und auch Pastelltöne können relativ problemlos
überdeckt werden. Schön ist es auch, weißen Sachen wie
beispielsweise normalen Männerunterhemden etwas
Farbe zu geben. Zwar lassen sich Blumenmuster nicht
völlig verdecken und dunkle Farben nicht aufhellen, aber
trotzdem gibt es sehr viele Möglichkeiten, Kleidern ein
grundlegend neues Aussehen zu geben.

Wenn Sie Stoff färben wollen, dann achten Sie unbedingt auf die Qualität der Farben. Schlechte Farben sind
meist nur in den Grundtönen erhältlich, färben nicht so
intensiv und waschen sich sehr schnell wieder aus. Gute

Farben sind zwar etwas teurer, aber die Investition macht sich spätestens nach der ersten Wäsche bezahlt. Sie können natürlich auch mit Naturfarben experimentieren: Ringelblumen und Akazien hinterlassen (ebenso wie Zwiebelschalen) Orange- und Gelbtöne, Kaffee ergibt ein rötliches Braun. Die Farbe wird den Pflanzen durch längeres Einweichen entzogen. Anschließend sollte der Stoff etwa eine Stunde lang in dem Extrakt gekocht werden.

Baumwolle und Wolle lassen sich besser färben als Kunstseide und andere Synthetiks. Bedenken Sie, daß alle Stoffe, besonders aber die Synthetiks, naß wesentlich dunkler wirken als trocken. Bewahren Sie also die Färbeflüssigkleit auf, bis die Kleider trocken sind, und färben Sie sie nochmals, falls sie nicht dunkel genug geworden sind.

Befolgen Sie die Arbeitsanleitungen sorgfältig, spülen Sie die Stücke nach dem Färben gründlich mit kaltem Wasser aus und waschen Sie sie die ersten Male auf jeden Fall separat und von Hand.

Zum Färben brauchen Sie einen großen Topf, z. B. einen emaillierten Einmachkessel, den Sie längere Zeit auf dem Herd stehen lassen können. Verwenden Sie keine galvanisierten Eimer oder Waschzuber. Reinigen Sie den Behälter vor Arbeitsbeginn ebenso gründlich wie die Sachen, die Sie färben wollen, sonst könnte es zu unregelmäßigen Verfärbungen kommen.

Mit verschiedenen Batiktechniken können Sie solche Unregelmäßigkeiten zur kreativen Gestaltung eines Stoffstückes nutzen. Wenn Sie Wachs auf den Stoff tropfen lassen, ihn anschließend färben und nach dem Trocknen das Wachs herausbügeln, entstehen wilde Muster. Sie können aber auch große oder kleine Flächen mit einer Schnur zusammenbündeln, so daß nur wenig oder gar keine Farbe an die verschnürten Teile gelangen kann. Man weiß nie genau, was bei diesem Verfahren herauskommt, und genau darin liegt seine besondere Faszination. Die in der Regel halbwegs symmetrischen und kreisförmigen Motive sehen immer wieder anders aus.

C. Stoffe beurteilen

Neue Textilien müssen grundsätzlich mit einem Etikett versehen sein, das über die Materialbeschaffenheit Auskunft gibt. Wenn verschiedene Fasern verwendet wurden, müssen ihre Anteile in Prozent angegeben werden. Außerdem enthält es Angaben darüber, ob und bei welcher Temperatur das Stück gewaschen werden kann, und ob es für den Trockner geeignet ist. Wenn Sie allerdings im Second-Hand-Laden einkaufen, ist das Warenkennzeichen wahrscheinlich schon längst verschwunden. Daher sollten Sie in der Lage sein, Stoffe auch ohne Etikett zu erkennen.

Mit der Zeit können Sie den Unterschied zwischen schlechten und guten Stoffen erkennen. Wenn Sie ein Kleidungsstück wirklich gerne tragen wollen, dann muß es aus gutem Material sein, es muß sich gut anfühlen. Wenn Sie etwas anfassen und denken: »Na ja, für die eine oder andere Gelegenheit geht es«, betrachten Sie das als Warnsignal. Wirklich gute Kleider lassen sich nämlich zu fast jedem Anlaß tragen: zur Arbeit ebenso wie zum Spielen oder sogar zum Schlafen.

Stoffe mit eingewebten – im Gegensatz zu aufgedruckten – Farben, sind in der Regel auch in anderer Hinsicht qualitativ überlegen. Und ganz allgemein sind eng gewebte Stoffe besser als locker gewebte – es sei denn, die großen Maschen dienen einem bestimmten Zweck wie beispielsweise der Kühlung an heißen Tagen. Halten Sie das Tuch gegen eine Lichtquelle und schauen Sie sich von beiden Seiten sehr genau an, wie die Fäden laufen. Am besten gehen Sie damit in die Sonne, da Sie dann die Farben unverfälscht erkennen können.

Die Qualitätsmerkmale von Textilien sind kein Geheimnis, da die Textilhersteller auf diesem Gebiet sehr viel Analysen angestellt haben. Im folgenden einige der grundlegenden Faktoren:

Wie warm eine bestimmte Stoffsorte hält, hängt davon ab, wieviel Luft sich in und zwischen den Textilfasern befindet. Egal, ob dick oder dünn, jedes Kleidungsstück enthält zwischen 60 und 90 Prozent Luft, und diese Luft hält uns warm. Wolle, mit ihren zahlreichen winzigen gekrausten Fasern, hält nach wie vor am wärmsten, auch wenn es mittlerweile etliche ähnlich strukturierte Synthetikstoffe gibt. Die Wärmeisolierung hängt auch damit zusammen, wieviel Körperschweiß der jeweilige Stoff durchläßt, und auch hier weist Wolle die besten Werte auf. Wintermäntel und andere wetterfeste Kleidungsstücke bestehen am besten aus einer windundurchlässigen Außenschicht über einem dicken, weichen Innenteil (z. B. eine über einem Pullover getragene Jacke oder ein gefütterter Mantel).

Wie sich ein bestimmter Stoff auf der Haut anfühlt, hängt von verschiedenen Faktoren ab. Gekräuselte Fasern wie die von Wolle fühlen sich warm an, glatte Fasern wie die von Seide oder Nylon eher kühl. Stoffe mit dicken Fasern, wie beispielsweise grobe Wolle, kratzen, während feine, dichtgewebte Stoffe wie gute Baumwolle oder manche Synthetiks sich glatt anfühlen. Beim Bügeln werden die Fasern zusammengepreßt, wodurch die Haut mit einer größeren Zahl der dünnen Fädchen in Kontakt kommt und der Stoff sich kühler anfühlt.

Wie ein Stoff fällt, hängt zum einen von der Dicke des Garns ab – je dünner das Garn, desto weicher der Stoff und desto fließender der Fall –, zum anderen von der Art der Faser. Leinen wird sehr gerne für Anzüge verwendet, weil es relativ steif ist. Auch mit Gummierungen, Imprägniermitteln und anderen Chemikalien lassen sich Stoffe versteifen. Wenn Sie Meterware kaufen, dann bedenken Sie, daß das Imprägniermittel bei der Wäsche herausgelöst wird und der Stoff dadurch dünner und weicher wirkt.

Die Wetterfestigkeit von Stoffen hängt davon ab, wie schnell die einzelnen Fasern Wasser von außen nach innen durchlassen. Wolle, die von Natur aus leicht fettig ist, sowie etliche behandelte Synthetiks sind bis zu einem gewissen Grad wasserabweisend, können aber niemals wirklich wasserdicht sein. Völlig wasserdichte Sachen, z. B. aus Plastik, kann man nicht sehr lange tragen, da sie den gesamten Schweiß einschließen und man so nach kurzer Zeit klamm wird. Wenn es richtig kalt ist, sind solche Kleidungsstücke sogar ausgesprochen gefährlich, da sie zu Erfrierungen führen können – und das bei Temperaturen, die Sie mit Wollsachen als durchaus erträglich empfinden würden. Künstlich aufgetragene wasserabweisende Schichten überstehen normalerweise eine chemische Reinigung nicht. Außerdem werden solcherart behandelte Stoffe schneller dreckig, da die wasserabweisenden Chemikalien Schmutz anziehen.

Eine – leider sehr teure – Möglichkeit, Textilien wetterfest zu machen, besteht in der Verwendung extrem dicht gewebter Baumwolle. Man findet sie manchmal in teuren Jagd- und Polarausrüstungen. Wenn der Stoff trocken ist, dann atmet er, wenn er aber naß wird, dehnen sich die Fasern aus und die Poren schließen so dicht, daß kein Wasser hindurchdringen kann.

Für den Alltagsgebrauch schien dies jedoch ein unlösbares Problem zu sein – bis zu der Erfindung von Gore-Tex und seiner europäischen Entsprechung Sympa-Tex. Dabei wird der Stoff mit einem Film überzogen, dessen Poren so mikroskopisch klein sind, daß sie zwar Luft durchlassen, aber kein Wasser. Das Material atmet, und Sie bleiben warm und trocken. Mittlerweile finden Gore-Tex oder Sympa-Tex in vielen verschiedenen Kleidungsstücken sowie bei Camping- und Trekkingausrüstungen Verwendung. Gehen Sie aber vorsichtig damit um. Die dünne Beschichtung ist sehr empfindlich, und nach etwa einem Jahr müssen auch die Nähte neu versiegelt werden. Außerdem gehören Kleidungsstücke aus Gore-Tex, wenn sie abgetragen sind, in den Sondermüll – wegen des synthetischen Überzugs, der giftige Bestandteile enthält.

Baumwolle

Waschbar, widerstandsfähig, leicht zu bügeln, einfach zu flicken. Ist in jeder denkbaren Farbe erhältlich, die sich mit der Zeit zu einer schönen, sanften Schattierung verflüchtigt. Besonders nach einigen Wäschen fällt Baumwolle sehr schön und fühlt sich auf der Haut herrlich an. Heute behandelt man manche Kleidungsstücke aus Baumwolle mit Harzen, um sie knitter- und bügelfrei zu machen. Allerdings werden dazu auch Harze auf Formaldehydbasis verwendet, die möglicherweise krebserregend sind. Baumwolle fängt außerdem leicht Feuer. Seien Sie also in der Nähe von Öfen und offenen Kaminen vorsichtig.

Wolle

Wolle ist teurer als Baumwolle und wird meist zu schwereren Stoffen verarbeitet. Es gibt sie in roher oder gekämmter Form, wobei gekämmte Wolle dichtere Fäden hat und dadurch wesentlich länger hält. Auch für locker geknüpfte Stoffe wie Jersey, Flanell und Kaschmir wird Wolle verwendet. Gute Wollstoffe reagieren bei Druck elastisch und zerknittern kaum. Leider muß man Wolle sehr vorsichtig waschen oder reinigen lassen. Legen Sie einen Wollpullover, wenn Sie ihn in lauwarmem oder kaltem, mildem Seifenwasser gewaschen haben, zum Trocknen auf ein Handtuch und geben Sie ihm die richtige Form. Nasse Wolle kann sich sehr stark verziehen, und wenn sie zu heiß gewaschen wurde, geht sie kläglich ein.

Falls Sie Schwierigkeiten mit einer Reinigung bekommen, die Ihren Wollpullover oder Ihr Wollkleid ruiniert hat, wenden Sie sich an die nächste Verbraucherberatungsstelle.

Wolle hält warm, indem sie die Ausdünstungen des Körpers aufnimmt. Das Öl Lanolin, das Bestandteil der Naturwolle ist, verstärkt diese Fähigkeit der Wärmespeicherung.

Chemikalien, mit denen Wolle feuerfest gemacht wird, setzen sich in den Poren fest, wodurch das Material weniger atmen kann.

Einen Wollteppich reinigen zu lassen, lohnt sich übrigens in den seltensten Fällen. Hängen Sie ihn einfach auf und klopfen Sie ihn aus oder schrubben Sie ihn mit milder

Seife und lauwarmem Wasser. Die meisten Teppiche gehen ein oder verlieren ihre Farbe, wenn sie chemisch gereinigt werden.

Synthetiks

Die chemische Industrie hat eine Vielzahl synthetischer Fasern entwickelt, teils aus erneuerbaren biologischen und teils aus petrochemischen Grundstoffen. Diese Fasern haben meist sehr glatte Oberflächen, weshalb sie nicht viel Wasser aufnehmen können und schnell trocknen.

Kunstseiden wie Acetatseide und Reyon werden aus Zellulose hergestellt, deren Grundstoff Holz oder Baumwolle ist. Sie bestehen aus recht kräftigen Fasern, die oft zur Verstärkung von Baumwoll- oder Wollgewebe verwendet werden. Sie sind brennbar und können auch schmelzen. Manche müssen bei Verschmutzung gereinigt werden, andere sind waschbar – sehen Sie auf dem jeweiligen Etikett nach. Man kann Kunstseide so weben, daß sie glänzt und sich fast wie kühler Kunststoff anfühlt oder aber so, daß sie an Wolle erinnert. Besonders in nassem Zustand verzieht sie sich sehr leicht, auch wenn sie sehr fest gewebt ist. Außerdem läßt sie sich nicht gut nähen. Trotzdem ist sie weitverbreitet, da sie relativ billig ist.

Acryle sind, wie alle folgenden Stoffe, petrochemische Produkte. Am weitesten verbreitet ist Orlon, das weich, einigermaßen warm und leicht ist, sehr schnell trocknet, aber auch leicht brennt und schmilzt, und in der Maschine gewaschen werden kann.

Nylongewebe wird unter sehr vielen verschiedenen Markennamen vertrieben. Nylon ist die stärkste erhältliche Textilfaser und wird sogar für Angelschnüre verwendet. Es war die erste bügelfreie Synthetikfaser, die in größerem Umfang bei Textilien eingesetzt wurde. Normalerweise fühlt es sich ziemlich nach Plastik an, läßt sich aber auch zu weichem, für leichte Pullover geeignetem oder aber zu jersey-ähnlichem Material verarbeiten. Diese Materialien verziehen sich allerdings leicht und lassen sich nur sehr schlecht nähen. Nylon wird am sinnvollsten zur Verstärkung anderer Fasern eingesetzt. In der Sonne wird es spröde, außerdem brennt und schmilzt es leicht.

Polyester ist sehr fest und knitterfrei. Die Polyesterfaser Dacron wird wegen ihrer großen Belastbarkeit und weil sie wasserabweisend ist auch für die Herstellung von Segeln verwendet. Polyester in fest gewebten Stoffen wirkt ziemlich steif und unbequem und fühlt sich nach Plastik an. Oft verwendet man es zusammen mit Baumwolle – das so entstandene Gewebe läßt sich in der Maschine waschen und braucht fast nicht gebügelt zu werden. In der Kombination mit Wolle wird es für Hosen, Anzüge und andere Oberbekleidungsstücke verwendet, die allerdings gereinigt werden müssen. Kleider aus der berüchtigten »Polyesterwolle« sehen in der Regel ziemlich schlaff und schlampig aus.

Neben diesen Fasern hat man noch eine ganze Reihe weiterer Synthetiks mit unterschiedlichen Eigenschaften entwickelt: teils sehr elastisch, teils vollkommen wasserabweisend, teils wetter- und feuerfest.

Viele davon sind nützliche Ergänzungen der Naturfasern, aber kaum eine ist auch nur annähernd so bequem. In etlichen Kleidungsstücken, wie beispielsweise Unterwäsche, sind Synthetiks absolut unangebracht, da sie keine Feuchtigkeit aufnehmen können. So sammelt sich Schweiß und Wärme, was recht unangenehm sein kann und die Entstehung von Pilzerkrankungen fördert.

D. Flickwerk

Ein Flicken ist ein altes und erprobtes Hilfsmittel und keinesfalls etwas, wofür man sich schämen müßte. Ein ehrlicher, aufrechter Flicken ist alles andere als eine Verunstaltung und kann zu einem Schmuckelement werden. Bewahren Sie farbige Stoffstücke auf, auch kleine. Man kann nie wissen, wann ein Hemd, ein Rock oder eine Hose durchgewetzt ist. Sie können mit einem Flicken auch einen anderen überdecken, und überhaupt können Flicken rund, quadratisch, oval, rechteckig oder sternenförmig sein.

Gekaufte Flicken »zum Aufbügeln« bleiben nicht ewig aufgebügelt, abgesehen davon, daß sie standardisiert und stumpfsinnig sind. Verwenden Sie statt dessen festen, ehrlichen Stoff. Nähen Sie die äußeren, sauber umgeschlagenen Ränder des Flickens sorgfältig fest und vernähen Sie dann ebenso gründlich den Rand des Loches oder Risses mit dem Flicken, damit er wirklich fest mit dem Textilstück verbunden ist.

Analog zu den Flickendecken unserer Großmütter können Sie aus Flicken Vorhänge, Decken, Möbelschoner, Zelte und andere große Stücke anfertigen. Oft findet man auch in den Lumpenkisten von Second-Hand-Läden herrliche Stoffetzen. Lassen Sie Ihrer Phantasie freien Lauf. Die gewagtesten Flicken sind die besten.

Wenn die Knie Ihrer Hosen auch mit Flicken nicht mehr zu retten sind, dann schneiden Sie sie ab und machen Sie eine kurze Hose daraus.

E. Schuhe und Sandalen reparieren

Schuhe sind, wie alle anderen Kleidungsstücke auch, wichtig für unser Lebensgefühl. Manche Leute haben sehr viel Freude an glänzenden Schuhen und pflegen das Leder mit großem Aufwand. Andere tragen Wildlederschuhe, die, unterstützt von einem gelegentlichen Bürstenstrich, jahrelang halten können (niemals polieren!).

Aber auch bei Schuhen gibt es das eine oder andere, was Sie auf jeden Fall beachten sollten. Am schlimmsten ist es, die Füße zu deformieren. In der natürlichen Fußform bilden die Zehen mit den jeweils dazugehörigen Fußknochen eine gerade Linie. Wer aber spitze Schuhe trägt – und davon gibt es eine Menge, besonders für Frauen – deformiert seinen Fuß immer mehr, bis die Zehen gebogen und zusammengequetscht sind. So kann der Fuß weniger

Gewicht tragen, entwickelt Hühneraugen und Schwielen, beschäftigt Orthopäden und sieht häßlich aus, wenn er aus seiner Hülle genommen wird. Tragen Sie daher Schuhe, die Ihren Zehen genügend Platz lassen. Laufschuhe beispielsweise müssen schlichtweg so gestaltet sein, daß die Füße sich darin wohlfühlen, auch wenn es Ihrem Geldbeutel bei modisch aktuellen Modellen vielleicht nicht so geht.

Lose sitzende Schuhe, wie z. B. Clogs, erhöhen die Gefahr einer Fußverletzung, und je höher der Absatz, desto größer auch das Risiko einer Dehnung, Zerrung oder Verstauchung.

Wenn Sie nicht gerade ständig im Matsch herumwaten oder auf der Hut vor Tropfen, Kratzern oder herunterfallenden Gegenständen sein müssen, dann bieten Sandalen eine Menge Vorteile. Die Haut kann normal atmen, die Füße können sich so bewegen, wie es von der Evolution vorgesehen ist, und Pilzinfektionen können austrocknen.

Sie können Ihre Sandalen und das Schnürsystem ausgefallen und ganz nach eigenen Vorstellungen gestalten, und das ist immer besser als irgendein standardisiertes Fabrikmodell. Schon die Griechen und Römer kannten die Sandale, und ihre Eleganz wird seit Jahrtausenden geschätzt. Übrigens: Die ganz normalen Badeschlappen aus Gummi oder Plastik sind die billigste Fußbekleidung überhaupt.

Immer mehr junge Leute, auch in Städten, probieren das Barfußlaufen aus. Ich habe meine Kindheit auf dem Land verbracht, und dort trug während der Schulferien niemand Schuhe, es sei denn zu irgendwelchen förmlichen Anlässen. Bürgersteige sind natürlich nicht so gut für die Füße wie Ackerboden und Staub, aber viele Ärzte sind überzeugt, daß es noch schädlicher ist, die ganze Zeit Schuhe zu tragen. In der Stadt geht die größte Gefahr für nackte Füße von Glasscherben aus. So muß man, auch wenn die Fußsohlen schon ziemlich hart geworden sind, ständig aufpassen. Außerdem dürfen Sie manche Läden und Restaurants nicht barfuß betreten.

Geben Sandalen Ihren Füßen auch den nötigen Halt? Ganz allgemein kann man davon ausgehen, daß der Körper alles, was er braucht, auch hat. Unsere Füße haben sich zu Füßen entwickelt und nicht zu Hufen oder Flossen, weil unsere Vorfahren Hunderttausende von Jahren lang so am besten zurechtkamen.

Sie können die Lebensdauer Ihrer Schuhe mit verschiedenen Tricks verlängern. Wenn z. B. ein Loch in der Sohle ist, legen Sie ein Stück Zeitung oder Pappe in den Schuh. Das kann allerdings nur eine Notlösung sein, da sich so das Loch ständig vergrößert. Wenn die Sohle aus Leder oder einem anderen relativ harten Material ist, hilft eine Lage Textilklebeband über dem Loch. Eine doppelte Schicht hält erstaunlicherweise oft monatelang, besonders, wenn Sie außerdem Papier oder Karton in den Schuh legen und ihn nur bei trockener Witterung benutzen. Bei Gummi- oder Kreppsohlen läßt sich jedoch leider nicht mehr viel machen.

Mit ein wenig Geduld und Erfahrung im Umgang mit Werkzeugen können Sie selbst einen abgelaufenen Absatz durch einen neuen ersetzen. Besorgen Sie sich ein Stück von einem alten Gummireifen, ein scharfes Messer und einige kurze Nägel. Reißen Sie den abgelaufenen Absatz rechtzeitig ab, bevor auch noch die Sohle in Mitleidenschaft gezogen wird. (Das geht einfacher, wenn sie die kleinen umgebogenen Nägel unter der Innensohle wieder geradebiegen.) Schneiden Sie dann mit großer Sorgfalt aus dem Reifen ein Stück heraus, das exakt die Form des Absatzes hat. Drehen Sie den Schuh um, legen Sie ihn auf einen Holzblock und nageln Sie den neuen Absatz fest. Biegen Sie schließlich die Nagelspitzen um und legen Sie die Innensohle wieder ein.

Falls Sie das Ganze etwas professioneller betreiben wollen – was letztendlich immer befriedigender ist –, können Sie auch eine neue Sohle ankleben, die dann bis zu einem Jahr lang hält. Vielleicht finden Sie ja in einem großen Haushaltswarenladen einen kompletten Besohlungssatz; ansonsten kaufen Sie einfach beim Schuhmacher ein Stück Sohlenleder. So sparen Sie in jedem Fall eine ganze Menge Geld.

Das Wichtigste ist, die Sohle fest auf den alten Schuh zu kleben. Dazu reinigen Sie die alte Sohle sorgfältig mit einer festen Wildlederbürste oder einer trockenen Scheuerbürste. Schneiden Sie dann vom Sohlenleder ein Stück ab, das etwas größer ist als der Schuh. Bestreichen Sie es mit einer Schicht Silikonkleber, nicht zu dünn und nicht zu dick, und pressen Sie die neue Sohle fest auf die alte, so daß zur Seite Luftblasen entweichen. Beschweren Sie die Schuhe anschließend mit kleinen Steinen oder anderen kleinen Gewichten. Wenn der Klebstoff getrocknet ist – geben Sie ihm dafür genügend Zeit –, schneiden Sie das überstehende Sohlenleder ab.

Auch wenn sich die Nähte des Oberleders auflösen, können Sie sich an einer Reparatur versuchen. Besorgen Sie sich dazu sehr starken Faden und drücken Sie die Nadel durch die alten Löcher. Das braucht zwar Zeit, aber beim Schuhmacher würde es eine Menge Geld kosten.

Wenn sich die Sohle allerdings vom oberen Teil des Schuhs löst, können Sie ohne spezielles Schuhmacherwerkzeug nichts mehr ausrichten. Der Schuh ist dann jenseits von gut und böse – geben Sie ihn Ihren Hunden zum Spielen.

F. Reißverschlüsse ersetzen

Wenn ein Reißverschluß immer wieder klemmt, liegt das vielleicht am rückwärtigen Stoffband; gelegentlich hilft es, wenn man es bügelt. Eine chemische Reinigung verursacht manchmal Schwergängigkeit, die sich beheben läßt, indem man etwas Seife auf die Zähne reibt. Reißverschlüsse sind zwar eine der wenigen modernen Erfindungen, die eine wirkliche Verbesserung gegenüber ihrem Vorgänger (dem Knopf) darstellen, aber trotzdem verhaken Sie sich, reißen aus, verlieren Zähne und müssen ersetzt werden. Das ist gar nicht so schwierig, wie Sie vielleicht denken. Sie brauchen dazu nur einen Ersatz-reißverschluß, der genau so lang ist wie der alte.

Wenn Sie den alten vorsichtig entfernen, indem Sie die Fäden mit einem kleinen Messer oder einer Schere durch-knipsen, stecken Sie mit Stecknadeln schon gleich den neuen fest. So brauchen Sie ihn nur noch festzunähen, wenn Sie den alten schließlich wegwerfen.

Eine Alternative zu Reißverschlüssen bildet ein Klett-verschluß, den Sie in Handarbeitsläden kaufen können. Er eignet sich besonders zur Befestigung von Stirnbän-dern, Hosenbändern und anderen Dingen, die flexibel zu befestigen sein müssen.

KAPITEL 11
GESUNDHEITSBEWUSST LEBEN

Die Schulmedizin neigt dazu, uns unserem Körper zu entfremden und die Verantwortung für die Heilung von Störungen auf Ärzte abzuwälzen. Normalerweise wird es auch gar nicht als Aufgabe der Medizin betrachtet, gesundheitlichen Störungen *vorzubeugen*. Das wird vielmehr vom »öffentlichen Gesundheitswesen« übernommen. Allerdings fließt nur ein Bruchteil dessen, was jährlich für Heilbehandlungen ausgegeben wird, in Vorsorgeaufwendungen – obwohl fast alle Fortschritte und Verbesserungen der allgemeinen gesundheitlichen Vor- und Fürsorge auf das Konto des öffentlichen Gesundheitswesens gehen.

In den letzten Jahren hat als Reaktion auf diese Tatsache das Interesse an alternativen Heilmethoden und Vorsorgemaßnahmen zugenommen: von der Akupunktur (deren biochemische Zusammenhänge erst Ende der siebziger Jahre aufgeklärt wurden), über Biofeedback, Kräuterheilkunde, Hypnose, Massage bis hin zur Augendiagnose (Iridologie) usw. Die Erfahrungen mit diesen Methoden sagen noch nichts über ihren Wert aus, aber sie haben bei vielen Menschen gewirkt. Und oft ist allein schon die Atmosphäre, in der sie angewendet werden, den Selbstheilungskräften des Körpers förderlich. Die zugrundeliegenden Zusammenhänge sind sehr komplex. Einige dieser Methoden haben eine lange Tradition, manche würden einer wissenschaftlichen Untersuchung wahrscheinlich standhalten, andere wiederum nicht. Die Grundlagenliteratur ist umfassend und von unterschiedlicher Qualität.

Ich glaube, daß viele dieser Methoden hilfreich sind, um gesund zu bleiben und bestimmte chronische Leiden zu heilen. Allerdings sollten Menschen, die plötzlich ernsthaft erkranken, zunächst einen Schulmediziner zu Rate ziehen – viele von ihnen haben sich mittlerweile auch mit Ansätzen der ganzheitlichen Medizin vertraut gemacht.

Es ist bemerkenswert, daß die »Hausmittel« – also das Wissen, auf das die meisten Menschen in Industrieländern und anderswo zurückgreifen, wenn es um allgemeine Gesundheitsprobleme geht – nie außer acht gelassen haben, daß bei einer »Krankheit« neben mikrobiellen, körperlichen und chemischen Aspekten auch psychologische Faktoren, Ernährungs- und Umweltbedingungen berücksichtigt werden müssen. In gewissem Sinne müssen wir diese Hausmittel nur wieder neu entdecken, sie an unsere veränderten Bedingungen anpassen und das ergänzen, was die »Wissenschaftsmedizin« herausgefunden hat. Der Ansatz der ganzheitlichen Medizin geht in diese Richtung.

A. Die Psychotherapie und ihre Alternativen

Wie bei der Gesundheit im allgemeinen gilt es auch für die seelische Gesundheit, Schwierigkeiten vorzubeugen bzw. sie zu behandeln, bevor sie außer Kontrolle geraten.

1. Hilfe von Freunden

Bei den meisten Menschen, die einen »Nervenzusammenbruch« erleiden, vorübergehend »ausflippen«, »verrückt« werden oder »mit etwas nicht zu Rande kommen«, liegt die Ursache in bestimmten Lebensumständen. Natürlich prägen frühere Erfahrungen die Art und Weise des Umgangs mit solchen Situationen. Einer meiner Nachbarn sagte einmal: »Jeder hat das Recht, in seinen eigenen vier Wänden verrückt zu spielen.« Auf harmlose Weise seltsam zu sein ist ein Grundrecht, kein

Verbrechen. Aber was kann man tun, wenn ein Mensch sich so seltsam benimmt, daß Familie und Freunde damit nicht fertig werden? Wenn jemand, der Ihnen nahesteht, ernsthaft aus der Fassung zu geraten droht, sollten Sie als erstes die Umstände prüfen. Und natürlich gilt das gleiche auch für Ihre Lebenssituation, wenn Sie etwas aus dem psychischen Gleichgewicht bringt. Ernstzunehmende emotionale oder psychische Störungen, die sich in Selbstmordversuchen, andauernden Depressionen, ungezügeltem Benehmen oder Gerede usw. zeigen, hängen meist mit ernsthaften Lebensproblemen zusammen. Der- oder diejenige »bildet sich nicht alles ein« – daher ist die Unterstützung von Freunden ungeheuer wichtig. Menschen, die einen Zusammenbruch erleiden, sind selten gefährlich, es sei denn, sie lassen schwere Depressionen oder Raserei erkennen. Der Unterschied zwischen »verrückten« und »gesunden« Menschen ist sowieso nicht so groß, wie man vielleicht glaubt – wir alle haben unsere verrückten Seiten. Und den meisten von uns gelingt es mit der Unterstützung von Freunden, unsere Krisen irgendwie zu meistern.

Im folgenden ein paar grundsätzliche Fragen, die man in einem solchen Fall bedenken sollte:

Gibt es familieninterne Probleme, die auf der kranken Person lasten? (Oft haben seelische Qualen familiäre Ursachen, daher können Freunde oft besser helfen als enge Familienangehörige.)

Leidet die Person gerade unter Veränderungen im Berufs- oder Privatleben oder hat Schwierigkeiten mit den Behörden?

Ist die wirtschaftliche Situation schwierig? Lebt er oder sie zurückgezogen und verbringt eine Menge Zeit mit einsamem Grübeln, ohne den liebevollen Kontakt zu anderen Menschen?

Hat er oder sie die Verbindung zu engen Freunden oder Verwandten verloren? (Wer Freunde braucht, sollte umziehen, wenn das notwendig ist, um neue Kontakte zu knüpfen.)

Solche Probleme lassen sich manchmal durch konkretes Handeln lösen: durch einen Urlaub, durch Tapetenwechsel, indem man Leute besucht, die man besonders gern hat, durch den Kontakt zu verständnisvollen langjährigen Freunden, Priestern oder Verwandten. Wenn Sie niemanden kennen, mit dem Sie sich über Ihre persönlichen Schwierigkeiten unterhalten können, hilft Ihnen vielleicht auch ein Gespräch mit der Telefonseelsorge. Die Nummer finden Sie in jedem Telefonbuch.

Die meisten Menschen haben gelegentlich seelische Probleme. Das ist nichts, wofür man sich schämen müßte. Man sollte sich auch nicht davor fürchten: Meist lernt man nach einer gewissen Zeit, ganz gut damit fertigzuwerden. Ein guter Therapeut kann natürlich bei der Bewältigung helfen. Aber auch ohne Therapie lassen sich Krisen meistern. Außerdem sollte man Vorsicht walten lassen, um aus einer Beziehung zu einem Therapeuten keine langfristige Abhängigkeit entstehen zu lassen. Wenn Sie glauben, daß Sie einen Therapeuten brauchen, versuchen Sie, sich von Freunden, die vielleicht selbst dort Patienten gewesen sind, jemanden empfehlen zu lassen. (Es gibt leider etliche Therapeuten, die mehr schaden als nützen.)

2. Hilfe von öffentlichen Einrichtungen

In der Vergangenheit konnte man jemanden relativ schnell in ein psychiatrisches Krankenhaus einliefern lassen – und wer einmal dort gelandet war, hatte es meist schwer, wieder in ein alltägliches Leben zurückzufinden. Heutzutage ist das schwieriger. Es muß dazu eine Gerichtsverhandlung geben; psychiatrische Untersuchungen, die über das Routinemäßige hinausgehen, müssen angestellt werden und der oder die Betreffende kann einen Rechtsbeistand verlangen. Außerdem sind die Kliniken mittlerweile so überfüllt und knapp an Personal, daß sie daran interessiert sind, Patienten rasch wieder zu entlassen. Daher sind Sie meist dazu übergegangen, den Patienten Beruhigungsmittel zu verordnen und sie nach ei-

nem Monat wieder nach Hause zu schicken. Nervenheil-
anstalten erzeugen wahrscheinlich mehr Probleme als sie
heilen, aber sie versetzen manchen Patienten einen heilsa-
men Schock, so daß es ihnen besser geht. In den meisten
psychiatrischen Kliniken bekommt man selten einen Psy-
chiater zu Gesicht, und wenn, dann nur für eine kurze
Sprechzeit. Sie sind im Grunde Verwahranstalten und
außerdem ziemlich deprimierend. Halten Sie sich also
von ihnen fern, solange Sie es vermeiden können. Und
wenn Freunde dort landen, helfen Sie ihnen, wieder herauszukommen und ein neues Leben anzufangen, das so
normal wie möglich ist. In manchen Städten können Sie
bei ambulanten sozialpsychiatrischen Diensten Unterstützung finden.

Glücklicherweise haben Fortschritte in der pharma-
zeutischen Forschung zur Entwicklung neuer Medikamente geführt, die in einigen schwerwiegenden Fällen
geistiger Verwirrung erfolgreich eingesetzt werden können. (Stark verbreitet sind verschiedene Antidepressiva;
bei einigen Arten von Schizophrenie und bei endogenen
Depressionen hat sich die Behandlung mit Lithium be-
währt.) Doch kommt es einer schweren Operation gleich,
diese starken Medikamente zu schlucken. Man sollte auf
jeden Fall eine zweite ärztliche Meinung einholen, bevor
man sich auf eine solche Behandlung einläßt.

3. Selbsthilfegruppen

Die rasche Verbreitung von Selbsthilfegruppen in den
letzten zwanzig Jahren hat eine Form der Gruppenthera-
pie all denjenigen frei zugänglich gemacht, die sich daran
beteiligen wollen. Wenn Sie selbst, ein Verwandter oder
ein Freund ein Suchtproblem haben, unter zwanghaftem
Verhalten oder schweren familiären Problemen zu leiden
haben (und das trifft auf die meisten Problemfälle zu),
können Sie kostenlos an den Gruppentreffen teilnehmen,
neue Freunde finden, Unterstützung bekommen und
viele wertvolle Hinweise zur Selbsthilfe erhalten.

Alkohol ist das bei weitem größte Drogenproblem in

Amerika und Europa. Es gibt Millionen von Alkoholikern – Menschen, deren Leben vom Alkohol abhängt und die so viel trinken, daß sie damit ihre Gesundheit gefährden. Die Zahl derjenigen, die an alkoholbedingter Leberzirrhose sterben, ist erschütternd hoch. Der Alkohol fordert in jeder Gesellschaftsschicht seinen Tribut: auf den Chefetagen, in den Vororten und im Arbeitermilieu genauso wie in den Vergnügungsvierteln. Bei einer großen Zahl von Autounfällen mit Toten und Verletzten ist Alkohol im Spiel. Die meisten Mediziner, die in der Forschung tätig sind und direkt mit dem Drogenproblem konfrontiert werden, sind der Ansicht, daß Alkohol gefährlicher ist als Marihuana. Alkohol schädigt vor allem die Leber, kann zu Unterernährung führen und ist auch für den Verstand nicht gerade gesund. In kleinen Mengen genossen belebt er jedoch die Unterhaltung – und fördert die Verdauung.

Alkoholismus ist, wie jede andere Drogensucht, vor allem ein seelisches Problem. Um wirklich vom Alkohol loszukommen, muß man sein Leben vollkommen ändern, und das gelingt nur mit sehr viel Unterstützung. Die Anonymen Alkoholiker, die Zwölf-Schritte-Programme entwickelt haben, stehen im Telefonbuch. Sie haben sehr viel Erfahrung im Umgang mit Alkoholismus und bieten die bislang wohl erfolgreichste »Behandlungsmethode« an.

Es gibt sehr viele alkoholabhängige Frauen im gebärfähigen Alter, und ihre Zahl nimmt vor allem unter Teenagern ständig zu. Alkoholkonsum während der Schwangerschaft kann bei Babys zu Hirnschäden führen. Frauen, die sehr viel trinken, sollten nicht schwanger werden, und schwangere Frauen sollten Alkohol meiden.

B. Alle bekannten Krebsverursacher meiden

Auch nach jahrzehntelanger kostspieliger Forschung sind die biologischen Prozesse, die Krebskrankheiten hervorrufen, noch nicht vollständig bekannt. Die Heilungschancen haben sich durch Operation, Bestrahlung und Chemotherapie allerdings etwas verbessert, weshalb die Früherkennung (durch regelmäßige Selbstuntersuchungen, Vorsorgeuntersuchungen und Mammographien) noch wichtiger geworden ist. Sie kann buchstäblich Ihr Leben retten. Trotzdem sterben noch immer sehr viele Menschen an Krebs.

Etliche Krebsverursacher kennen wir jedoch, und sie lassen sich vermeiden. Rauchen kann nicht nur zu Lungenkrebs führen, zu der Krebsart also, die am schwierigsten zu behandeln ist und am häufigsten zum Tode führt, sondern auch zu Blasen- und Bauchspeicheldrüsenkrebs. (Außerdem ist das Rauchen für eine Reihe weiterer körperlicher Störungen verantwortlich.) Fettreiche und ballaststoffarme Ernährung wird mit Krebserkrankungen im Verdauungstrakt und möglicherweise auch in anderen Bereichen des Körpers in Verbindung gebracht. Die Häufigkeit verschiedener anderer Krebsarten ist im Lauf der Jahre gestiegen und wieder gesunken, ohne daß es dafür eine Erklärung gibt. Daher sind auch keine sinnvollen Maßnahmen zu ihrer Bekämpfung bekannt.

Manche Menschen denken aus einer gewissen hilflosen Verzweiflung heraus, daß »alles Krebs verursacht.« Das stimmt nicht. Die Umweltverschmutzung trägt wahrscheinlich zur Entstehung bestimmter Krebsarten bei. In manchen Bundesstaaten der USA, beispielsweise in Alaska und Hawaii, wo die Umwelt noch relativ schwach belastet ist, ist auch die Krebsrate sehr niedrig. Leider sind weite Teile der arbeitenden Bevölkerung am Arbeitsplatz giftigen Substanzen ausgesetzt, die oftmals krebserregend sein können. Dies sollte der Staat durch Gesetze und Vorschriften unmöglich machen. Außerdem müßte der Etat für gründliche Tests mit neuartigen chemischen Verbindungen erhöht oder aber die Herstellung solcher Substanzen ganz verboten werden. In der Zwischenzeit können Sie aber versuchen, sich Pestiziden, Herbiziden und allen anderen zweifelhaften Zutaten und Zusätzen in Kosmetik, Nahrungs- und Reinigungsmitteln so wenig wie möglich auszusetzen.

Ironischerweise ist heutzutage der Genuß von etwas Marihuana illegal, obwohl es die durch Chemotherapie verursachte Übelkeit und krebsbedingte Schmerzen lindert, während Ihnen Ihr Arzt möglicherweise Tabletten verschreiben darf, in denen der Wirkstoff THC enthalten ist.

C. Verschaffen Sie sich genügend Bewegung

Man sollte Bewegung als Vergnügen betrachten und nicht als lästige Pflicht oder Notwendigkeit: Es fühlt sich *gut* an, wenn man seine erstaunlichen körperlichen Möglichkeiten ausreizt, anstatt sie durch Bewegungsmangel verkümmern zu lassen. Muskeln, die etwas Spannkraft besitzen, sehen nicht nur besser aus, sie geben Ihnen auch mehr Kraft als schlaffe und außerdem die Möglichkeit, Ihre Arbeit besser zu tun – und Sie fühlen sich einfach besser. Herz und Lungen, die mit großer körperlicher Anstrengung fertigwerden können, sind auch bei weniger anstrengenden Aktivitäten besser in Form. Sie verschaffen Ihnen Kraftreserven, auf die Sie sich dann verlassen können, wenn Sie sich körperlich fordern wollen – wenn Sie die Treppe hinauflaufen, weil das Telefon klingelt, wenn Sie tanzen gehen oder eine Liebesnacht verbringen wollen. Viel körperliche Bewegung hält außerdem Ihr Gewicht im Rahmen, verbessert die Durchblutung Ihrer Haut, sorgt für eine gute Verdauung und macht Sie zu einem rundherum attraktiveren, energiegeladenen Menschen.

Geld können Sie damit natürlich nicht verdienen – was wahrscheinlich der Hauptgrund dafür ist, daß viele Amerikaner der körperlichen Bewegung zu wenig Bedeutung beimessen. (Lediglich 15 Prozent aller Amerikaner betreiben ernsthaft Sport – wahrscheinlich ist der allgemeine Gesundheitszustand in unserem Land deshalb so schlecht.) Aber andererseits brauchen Sie für ein bißchen Bewegung auch so gut wie kein Geld auszugeben. Das Beste, was Sie zur Verbesserung Ihres Gesundheitszustandes tun können, sind Schwimmen, schnelles Gehen und Tanzen. Vielleicht ist ein Fluß, ein See oder das Meer in Ihrer Nähe, wo Sie umsonst schwimmen können. Zum Gehen brauchen Sie nur ein gutes Paar Schuhe (die sind allerdings wichtig). Und tanzen können Sie überall dort, wo Musik ist.

Schwimmen

Beim Schwimmen werden mehr Muskeln beansprucht als bei jeder anderen Sportart, und auch das Herz wird ordentlich gefordert, wenn Sie ungefähr 20 Minuten lang richtig schwimmen. Lernen Sie verschiedene Schwimmstile, so daß Ihnen nicht langweilig wird. Um entspannt zu schwimmen und nicht so schnell zu ermüden, ist die richtige Atmung entscheidend. Wenn Sie nicht schwimmen können, nehmen Sie Unterricht in einem Schwimmbad oder bei einem Sportverein. Mit Schwimmflossen macht der Aufenthalt im Wasser oft so viel Spaß, daß sie schon etliche Leute davon überzeugt haben, daß Schwimmen die ideale Sportart für sie ist. Flossen sind natürlich auch beim Schnorcheln sehr nützlich und wenn man lange Strecken oder im aufgewühlten Meer schwimmt. Zum Schutz für die Augen in gechlorten Bädern gibt es Schwimmbrillen.

Gehen

Sie brauchen nicht zu laufen oder zu joggen. Wenn sie dreimal in der Woche schnell gehen, bringt das Ihr Herz in Schwung und hält Ihren Cholesterinspiegel sowie Ihr Gewicht in Schach. Starten Sie ein wirklich ernsthaftes Gehprogramm, das mehr ist als bloßes Spazierengehen, und steigern Sie es, um Herz und Lungen zu stärken. Wenn Sie Bedenken wegen Ihres Herzens haben, lassen Sie ein Elektrokardiogramm (EKG) machen. So erfahren

Sie auch, in welchem Bereich sich Ihr Pulsschlag bewegen
sollte. Das ist ganz einfach und klappt mit der Zeit fast automatisch.

Tanzen

Aerobikkurse werden fast überall angeboten – sei es in
Fitneßstudios oder auf Videos. Sie absolvieren dabei, wie
Tänzer in Musicals, ganz genau geplante Schritt- und
Sprungfolgen, die so konzipiert sind, daß Ihre Herzge-
fäße gefordert werden. Ähnliche Resultate können Sie
auch zu Hause erzielen, wenn Sie regelmäßig tanzen, sei
es allein oder mit Freunden. Ein großer Spiegel hilft Ih-
nen, zu erkennen, welche Bewegungen normalerweise
vernachlässigte Muskeln beanspruchen oder lockern.
Auch Bewegungsabläufe, die in Sportbüchern oder im
Fernsehen beschrieben werden, lassen sich mit etwas
Phantasie leicht in Tanzbewegungen umsetzen.

Ganz gleich, welche Art der sportlichen Bewegung Sie
bevorzugen (und es besteht natürlich kein Grund, sich
nur auf eine Form zu beschränken), das Geheimnis des
Erfolgs liegt in der Regelmäßigkeit. Wenn Sie sich nur alle
zwei Wochen einmal bis zur Erschöpfung verausgaben,
ist das wahrscheinlich schlimmer, als wenn Sie gar nichts
machen. Sie brauchen regelmäßige Bewegung, zu der Sie
sich nicht verpflichtet fühlen, sondern die Sie genießen.
Versuchen Sie, die körperliche Bewegung in Ihren Alltag
zu integrieren: Gehen Sie zu Fuß zur Post, um einen drin-
genden Brief einzustecken, nehmen Sie statt des Fahrstuhls die Treppen, benutzen Sie den Handrasenmäher
statt des lauten motorgetriebenen, experimentieren Sie
mit nicht von Routine beherrschten, aktiveren Liebes-
techniken (beginnen Sie mit dem Tanzen und widerstehen Sie der Versuchung, gleich ins Bett zu hüpfen).

Bei jeder Art der Bewegung ist es wichtig, den Brust-
korb zu weiten. Er ist oft durch Streß oder Sorgen angespannt und eng. Wenn Sie das tun, kann die Luft leichter
ein- und ausströmen, das wiederum verbessert die Sauer-
stoffzufuhr und die allgemeine Leistungsfähigkeit Ihres
Körpers. Verschiedene Dehnübungen helfen ebenfalls

(so zum Beispiel, wenn Sie im Bett liegen und Kopf und Arme über die Bettkante hängen lassen). Auch einfach tiefer und bewußter ein- und auszuatmen ist sinnvoll.

Wenn Sie ganz aktiv werden wollen, so gibt es auch viele Mannschaftssportarten, an denen Sie teilnehmen können. Zahlreiche Gruppen und Vereine bieten Volleyball, Squash, Leichtathletik, Fußball usw. an. Die Ausübung vieler dieser Sportarten kostet nur wenig und bietet neben der nötigen Bewegung auch die Möglichkeit, neue Leute kennenzulernen.

Doch glauben Sie nicht, daß ein leichtes körperliches Fitneßprogramm die schädlichen Nebenwirkungen von fettreicher Ernährung oder Kettenrauchen aufwiegt. Wenn Sie regelmäßig und hart trainieren, sinkt das Risiko eines Herzinfarktes um 35 Prozent. Um weitere 30 Prozent sinkt es, wenn Sie das Rauchen aufgeben. Warum also nicht beides tun?

Um möglichst viele Kalorien zu verbrennen, sind Seilspringen, Langlauf und Squash am besten geeignet.

Kinder brauchen ebenfalls ausreichend viel körperliche Bewegung. Man kann in unserer Zeit nicht mehr davon ausgehen, daß Kinder, die in der Stadt leben, ganz automatisch viel herumtollen. Viele sitzen stundenlang in der Schule oder vor dem Fernseher oder werden mit dem Auto irgendwo hingefahren. (Viele Kinder haben auch schlechte Ernährungsgewohnheiten, die einen erhöhten Cholesterinspiegel und Übergewicht verursachen.) Sorgen Sie dafür, daß Ihre Kinder sich mindestens drei- oder viermal in der Woche wenigstens eine halbe Stunde lang körperlich austoben. Wenn Basketball einigermaßen ernsthaft gespielt wird, ist es vom körperlichen Standpunkt aus eine ebenso gute Sportart wie Fußball. Tennis ist nur wirklich talentierten Spielern zu empfehlen. Eine Sportart, bei der man nicht so viel laufen muß, fordert Herz und Lungen wahrscheinlich nicht in ausreichendem Maß, aber genau das ist es, was Ihnen selbst und Ihren Kindern guttut.

D. Achten Sie auf Ihre Augen

Die Krankenkasse deckt die Kosten für Augenuntersuchungen. Alle paar Jahre sollten Sie Ihre Sehstärke überprüfen – vielleicht brauchen Sie ja eine Brille. Außerdem sollten Sie nachsehen lassen, ob Sie an grünem Star oder einer anderen Augenkrankheit leiden.

Grundschulen bieten in der Regel Augenuntersuchungen an, aber Eltern können oft am besten feststellen, ob mit den Augen ihrer Kinder irgend etwas nicht stimmt. Wenn Sie feststellen, daß Ihr Kind schielt oder sich den Hals verrenkt, wenn es vor dem Fernseher sitzt, liest oder am anderen Ende des Zimmers etwas erkennen will, ist dies ein Zeichen dafür, daß etwas nicht in Ordnung ist. Auch Kopfschmerzen können von Sehstörungen herrühren.

Die meisten Sehfehler lassen sich leicht mit einer Brille korrigieren. Kurzsichtigkeit oder Myopie bedeutet, daß man nur das gut sehen kann, was man dicht vor Augen hat. Eine Hornhautverkrümmung läßt alles ein wenig verschwimmen – die Entfernung spielt dabei keine Rolle. Weitsichtigkeit tritt im allgemeinen nur bei älteren Menschen auf.

Vielleicht finden Sie eine Brille, die Ihnen sehr gut steht. Falls nicht, sind Kontaktlinsen ein Luxus, für den es sich möglicherweise zu sparen lohnt. In Deutschland werden Kontaktlinsen verschrieben, wenn die Sehstärke beider Augen sich sehr stark unterscheidet. In den letzten Jahren sind die Kontaktlinsen stark verbessert worden (es gibt mittlerweile weiche Linsen, die besser »atmen«). Selbst, wenn Ihnen einmal gesagt wurde, daß Sie keine Linsen tragen können, sollten Sie das noch einmal überprüfen.

Wenn Sie Ihre Augen Staub, Chemikalien, Tränen- oder Reizgas beziehungsweise anderen Reizstoffen ausgesetzt haben, sollten Sie sie mit Wasser auswaschen. Legen Sie sich dafür hin und lassen sie das Wasser mindestens fünf bis zehn Minuten lang sanft über die Augen laufen. Dann schließen Sie sie für eine Weile, bis sie sich wieder normal anfühlen. Wenn Sie Tränen- oder Reizgas in besonders hoher Dosis ausgesetzt wurden, ist unter Umständen eine ärztliche Behandlung nötig.

Wimpern oder herumfliegende Schmutzpartikel, die Ihnen ins Auge geraten sind, waschen sich manchmal von selbst heraus. Wenn Sie sie im Spiegel erkennen können, nehmen Sie ein sauberes Taschentuch und tupfen Sie damit leicht auf die betreffende Stelle – normalerweise bleiben Wimpern oder Schmutzpartikel daran hängen und lassen sich so entfernen. Jeder stark schmerzende Fremdkörper kann die Netzhaut verletzen. In diesem Fall sollten Sie das Auge möglichst nicht reiben, weil Sie damit ernsthaften Schaden anrichten können, und unverzüglich einen Augenarzt aufsuchen.

E. Massagen

Jemand anderen vernünftig zu massieren, sollte im gesellschaftlichen Umgang so selbstverständlich sein wie die Fähigkeit, guten Tee oder Kaffee zu kochen. Die meisten Menschen in »fortschrittlichen« Industriegesellschaften leben mit chronischen Verspannungen; um lockerer zu werden, müssen wir uns gegenseitig helfen. Ein eintägiges Seminar vermittelt die Grundbegriffe: eine Reihe von einfachen Massagegriffen, leichter zu erlernen als Tanzschritte, die für Wohlbefinden und Entspannung sorgen. Man lernt, die Knoten aufzulösen, die sich oft im Hals- und Nackenbereich bilden und die häufig die Ursache für Spannungskopfschmerzen sind. Man erfährt, wie man verspannte Schulter-, Hals- und Rückenpartien lockert und lernt wirkungsvolle Techniken für Arme, Rumpf, Beine und Füße. Wenn Sie die Grundbegriffe beherrschen, wagen Sie sich vielleicht auch an andere Disziplinen: Shiatsu, Vibrationsmassage, Reflexzonenmassage, Lymphdrainage etc.

Ein Massageseminar vermittelt Ihnen sehr viel über den

inneren Aufbau des Körpers, den Sie mit Ihren Händen erforschen und erquicken können. Sie werden dadurch auch Ihren eigenen Körper mit anderen Augen betrachten, ihn auf neue Weise respektieren und sich in ihm wohlfühlen.

Manche Menschen finden sich auch zu Massagegruppen zusammen: Sie nehmen gemeinsam eine leichte Mahlzeit ein, unterhalten sich und haben Gelegenheit, auch einmal jemand anderen, der ihnen nicht vertraut ist, zu massieren. (Es ist auch außerordentlich angenehm, gleichzeitig von zwei Leuten massiert zu werden.) Besonders, wenn Sie eine heiße Badewanne oder einen Swimmingpool zur Verfügung haben, können diese einfachen Sinnenfreuden sehr belebend und gleichzeitig entspannend sein. Eine Massage kann natürlich auch erotisch stimulieren, oder aber der Anblick zufriedener, nackter Körper stimmt Sie einfach heiter und glücklich.

F. Vorsicht vor Medikamentenmißbrauch

Viele Menschen mit Herzerkrankungen, Diabetes und anderen gesundheitlichen Problemen sind auf Medikamente angewiesen, andere müssen schwere Krankheiten mit Medikamenten bekämpfen. Aber staatliche Untersuchungen in den USA haben gezeigt, daß die amerikanische Bevölkerung von den Pharmakonzernen regelrecht ausgeraubt wird. Die Pharmaindustrie verlangt überhöhte Preise für Markenmedikamente, die auch nichts anderes bewirken als dasselbe Medikament in einer anderen Verpackung und ohne Markennamen. (Jedes Mal, wenn Ihr Arzt Ihnen ein Medikament verschreibt, fragen Sie nach, ob es das preiswerteste seiner Art ist – die Pharmakonzerne geben jedes Jahr riesige Summen dafür aus, die Ärzte so zu beeinflussen, daß sie jeweils das Medikament ihres Konzerns anstelle eines anderen, billigeren Produktes verschreiben.)

Was können Sie tun? Im folgenden ein paar Tips, wie Sie Geld sparen können, ohne Ihre kostbare Gesundheit zu gefährden.

1. Mit No-Name gegen Kopfschmerzen

Ob Ihr Kopfschmerzmittel nun Aspirin heißt oder ASS, der Wirkstoff bleibt immer der gleiche: Acetyl-Salicyl-Säure. Ähnlich verhält es sich mit etlichen anderen bekannten Arzneimitteln. Fragen Sie in der Apotheke oder beim Arzt immer nach Alternativen zu den gängigen Markenprodukten, die in der Regel erheblich teurer sind als genauso wirksame No-Name-Artikel.

2. Fragen Sie Ihren Arzt nach der Wirkung

Viele Ärzte glauben, daß »Patienten Medikamente wollen« und verschreiben einfach irgendwelche Tabletten, damit Sie sich besser fühlen. (Die ehrlicheren verschreiben »Plazebos«, Tabletten ohne Wirkstoff). Fragen Sie in jedem Fall ob eine Medikation wirklich erforderlich ist und wie die Medikamente wirken.

3. Kaufen Sie keine rezeptfreien Medikamente

Viele Menschen geben unnötig viel Geld für Stärkungs- und Abführmittel, Eisentabletten, Beruhigungsmittel, Schlaftabletten, Muntermacher, Aufputschmittel usw. aus – die entweder nichts bewirken oder sie daran hindern, sich besser zu ernähren und mehr zu bewegen bzw. ihr Leben so zu verändern, daß sie diese Medikamente nicht brauchen. Wenn Sie sich richtig ernähren, genügend Bewegung und ausreichend Schlaf bekommen, sollten Sie ohne Medikamente auskommen können, es sei denn, Sie sind tatsächlich krank. Meiden Sie Apotheken, es sei denn, Sie werden ausdrücklich vom Arzt dorthin geschickt, und geben Sie das Geld, das Sie dabei sparen, lieber für eine bessere Ernährung aus.

Abführmittel

Wenn Sie genügend Ballaststoffe (Körner, Gemüse, Obst) zu sich nehmen und dafür sorgen, daß Sie ausreichend Bewegung und Schlaf bekommen, müßte Ihre Verdauung vollkommen in Ordnung sein. Ein Abführmittel werden Sie dann nur selten oder gar nie brauchen. Manche Menschen haben jeden Tag Stuhlgang, manche mehrmals am Tag, andere nur jeden zweiten Tag. Jeder dieser natürlichen Rhythmen ist normal, auch wenn die Werbung für die vielen verschiedenen Abführmittel das Gegenteil behauptet, weil die Hersteller auf Ihr Geld scharf sind.

Wirkliche Verstopfung kommt fast nur bei sehr alten oder kranken Menschen vor. (Wenn Sie ständig unter Verstopfung leiden, prüfen Sie nach, ob eine ungesunde Ernährung oder Lebensweise dafür verantwortlich sein könnte.) Aber viele Menschen werden von Abführmitteln regelrecht abhängig, die Verdauungsorgane gewöhnen sich daran und arbeiten nicht mehr normal.

Sie können sich den Gebrauch von Abführmitteln abgewöhnen, indem Sie immer weniger davon einnehmen und dabei gleichzeitig viel trinken (Wasser, heißen Tee, geringe Mengen ungesüßten Kaffees – meiden Sie kohlensäurehaltige und gesüßte Getränke) und Dinge essen, die eine abführende Wirkung haben, wie beispielsweise Trockenpflaumen, rohes Obst, Gemüse und Vollkornbrot. Gehen oder andere körperliche Bewegung ist ebenfalls hilfreich.

Sanfte Abführmittel sind die einzigen, die Sie überhaupt nehmen sollten, es sei denn, ein Arzt sagt Ihnen ausdrücklich etwas anderes. Dazu gehören Meerrettichmilch und Rizinusöl, Kamillentee oder andere Kräutertees sind ebenfalls hilfreich.

Nehmen Sie auf keinen Fall Abführmittel, wenn Sie unter Magenschmerzen, Übelkeit, Erbrechen oder anderen Symptomen leiden, die auf eine ernsthafte Erkrankung hindeuten könnten.

Schlaftabletten
Sie sind sowohl gefährlicher als auch weit wirkungsloser als Patienten und Ärzten bewußt ist, und doch wird weltweit kein Medikament häufiger verschrieben als Schlaftabletten. Sorgfältige Untersuchungen haben gezeigt, daß

sie, vor allem, wenn sie über einen Zeitraum von mehr als zwei Wochen eingenommen werden, Schlaflosigkeit nicht beheben. Hinzu kommt, daß Barbiturate in hohem Maße süchtig machen. Eine Überdosis kann sogar tödlich sein, besonders im Zusammenwirken mit Alkohol. Alternativen wie Valium und Librium machen ebenfalls süchtig.

Das interessanteste Untersuchungsergebnis zum Thema Schlaflosigkeit aber ist, daß der Schlaf derjenigen, die über Schlaflosigkeit klagen (und nach einem Rezept für Schlafmittel verlangen) sich kaum vom Schlaf derjenigen unterscheidet, die glauben, ganz normal zu schlafen. Die Ausgabe von Schlafmitteln in Krankenhäusern ist eine reine Routineangelegenheit, und diese Routine scheint sich in Arztpraxen fortzusetzen, nicht zuletzt durch die konstante Initiative der Pharmakonzerne und ihrer Vertreter. Sie schlafen mit Sicherheit besser, wenn Sie versuchen, Streß im Alltag zu reduzieren. Machen Sie sich nichts daraus, wenn Sie ab und zu weniger Schlaf bekommen – das ist kein lebensbedrohliches Problem. Und wenn Ihre Gedanken nicht zur Ruhe kommen, will Ihnen Ihr Kopf wahrscheinlich sagen, daß Sie etwas kürzer treten sollten.

Vitamine

Ein ausgewogener Speiseplan versorgt Sie automatisch mit allen lebensnotwendigen Vitaminen. Allerdings hat sich die Erkenntnis durchgesetzt, daß die zusätzliche Einnahme von Vitamin C und E sowie von Beta-Karotin der Gesundheit förderlich sein kann. Vitamin C hat mehrere positive Auswirkungen (obwohl es wahrscheinlich Erkältungen weder verhindert noch verkürzt – das schafft kein Mittel), die beiden anderen Wirkstoffe sind »Anti-Oxidationsmittel«, die möglicherweise die Entstehung von Krebs verhindern können.

4. Informieren Sie sich über Nebenwirkungen

Fragen Sie unbedingt Ihren Arzt, welche Nebenwirkungen das verschriebene Medikament hat, und ob es sich mit anderen Medikamenten, die Sie nehmen, verträgt. Durchaus gängige Nebenwirkungen wie Schläfrigkeit, Schwindel, Nervosität oder Abhängigkeit können unangenehm oder gar gefährlich sein. Aber manche Medikamente haben bei einigen Menschen noch sehr viel gravierendere Auswirkungen, sowohl psychischer als auch physischer Art. Informieren Sie Ihren Arzt, wenn Sie sich nach der Einnahme eines Medikaments plötzlich schlecht fühlen oder Ihnen etwas komisch vorkommt, und gehen Sie nicht einfach davon aus, daß es sich lediglich um ein weiteres Symptom Ihrer Krankheit handelt.

5. Virusinfektionen vernünftig behandeln

Unter Medizinern kursiert ein Witz über einen Patienten, der mit einer schweren Erkältung zum Arzt kommt. Dieser erklärt ihm, daß sie vorbeiginge, wenn er sich ausruhe und schlafe, ansonsten könne er nichts für ihn tun.

»Und was ist, wenn ich eine Lungenentzündung bekomme?« klagt der Patient.

»Ja«, sagt der Arzt, »*dagegen* können wir etwas unternehmen!« Eine Lungenentzündung ist nämlich eine bakterielle Erkrankung. Wenn sie die Lungen befällt, kann der Arzt ein Antibiotikum verschreiben, das die Bakterien abtötet. Das kuriert die Lungenentzündung in der Regel problemlos – außer bei alten oder geschwächten Menschen. Eine Erkältung ist hingegen eine Virusinfektion, ebenso wie Polio oder Masern. Dagegen helfen weder Tabletten noch Spritzen.

Viele Menschen suchen einen Arzt auf, wenn sie erkältet sind oder eine Grippe haben, obwohl es sich dabei um Virusinfektionen handelt, die am besten ausheilen, wenn man sich auf seinen gesunden Menschenverstand verläßt. Einige Patienten wundern sich, wenn der Arzt ihnen nicht helfen kann, und verlangen dann nach Antibiotika, die in einem solchen Fall nicht nur wirkungslos, sondern auch gefährlich sein können. Antibiotika haben unter Umständen Blutarmut oder andere bedenkliche Nebenwirkungen zur Folge, vernichten die nützlichen Bakterien der Darmflora und führen dazu, daß sich resistente

Bakterienstämme bilden. Viren, von denen es sehr viele verschiedene Arten gibt, die Erkältungen, Grippe und andere lästige Erkrankungen hervorrufen, reagieren nicht auf Antibiotika. Sie müssen von den körpereigenen natürlichen Abwehrkräften bekämpft werden. Viren sind in der Tat ziemlich merkwürdige Gebilde. Sie sind nicht einmal richtig »lebendig« wie Bakterien, obwohl sie sich innerhalb der Körperzellen millionenfach vermehren können, was sie auch tun. Um unserem Körper zu helfen, Viren zu bekämpfen, sorgen wir am besten für genügend Ruhe und ausreichend Schlaf und achten darauf, uns nicht zu sehr zu erschöpfen und uns vernünftig zu ernähren.

6. Nicht zuviel Aspirin

Man weiß noch immer nicht genau, wie Aspirin wirkt, aber es ist das am häufigsten verwendete Arzneimittel gegen Kopfschmerzen, Erkältungen sowie verschiedenste andere Beschwerden und Schmerzen. Zusätzlich sorgt eine Vierteltablette Aspirin dafür, daß das Blut schön »flüssig« bleibt, und beugt Schlaganfällen und Herzinfarkten vor. Kaufen Sie das preiswerteste Aspirin-Präparat, das es gibt. Es besteht kein Unterschied zwischen den einzelnen Mitteln – sie beinhalten alle dieselbe Substanz, Acetyl-Salicyl-Säure.

Manche Tabletten enthalten zusätzliches Koffein oder Vitamin C, manche wiederum angeblich magenschonende Substanzen. Aber wenn Sie von Aspirin ein wenig müde werden, trinken Sie einfach eine Tasse Kaffee. Wenn Ihr Magen Aspirin nicht verträgt, versuchen Sie es mit einem Glas Milch. (Es ist ohnehin gut, Aspirin mit Milch einzunehmen, weil Aspirin – besonders, wenn es mit Alkohol oder säurehaltigen Säften eingenommen wird – zu leichten Blutungen der Magenwände führen kann.)

Aspirin in hohen Dosen ist gefährlich, für kleine Kinder kann es sogar tödlich sein. Bewahren Sie Aspirin daher vorsorglich in einem hoch hängenden Medizinschrank auf (zusammen mit anderen gefährlichen Medi-

Medikamenten oder Mitteln, die Sie sonst noch im Haus haben). Bezeichnen Sie Aspirintabletten auch nicht als »Süßigkeit«, damit Ihre Kinder es willig einnehmen. Ein Kind, das viel Aspirin geschluckt hat, muß sofort ins Krankenhaus gebracht werden.

Betrachten Sie Aspirin nicht als Allheilmittel. Suchen Sie einen Arzt auf, wenn Sie unter ständigen Kopfschmerzen oder anderen Beschwerden leiden. Manchmal wird Kopfschmerz durch zeitweiligen Streß, Übermüdung, eine herannahende Erkältung oder andere vorübergehende Erscheinungen hervorgerufen. Er kann aber auch auf Sehschwierigkeiten oder andere ernstzunehmende Gesundheitsprobleme hindeuten.

Wenn Sie auf Aspirin allergisch reagieren, gibt es Alternativen wie Ibuprofen und Paracetamol; sie sind teurer, aber leichter verträglich.

G. Bewußt sitzen!

Viele Menschen sind immer beschäftigt und hetzen sich ab, um irgend etwas zu erledigen. Wir denken nach wie vor, daß mit uns etwas nicht stimmt, wenn wir nicht ständig produktiv tätig sind. Diese Geschäftigkeit ermöglicht es uns nicht nur, die Gefühle anderer und unsere eigenen zu ignorieren (denn innezuhalten und ihnen Aufmerksamkeit zu schenken würde bedeuten, »unserer Aufgabe nicht gerecht zu werden«), sondern versetzt uns auch in die Lage, durchs Leben zu gehen, ohne jemals fundamentale Dinge wie Geburt, Wachstum, Verfall und Tod wirklich zur Kenntnis zu nehmen. Wir schenken uns selbst nie ernsthaft Beachtung und mißachten die natürliche Ordnung sowie die anderen Mitbewohner unseres Planeten weil sie unserer »Arbeit« im Wege stehen.

Sich hinzusetzen und gar nichts zu tun, ist daher eine äußerst zielgerichtete und schwierige Angelegenheit. Für viele ist es geradezu unmöglich. Sie werden unruhig, wenn sie es versuchen, und springen bald auf, um irgend etwas zu tun oder den Fernseher einzuschalten. Daher gibt es in vielen Religionen verschiedene Meditationsriten, die uns helfen sollen, uns auf uns selbst zu konzentrieren und Ablenkung von außen fernzuhalten, wie beispielsweise Yogaübungen, den Lotussitz oder bestimmte Atemübungen. Es gibt verschiedene Arten der Meditation, über die Sie sich in Büchern, bei Mitgliedern von Zen-Gruppen oder anderen Organisationen informieren können. Wenn organisierte Gruppen Sie nicht interessieren, können Sie sich auch mit Hilfe privater Meditation oder Kontemplation vor dem Druck, der Sie aus dem Gleichgewicht zu bringen droht, schützen. Wir haben deshalb so viele Schwierigkeiten, mit den Anforderungen unseres modernen Lebens fertigzuwerden, weil unser Selbstverständnis in den Rollen untergeht, die uns aufgezwungen werden: Angestellter, Student, Soldat oder Verbraucher.

Setzen Sie sich ganz ruhig hin und machen Sie sich bewußt, daß Sie existieren: Lauschen Sie Ihrem Herzschlag und dem Ein- und Ausströmen Ihres Atems. Nehmen Sie Ihre unmittelbare Umgebung genau wahr: die Fläche, auf der Sie sitzen, die Wand vor Ihnen, die Berührung der Kleidung auf Ihrer Haut. Aber versuchen Sie dabei, alle Gedanken aus Ihrem Kopf zu verbannen. Wenn Sie das lange genug durchhalten, werden Sie ein herrliches Gefühl reinen Daseins verspüren – es läßt sich eigentlich nicht in Worten beschreiben, aber Sie fühlen sich eins mit Ihrem Körper und dem Universum. Selbst wenn Sie dieses Gefühl nur ganz kurz erleben, werden Ihnen im Vergleich dazu die alltäglichen Sorgen und Spannungen trivial und unbedeutend erscheinen. Wenn Sie dann in die Welt der Aktivitäten zurückkehren, werden Sie wahrscheinlich konzentrierter und energiegeladener als zuvor sein.

H. Körperhaltung

Die Augen mögen die »Spiegel der Seele« sein, aber aus der Bioenergetik wissen wir, daß die Körperhaltung den Charakter widerspiegelt. Schauspieler haben dies schon immer gewußt: Eine Einstellung oder ein Gefühl wird buchstäblich »verkörpert«. Das gilt aber auch für tieffliegende, aus der Kindheit stammende Verhaltensmuster – neurotisches Verhalten eingeschlossen –, die im wesentlichen unsere Haltung gegenüber der Welt bestimmen.

Doch wir *können* unsere Körperhaltung verändern. Die Haltung ist eine Sache der Gewohnheit. Mit etwas Training, im Idealfall unter Anleitung eines Bioenergetik-Lehrers, können wir unseren Körper in Form bringen und den »Körperpanzer« durchbrechen, so daß die Energieströme besser zirkulieren können und die allgemein verbreiteten Verspannungen in Nacken, Schultern oder Becken sich lösen. Sie können auch im Alltag viele praktische und angenehme Verbesserungen Ihrer Körperhaltung erreichen. So sollten Sie beispielsweise beim Schlangestehen Ihre Knie nicht fest durchdrücken, sondern locker lassen – das macht den Körper insgesamt beweglicher und kraftvoller. Wenn Sie Schulter- und Nackenmuskulatur lockern (hier können Freunde mit einer Massage helfen), können Sie leichter und tiefer atmen. Wenn Sie vor dem Fernseher nicht zusammensacken (bedenken Sie, daß unser Körper dafür gebaut ist, entweder zu sitzen oder zu liegen, aber nicht beides gleichzeitig!), vermeiden Sie schädlichen Druck auf die inneren Organe und beschränken Sie die Teilnahmslosigkeit von Körper und Hirn, die das Fernsehen bewirkt, auf ein Minimum.

Yoga, Tanz und verschiedene andere Bewegungsarten helfen Ihnen ebenfalls, den Bedürfnissen und Fähigkeiten Ihres Körpers entsprechende Beachtung zu schenken. Bewegung ist zwar nötig, reicht aber allein nicht aus. Um die Anmut und das Wohlergehen zu erreichen, zu denen Ihr Körper fähig ist, müssen Sie etwas genauer über die Funktionsweise der Muskeln Bescheid wissen. Das körperliche Wohlbefinden ist genauso wichtig wie das seelische, und beides ist eng miteinander verknüpft. Es ist sehr schade, daß sich in unserer Gesellschaft so wenige darum bemühen, ihren Körper wirklich kennenzulernen und daher ihre außerordentlichen Begabungen zur Freude, Beweglichkeit, Kraft, Ausdauer und Schönheit nicht zu schätzen wissen.

I. Nehmen Sie ab

Viele Menschen sind übergewichtig, und eine wiederum nicht geringe Zahl von ihnen in wirklich extremem Maß. Fettleibigkeit ist nicht die alleinige Ursache für die hohe Zahl von Herzinfarkten (Zigaretten sind ein weiterer wichtiger Faktor), aber sie ist in keinem Fall gesund. Normalerweise ist Übergewicht ein längerfristiges Problem. Es resultiert aus einer Reihe von Lebens- und Eßgewohnheiten und kann nur durch eine große und wirklich ernsthafte Energieleistung bewältigt werden – genauso wie das Rauchen. Als erstes müssen Sie sich daher darüber klar werden, ob Ihnen wirklich daran liegt, abzunehmen. Früher wurde auf dicke Menschen weniger herabgesehen als heute – Menschen, die so viel zu essen hatten, daß sie dick werden konnten, waren etwas Besonderes. Man hört auch heute noch manchmal den Satz, daß ein dickes Kind ein gesundes Kind sei. Aber das ist einfach nicht wahr. Tatsache ist, daß Fettzellen, die in der Kindheit gebildet werden, nie wieder abgebaut werden können. Kinder und Teenager können genauso fettleibig sein wie Erwachsene. Im allgemeinen leiden dicke Menschen sehr unter ihrem Gewicht, vor allem darunter, daß sie sexuell unattraktiv sind. Aber wenn es Ihnen wirklich egal ist, wie Sie aussehen, dann sollten Sie sich entspannen und es genießen. Machen Sie (wie Falstaff) das Beste aus Ihrem Übergewicht, auch wenn Ihre Gesundheit natürlich darunter leidet.

Das größte Problem bei Schlankheitskuren ist, daß die

meisten Menschen sie nicht durchhalten, egal wie sanft sie sind. Deshalb können manche Leute mit »Wunderdiäten« ein Vermögen verdienen, auch wenn nur die wenigsten diese Diäten durchhalten. Letztlich gibt es nur eine sichere Methode abzunehmen: Essen Sie weniger, vor allem weniger fettreiche Nahrung, und bewegen Sie sich mehr! Zauberdiäten, Wunderapparaturen und andere Allheilmittel haben keinen dauerhaften Erfolg. (Amphetamine, also appetitzügelnde oder -hemmende Tabletten, sind Aufputschmittel und machen süchtig. Es ist mit Sicherheit besser, dick zu sein, als süchtig.)

Die einzig verläßliche und gesunde Art, abzunehmen, ist aktiver zu werden, und das regelmäßig, jeden Tag. Deshalb müssen Sie keinen Bodybuildingkurs belegen oder eine neue Sportart erlernen, es sei denn, Sie wollen es. Es bedeutet einfach nur, daß Sie Ihren Körper *fordern* und ihn nicht ausschließlich als Hülle für die Eingeweide betrachten. Sie können Fettreserven durch Sex verbrennen, oder indem Sie Nägel in die Wand schlagen, laufen, Gymnastik betreiben, den Boden schrubben, mit Kindern herumtollen, Fahrrad fahren, in Ihrem Büro herumlaufen oder einkaufen gehen. Letzten Endes läuft es immer auf das Gehen hinaus. Jeden Tag eine halbe Stunde lang schnell zu gehen, ist für Ihr Gewicht und Ihre Gesundheit besser, als wenn Sie sich nur gelegentlich einmal ordentlich austoben (was manchmal eher Schaden anrichtet, wenn Sie nicht in Form sind).

Versuchen Sie also lieber, das Gehen in Ihren Alltag zu integrieren. Können Sie zu einem Geschäft laufen anstatt hinzufahren? Können Sie Ihre Kinder zu Fuß statt mit dem Auto abholen? Können Sie statt des Fahrstuhls die Treppe nehmen? Mit einer halben Stunde zügigem Gehen täglich (nicht einfach nur spazierengehen) wendet sich für die meisten Menschen das Blatt, und sie nehmen langsam ab statt langsam zu. Nehmen Sie sich etwas Zeit und bleiben Sie am Ball!

Es ist natürlich schön, wenn Sie zufällig Spaß am Tanzen, Wandern, Schwimmen, Tischtennis oder an anderen körperlichen Aktivitäten haben. Tischler- und Reinigungsarbeiten oder ähnliche Tätigkeiten verbrauchen aber genauso eine Menge Energie. Das gleiche gilt natürlich auch für andere körperliche Arbeit. Ich war nie so fit wie zu der Zeit, als ich Aushilfe in einer Bibliothek war und schnell die Bücher aus den Regalen holen mußte.

Vielleicht denken Sie, daß mehr Bewegung zu einer Appetitzunahme führen könnte, so daß der erhoffte Gewichtsverlust wieder zunichte gemacht wird. Doch das tritt glücklicherweise nicht ein. Überlegen Sie einen Moment: Wenn dem tatsächlich so wäre, müßte jeder, der körperlich aktiv ist, unendlich dick werden. Tatsächlich kann Ihre Nahrungsaufnahme nie mit einer intensiven körperlichen Betätigung Schritt halten. Das ist nur dann der Fall, wenn Sie viel sitzen und ihre Zeit überwiegend am Schreibtisch oder vor dem Fernseher verbringen. Neuere Untersuchungen haben gezeigt, daß Männer, die eine sitzende Tätigkeit ausüben, durchschnittlich zwanzig Prozent schwerer sind als körperlich aktive Männer, obwohl diese 600 Kalorien mehr pro Tag zu sich nehmen. Frauen mit einer sitzenden Tätigkeit sind dreißig Prozent schwerer, obwohl aktive Frauen 570 Kalorien mehr zu sich nehmen. Die Moral ist also einfach: Wenn Sie wirklich körperlich aktiver sind, können Sie mehr essen und wiegen trotzdem weniger!

Übrigens vergessen viele, daß auch Alkohol viele Kalorien hat, genauso wie die Chips, Dips und Nüsse, die man dazu oft ißt. Wenn Sie also ihren Alkoholkonsum senken, reduzieren sich dadurch möglicherweise auch Ihre Kalorienzufuhr und Ihr Gewicht.

J. Geben Sie das Rauchen auf

Es ist mittlerweile allgemein bekannt, daß Zigarettenrauchen selbstzerstörerisch ist und nicht nur Lungenkrebs, sondern auch Herzkrankheiten und andere Beschwerden zur Folge haben kann. Es beschleunigt die Alterung der

Haut und vermindert deren Durchblutung. Das führt wahrscheinlich nicht nur zu der für Raucher typischen Blässe, sondern setzt auch die Sensibilität herab, eingeschlossen die der Geschlechtsorgane. Für die Gesellschaft – von den Folgen für die betroffenen Raucher einmal ganz abgesehen – entstehen durch ärztliche Behandlung, Arbeitsausfall usw. hohe Kosten. Jedes Jahr sterben allein in den USA 100 000 Menschen an Lungenkrebs, bei 80 Prozent von ihnen ist das Rauchen die Ursache. Nur zehn Prozent der Lungenkrebskranken werden gerettet. Neueste Forschungsergebnisse haben gezeigt, daß auch Nichtraucher geschädigt werden können, wenn sie dem Rauch von Zigaretten ausgesetzt sind. Außerdem können Zigaretten schädliche Auswirkungen auf die Gene der Nachkommen von Rauchern haben. (Das Rauchen von Zigarren und Pfeifen sowie der »Genuß« von Kautabak führt eher zu Lippen- oder Zungenkrebs als zu Lungenkrebs.)

Nikotin ist eine Droge mit einem solchen Suchtpotential, daß sie vermutlich nie ganz ausgerottet werden wird. Aber daß sie so weit verbreitet ist und die Zahl der erwachsenen Konsumenten so hoch ist, liegt vor allem an zwei Faktoren: den teuren Werbekampagnen der Tabakindustrie und paradoxerweise der Tatsache, daß Rauchen *gefährlich* ist. Eine ganze Reihe von Anzeichen deuten darauf hin, daß Raucher eher rebellische Menschen sind, die sich ungern vorschreiben lassen, was sie tun sollen, selbst wenn sie damit ihr Leben gefährden. (Manche von ihnen bezweifeln außerdem nach wie vor die schlagenden Argumente, die gegen das Rauchen sprechen.) Viele Menschen rauchen, um ihre Unabhängigkeit, ihren Glauben an ihre körperliche Immunität sowie ihre Entschlossenheit zu demonstrieren, sich Genuß zu verschaffen, egal, was die anderen sagen. Rauchen ist für diese Leute genauso wichtig wie für andere gefährliche Sportarten, etwa Skifahren oder Drachenfliegen. Auch ökonomische Faktoren spielen dabei eine wichtige Rolle: Menschen aus unteren Gesellschaftsschichten, die in ihrem Leben sowieso vieles entbehren müssen, glauben womöglich, daß sie

272

buchstäblich weniger haben, wofür es sich zu leben lohnt, als Menschen aus der Mittelschicht. Sie haben daher unter Umständen weniger Interesse daran, ihr Leben zu verlängern, wenn das bedeutet, dafür auf ein unmittelbares Vergnügen zu verzichten.

Die meisten Raucher kommen aus Familien, in denen auch die Eltern schon geraucht haben. Ein zusätzlicher Anreiz, das Rauchen aufzugeben, liegt also darin, die eigenen Kinder vor dem Glauben zu bewahren, es sei etwas Natürliches und Erstrebenswertes.

Manche Anzeichen deuten auch darauf hin, daß eine vegetarische Ernährung und Alkoholabstinenz im Körperhaushalt für mehr alkalische Anteile sorgen, was dem Verlangen nach Nikotin irgendwie entgegenwirkt. Besonders alkalische Nahrungsmittel sind Zuckersirup, Limabohnen, Rosinen, getrocknete Feigen, Mangold, Spinat, Hefe, Mandeln, Möhren, Sojabohnen, Süßkartoffeln und Tomaten.

K. Pflegen Sie Ihre Zähne

Weil viele Eltern ihren Kindern mit dem Zähneputzen auf die Nerven gehen, vernachlässigen viele Menschen ihre Zähne, wenn sie endlich das Elternhaus verlassen. Junge Leute bekommen heutzutage eine Menge weiches, praktisch vorgekautes Essen (Pizza, Milchshakes, Kuchen), so daß in ihrer Ernährung oft wesentliche Nährstoffe fehlen, wenn sie dann alleine leben. Sie hören auf, sich die Zähne zu putzen und zum Zahnarzt zu gehen, weil sie glauben, daß dadurch ihre neugewonnene Freiheit eingeschränkt würde. Einige Jahre lang geht das gut, und dann verlieren sie ein paar Zähne. Das versetzt ihnen einen Schock und animiert sie, sich wieder die Zähne zu putzen und Zahnseide zu benutzen. Außerdem verpaßt ihnen die gesalzene Zahnarztrechnung einen gehörigen Dämpfer.

Wie Augen, Ohren, Nase, Brust, Penis und andere Körperteile sind auch die Zähne bei jedem Menschen anders. Einige haben erstaunlich robuste, schöne Zähne, die ihnen bis ins hohe Alter erhalten bleiben, ohne daß sie dafür mehr tun, als sie täglich zu putzen. Andere haben Zähne, die selbst bei der gründlichsten zahnärztlichen Pflege einfach verfaulen. Leider weiß man gute Zähne erst dann wirklich zu schätzen, wenn man Probleme mit ihnen oder dem Zahnfleisch bekommt. Jeder Zahnschmerz oder auch andauernde empfindliche Reaktionen auf heiß oder kalt sind ein Zeichen für möglicherweise ernsthafte Probleme, die Sie von einem Zahnarzt untersuchen lassen sollten.

Eine Behandlung beim Zahnarzt ist heutzutage nicht mehr so schmerzhaft. Trotzdem fürchten sich viele Patienten nach wie vor vor einem Zahnarztbesuch und übertragen diese Ablehnung auf ihre Kinder. Möglicherweise fällt es Ihnen ja leicht, wenn ein Freund Sie begleitet, dem ein Zahnarztbesuch nicht so viel ausmacht. Und sorgen Sie auf jeden Fall dafür, daß derjenige, der Ihr Kind bei seinem ersten Zahnarztbesuch begleitet (im Alter von zwei oder drei Jahren sollten Sie nachsehen lassen, ob die ersten Zähne gerade wachsen), darin keine Qual, sondern eine erträgliche Erfahrung sieht. Kinder hegen kein angeborenes Mißtrauen gegenüber dem Zahnarzt. Im Gegenteil: meist gefällt ihnen das ganze Werkzeug, mit dem der Zahnarzt spielen kann. Ein netter und vernünftiger Zahnarzt wird einem Kind immer erklären, was er vorhat und warum das notwendig ist. Heutzutage ist das Unangenehmste, was Sie im Zahnarztstuhl aushalten müssen, der Einstich der Nadel, mit der die Betäubung verabreicht wird.

Ihr Zahnarzt hat vermutlich schreckliche Schautafeln und Bilder in seiner Praxis hängen, die verdeutlichen, was Karies (Zahnfäule) genau ist, und warum entstandene Löcher ausgefüllt werden müssen. Es ist besonders wichtig, auf Zahnfleischerkrankungen (wie z. B. Parodontose) zu achten, über die man heute sehr viel besser Bescheid weiß als früher. Das gilt besonders, wenn Sie die Dreißig oder Vierzig erreicht haben. Solche Krankheiten können buchstäblich dazu führen, daß Ihnen die Zähne ausfallen.

Ein künstliches Gebiß oder auch nur einzelne falsche Zähne sind nicht nur teuer. Es ist auch schwierig, damit zu kauen, kurz: es ist einfach unangenehm. Sie sollten daher versuchen, Ihre eigenen Zähne so lange wie möglich zu behalten, auch wenn es Zeit und Mühe kostet. Vor allem Abszesse sollten unbedingt behandelt werden. Ein unbehandelter verfaulter Zahn ist ein kleiner Bakterienherd, der Bakterien im ganzen Körper verteilt und einen regelrechten körperlichen Zusammenbruch verursachen kann. Wenn Sie richtige Zahnschmerzen haben, versuchen Sie den Schmerz nicht mit Tabletten zu bekämpfen. Gehen Sie zum Zahnarzt, denn mit Schmerzen zeigt der Körper an, daß etwas nicht stimmt.

Die wichtigsten Dinge, die man bei der Zahnpflege beachten sollte, sind:

Zahnseide

Gewöhnen sie sich an den Gebrauch von Zahnseide, bevor Sie sich die Zähne putzen. Die Zahnseide befördert Speisereste aus den Zahnzwischenräumen. Anschließend putzen Sie sich regelmäßig die Zähne, möglichst nach jeder Mahlzeit, auf jeden Fall aber nach dem Frühstück und dem Abendessen. Zahnpasta ist nicht unbedingt nötig, die Hauptarbeit erledigt die Zahnbürste. Suchen Sie sich eine Zahnbürste, die hart genug ist, aber nicht so hart, daß sie das Zahnfleisch verletzt. Viele Leute geben eine Menge Geld für besonders wohlschmeckende Zahncremes oder -pulver aus, deren einziger Vorteil darin liegt, daß sie einen unter Umständen dazu animieren, länger zu putzen (ein kleiner Klecks genügt). Benutzen Sie keine Zahncreme, die verspricht, daß sie die Zähne »weißer« macht. Besonders für Menschen über 35 sind sie bedenklich, weil sie den Zahnschmelz angreifen.

Es ist, nebenbei bemerkt, erstaunlich, wie viele überaus intelligente Menschen nicht genau wissen, wie man sich die Zähne richtig putzt. Das wichtigste ist die reinigende Drehbewegung aus dem Handgelenk, mit der Sie die Borsten vom Zahnfleischbereich ausgehend über die Zähne bewegen – so massieren Sie gleichzeitig das Zahnfleisch und entfernen Speisereste aus den Zahnzwischenräumen. Bitten Sie Ihren Zahnarzt, Ihnen das Zähneputzen noch einmal zu erklären, auch wenn es Ihnen unangenehm ist.

Zahnarztbesuch

Gehen Sie zweimal im Jahr zum Zahnarzt und lassen Sie Ihre Löcher behandeln.

Ernährung

Ernähren Sie sich gesund. Nehmen Sie nahrhafte Speisen zu sich, die Sie gut kauen müssen. Der Zustand Ihrer Zähne hängt teilweise vom Allgemeinbefinden ab – und umgekehrt. Vernachlässigte Zähne können gesundheitliche Probleme zur Folge haben.

Fluortabletten

Bitten Sie Ihren Zahnarzt, Ihren kleinen Kindern Fluortabletten zu verschreiben, wenn Ihr Trinkwasser nicht genügend Fluor enthält. Wird Fluor eingenommen, wenn die Zähne sich in der Entwicklung befinden, also bevor sie tatsächlich das Zahnfleisch durchstoßen, verringert sich die Entstehung von Karies eindeutig. Die Tabletten sind nicht teuer und machen sich schon während der Kindheit mehrfach bezahlt. Frauen, die in fluorarmen Gebieten leben, sollten während der Schwangerschaft Fluortabletten einnehmen, da etwas Zahnschmelz bereits vor der Geburt gebildet wird.

L. Hüten Sie sich vor zuviel Sonne

Wegen des Einsatzes von Fluorkohlenwasserstoffen (FCKW) in Kühlsystemen und bei verschiedenen industriellen Prozessen wird die schützende Ozonschicht in der Atmosphäre immer dünner. Daher erreicht immer mehr gefährliche ultraviolette Strahlung die Erdoberfläche. Niemand weiß, wie weit dieser Prozeß noch fortschreiten wird, aber auch in etlichen dichtbesiedelten Regionen, die weit von den Polen entfernt sind (wo

Ozonlöcher zuerst beobachtet wurden), ist die Lage bereits besorgniserregend. Es besteht kein Anlaß zur Panik, zumindest vorläufig noch nicht, aber trotzdem ist es vernünftiger, sich so wenig wie möglich der Sonne auszusetzen. Setzen Sie einen breitkrempigen Hut auf, wenn Sie sich länger als 15 Minuten in der Sonne aufhalten (es gibt viele schicke Hüte, und die meisten Menschen sehen damit großartig aus). Benutzen Sie Sonnencreme mit dem höchsten Schutzfaktor, den Sie finden können. Kleidung schützt Sie nicht vollständig, aber tragen Sie trotzdem leichte und weite Kleidungsstücke, die möglichst viel Haut bedecken. Tragen Sie auch eine Sonnenbrille, die das UV-Licht herausfiltert. (Autofahren ist übrigens in dieser Beziehung nicht riskant, weil die Fensterscheiben im Auto das ultraviolette Licht abhalten; wenn Sie also die Sonnenbrille nur zum Autofahren benötigen, können Sie auch eine ohne UV-Filter tragen.)

Ironischerweise hat es sich im Laufe der Zeit durchgesetzt, Bräune als Zeichen für strahlend gute Gesundheit zu werten. Heutzutage ist sie im wesentlichen ein Hinweis darauf, daß man sich übermäßig der Gefahr einer Hautkrebserkrankung ausgesetzt hat. Wissenschaftler vermuten außerdem, daß zuviel UV-Licht das Immunsystem schädigt. Auf jeden Fall wirkt es sich negativ auf den Ertrag von Reis- und Sojabohnenpflanzen aus.

M. Schützen Sie sich vor Geschlechtskrankheiten

Seit Menschengedenken gibt es Krankheiten, die beim Geschlechtsverkehr übertragen werden. In den letzten Jahrzehnten hat das Auftauchen der Immunschwächekrankheit AIDS die Lage auf beängstigende Weise verschärft. AIDS hat seitdem beträchtlichen Einfluß auf das Sexualleben unter Homosexuellen wie auch unter Heterosexuellen gewonnen. Sie müssen aber auch über andere Krankheiten Bescheid wissen und sich davor schüt-

zen. In Deutschland sind Geschlechtskrankheiten melde-
pflichtig, eine Nichtbehandlung ist unter Umständen sogar strafbar.

AIDS kann auch durch heterosexuellen Sex übertragen
werden, und Millionen haben sich weltweit mittlerweile
infiziert. Die meisten Fälle gibt es jedoch nach wie vor unter homosexuellen Männern und Drogenabhängigen, die
sich mit dem Virus anstecken, weil sie dieselben Spritzen
benutzen. Sie können sich gegen AIDS schützen, wenn
Sie beim Geschlechtsverkehr immer ein Kondom benutzen, es sei denn, Sie kennen Ihren Partner oder Ihre Partnerin und deren oder dessen sexuelle Vergangenheit sehr
gut. Ihr Leben kann davon abhängen. (Das Ergebnis eines
AIDS-Tests gibt Ihnen nur Aufschluß für den Zeitraum
bis zu sechs Monaten vor dem Test.) Kondome können
Spaß machen, und es gibt sie in vielen Formen, Farben
und Geschmacksrichtungen. Und wenn Sie und Ihr Partner oder Ihre Partnerin eine lockere Einstellung dazu haben, können sie sehr aufregend sein. Weitergehende Informationen erhalten Sie bei jeder AIDS-Beratungsstelle
oder bei den AIDS-Telefonen, die viele größere Städte
mittlerweile eingerichtet haben.

Wegen der starken AIDS-Gefahr leben immer mehr
Menschen monogam. Überdenken Sie gemeinsam mit
Ihrem Partner oder Ihrer Partnerin ihre Einstellung zur
Monogamie. Manche Menschen experimentieren auch
mit »Gruppenmonogamie«: Eine bestimmte Anzahl
von Leuten, die wissen, daß sie kein AIDS haben, schlafen miteinander, aber auf keinen Fall mit irgend jemandem außerhalb dieser Gruppe. Das setzt natürlich gegen-
seitiges Vertrauen voraus.

Gonorrhöe (Tripper)
Diese Krankheit verursacht an den männlichen Geschlechtsorganen Absonderungen, Jucken und Brennen
beim Wasserlassen usw. Gonorrhöe ist eine unangenehme
und ernsthafte Erkrankung, zumal sie bei Frauen nur
schwer festzustellen ist. Sie wird leicht verschleppt und
kann dann die Fortpflanzungsorgane schädigen. Zu viele

Menschen kümmern sich nicht weiter darum und hoffen, daß sie entweder nicht krank sind oder daß die Beschwerden von alleine wieder weggehen. Das tun sie aber nicht. Gehen Sie zum Arzt und lassen Sie sich die nötigen Tabletten verschreiben, die den Tripper innerhalb weniger Tage heilen. Informieren Sie außerdem alle, mit denen Sie in den vorangegangenen drei Wochen Sex hatten.

Syphilis

Sie verursacht offene Wunden an den Geschlechtsorganen oder anderen Stellen des Körpers. Syphilis kann durch die richtige Therapie rasch geheilt werden. Wenn sie nicht behandelt wird, kann sie sich jedoch zu einer schweren Krankheit entwickeln – in den letzten Stadien führt sie unter Umständen zu geistiger Umnachtung und zum Tod. Informieren Sie auch hier wieder alle, mit denen Sie in der letzten Zeit geschlafen haben.

Herpes

Herpes kam früher nur selten vor, ist aber in manchen Großstädten mittlerweile zu einer regelrechten Epidemie geworden. Der Erreger ist mit dem Fieberbläschen-Virus verwandt, und die kleinen, mit Flüssigkeit gefüllten Herpesbläschen erinnern auch an Fieberbläschen. Sie entwickeln sich zu flachen, feuchten Blasen, die normalerweise rund um den Penisansatz, an den Schamlippen oder auf der Haut zwischen Genitalien und After auftreten. Sie können sich aber auch unbemerkt am Gebärmutterhals entwickeln. Manchmal treten Schwellungen im Genitalbereich oder in der Leistengegend, schmerzhafte Reizungen oder auch Vaginalausfluß auf. Bevor die Bläschen auftreten, reagieren manche Menschen mit überempfindlicher Haut, Jucken oder Brennen an Hintern, Oberschenkeln, Beinen und Fersen.

Der erste Herpesschub ist meistens der schlimmste, da die Erkrankung drei bis sechs Wochen lang andauern kann. Bei erneutem Auftreten halten die Symptome normalerweise nicht länger als zehn Tage an. Das Herpesvirus bleibt im Körper, auch nachdem die Bläschen verheilt sind, und kann bei Streß, Übermüdung oder aufgrund anderer Faktoren wieder ausbrechen.

Herpes ist überaus ansteckend und kann durch orale, anale oder genitale Kontakte übertragen werden. Die akuten Beschwerden lassen sich durch kühle Bäder, lokal anwendbare Salben mit betäubender Wirkung und Schmerzmittel lindern. Um Folgeinfektionen zu vermeiden, müssen Sie die betroffenen Stellen sauber und trocken halten.

Herpes ist besonders für Frauen unangenehm und gefährlich. Es erhöht das Risiko einer Krebserkrankung am Gebärmutterhals und kann zu Fehl- oder Frühgeburten führen. Wenn bei einer Frau zum Zeitpunkt der Geburt Herpesbläschen festgestellt werden, muß ein Kaiserschnitt vorgenommen werden.

Um eine Ansteckung zu verhindern, vermeiden Sie jeden Sexualkontakt mit Personen, die unter Bläschen oder offenen Wunden leiden bzw. kürzlich gelitten haben. Unter Umständen ist es natürlich überaus peinlich, in einem zärtlichen Moment darüber zu sprechen, aber eine Ansteckung ist weitaus schwerwiegender, als sich und den anderen in Verlegenheit zu bringen. Die Benutzung eines Kondoms schützt nur, wenn sich die Bläschen auf dem Penis befinden und vom Kondom völlig abgedeckt werden, oder wenn sie sich in der Vagina befinden. Selbst dann sollten Sie sehr vorsichtig sein, denn das Virus kann in Hand und Mund lange genug überleben, um von einer Person auf die andere übertragen zu werden. Es ist gefährlich und unverantwortlich, mit jemandem zu schlafen, wenn man an Herpes leidet.

Wenn Sie sich mit Herpes angesteckt haben, dann versuchen Sie herauszufinden, was einen erneuten Ausbruch herbeiführen kann, und meiden Sie diese Verursacher. Verzichten Sie außerdem auf enge Hosen und Unterwäsche aus Synthetikstoffen, die im Genitalbereich zuviel Wärme und Feuchtigkeit erzeugen.

Papillomatose

Diese Viruserkrankung zieht nur Frauen in Mitleidenschaft, kann aber von beiden Geschlechtern weiterverbreitet werden. Wenn sie nicht behandelt wird, kann sie zu Gebärmutter- oder Gebärmutterhalskrebs führen.

Die Symptome der meisten Geschlechtskrankheiten sind bei Frauen viel schwerer festzustellen als bei Männern. Das bedeutet, daß die Verantwortung hauptsächlich bei den Männern liegt. Wenn Sie feststellen, daß Sie an einer solchen Krankheit leiden, sollten Sie unbedingt alle diejenigen informieren, mit denen Sie in der letzten Zeit sexuelle Kontakte hatten, weil der eine oder die andere Sie wahrscheinlich damit angesteckt hat bzw. Sie jemanden angesteckt haben. Alle Beteiligten sollten sich von einem Arzt untersuchen und behandeln lassen, sonst stecken Sie sich erneut gegenseitig an (oder jemand anders, der mit einem/einer von Ihnen schläft). Um die Erkrankung festzustellen, könnten übrigens durchaus mehrere Untersuchungen notwendig sein.

Bei *Filzläusen* (Schamläusen) handelt es sich zwar nicht um eine Geschlechtskrankheit, sondern um kleine Parasiten, aber man kann sie auch von einem Arzt für Geschlechtskrankheiten behandeln lassen. Filzläuse verursachen heftigen und hartnäckigen Juckreiz im Schamhaarbereich. Wenn Sie sehr gute Augen haben, können Sie die kleinen Biester mit bloßem Auge erkennen. Verwandte Hautparasiten sind *Krätzmilben*. Sie sind mit bloßem Auge nicht erkennbar, leben außerhalb des Schambereichs und bewirken hartnäckiges Jucken auf Bauch, Beinen und Händen. Wie Filzläuse können sie mit Salben rasch behandelt werden.

N. Schützen Sie Ihr Zuhause vor Schädlingen

Manche Parasiten, wie z. B. Läuse, leben auf unserem Körper. Andere Lebewesen halten sich gerne in unserer Nähe auf, verzehren unser Essen und teilen unsere geheizte Unterkunft mit uns. In unseren Städten gibt es schätzungsweise genauso viele Ratten wie Menschen (auch wenn noch niemand eine vollständige Rattenzählung vorgenommen hat).

Weil Ratten, Küchenschaben, Fliegen und andere Schädlinge sich von unserem Essen ernähren, können wir sie nur loswerden, indem wir sie nicht mehr füttern. Man kann ihnen Fallen stellen (Käse funktioniert übrigens nicht), sie vergiften, sie totschlagen und so weiter – aber solange ihr Essensnachschub gewährleistet ist, wird jedes tote Tier durch Nachkommen ersetzt, und man muß noch mehr Geld für weitere Fallen und noch mehr Gift ausgeben.

1. Vorsicht bei Schädlingsbekämpfungsmitteln

Bewahren Sie Schädlingsbekämpfungsmittel zu Hause immer an einem für Kinder unerreichbaren Platz auf, besonders, wenn es sich um Spraydosen handelt, mit denen Kinder nur zu gern spielen. Halten Sie sich strikt an die Anweisungen auf der Packung. (Denken Sie immer daran, daß schon mancher Landwirt den Tod fand, weil er solchen Substanzen ausgesetzt war.) Achten Sie darauf, daß kein Geschirr, Werkzeug oder Haustier mit dem Spray in Berührung kommt. Falls es doch passiert, waschen Sie es sofort mit viel heißem Seifenwasser ab und spülen Sie gut mit klarem Wasser nach. Wenn Nahrungsmittel damit in Berührung kommen, werfen Sie sie weg. Wenn es auf Ihre Haut oder Ihre Kleidung gelangt, waschen Sie sie gründlich, und das so schnell wie möglich. Atmen Sie niemals Insektenspray ein und achten Sie darauf, daß Sie es nicht in die Augen bekommen. Öffnen Sie Türen und Fenster, wenn Sie solche Mittel benutzen müssen. Gehen Sie damit nicht in die Nähe von Aquarien (es tötet die Fische), Tiernahrung oder Wasser. Wenn Sie vergiftete Rattenköder auslegen, sorgen Sie dafür, daß sie nicht von Haustieren gefressen oder in die Hände von Kindern gelangen können; jedes Jahr sterben viele Kinder an Rattengift.

2. Ratten und Mäuse

Ratten leben in Holzstapeln und Büschen in der Nähe schöner Vorortvillen ebenso wie in den Kellern heruntergekommener Häuser oder in Abwässerkanälen. Manche Ratten und Mäuse leben im Freien und ernähren sich von dem, was sie finden. Manchmal jedoch dringen sie durch Löcher oder offene Türen in Häuser ein. Ratten scheinen durch Luftschächte auch ins Abwassersystem zu gelangen. Manchmal versuchen sie dann, durch die Toilette nach oben zu klettern und ertrinken dabei.

Verschließen Sie alle Löcher, durch die Ratten und Mäuse eindringen könnten. Löcher in Gipswänden dichtet man am besten mit Spachtelmasse ab, die man über einem Stück Maschendraht oder Stahlwolle, das man in Spachtelmasse oder Gips eingetaucht hat, verstreicht. Wer die Löcher einfach mit Papier oder Pappe verstopft, verschafft den Nagern nur etwas Kautraining. Löcher in Fußleisten oder Holzwänden schließt man am besten, indem man ein Stück Metall daraufnagelt – eine plattgeklopfte Konservendose, ein Stück Wellblech oder was immer gerade zur Hand ist. Sorgen Sie dafür, daß die Türen gut schließen. Wenn der Spalt unter der Tür zu groß ist, nageln Sie ein Brett darunter, so daß keine Ratten mehr hindurchschlüpfen können. Lassen Sie sich nicht entmutigen – jeder, der im Besitz eines Hammers ist, kann verhindern, daß Ratten in seinen Wohnraum eindringen.

Bewahren Sie Ihre Vorräte in Behältern auf, die Ratten nicht durchnagen können. Das ist ohnehin eine gute Idee, weil sich Nahrungsmittel in luftdichten Behältnissen länger halten. Bewahren Sie Reis, Mehl, Brot, Müsli und andere lose Nahrungsmittel in Kaffeedosen mit einem luftdicht abschließenden Deckel, in großen Einmachgläsern, einem Brotkasten aus Blech oder wenigstens in einem rattensicheren Schrank mit einem gut schließenden Türriegel auf. Ratten und Mäuse sind geschäftige, aktive Tiere, die viel zu essen brauchen. Wenn sie bei Ihnen nichts finden, suchen sie woanders. Außerdem sollten Sie sich mit

Ihren Nachbarn und dem Hauseigentümer zusammentun, um rattensichere Abfalleimer anzuschaffen. Viele Ratten ernähren sich ausschließlich von Abfällen. Sinnvoll ist auch eine Aufräumaktion in der Nachbarschaft zur Entsorgung von herumliegendem Gerümpel und anderem Müll. Wenn Sie gleich nach dem Einzug bemerken, daß Ihr Haus von Ratten heimgesucht wird, kann das ein Grund für eine fristlose Kündigung sein.

3. Ameisen

Im allgemeinen kommen Ameisen in die Häuser, um sich von dem zu ernähren, was Sie ihnen übriggelassen haben: im Abfalleimer, im Waschbecken, auf der Arbeitsfläche, wo Sie das Essen zubereiten, in offenen Dosen oder Gläsern. Um sie loszuwerden, muß man dafür sorgen, daß sie nichts mehr zu essen haben. Von Zeit zu Zeit werden Ihnen wahrscheinlich immer noch ein paar auf der Suche nach Essensresten über den Weg laufen, aber damit können Sie wahrscheinlich leben. Das ist auf jeden Fall besser, als Giftspray zu versprühen, mit dem Sie außerdem sich und Ihren Kindern schaden können. Versprühen sie niemals Ameisengift in Ihrem Gemüsegarten – etliche Wurzelgemüse, die Sie später essen wollen, speichern das Gift. Wenn Ameisen wirklich zur Plage werden, über Ihre Bäume herfallen und Ihre Kinder beißen, dann wenden Sie sich an die Gesundheitsbehörde. Ansonsten sollte man sie einfach als natürliche Müllabfuhr betrachten, die Abfall entsorgt und ihn dem natürlichen Kreislauf zuführt.

4. Flöhe

Flöhe leben vom Blutsaugen, und wenn sie bei Ihren Haustieren nicht genügend abzapfen können, dann beißen sie Menschen. Es gibt zwei Möglichkeiten, sie loszuwerden: Indem man sie schon bei den Haustieren tötet (mit einem desinfizierenden Bad, einem Flohhalsband oder Flohpuder) und/oder indem man Möbel und Teppichboden mit Insektenspray besprüht. Leider sind Flohhalsbänder ziemlich giftig, sowohl für Haustiere als auch für Kinder, die damit möglicherweise in Berührung kommen. Manche Arten von Flohpuder helfen gut, andere nicht – offenbar sind einige Stämme von Flöhen resistent dagegen. Rufen Sie den örtlichen Tierschutzverein oder einen Tierarzt an und fragen Sie, was dort benutzt wird (manche Sorten Flohpuder sind auch für Katzen und Welpen gefährlich). Es ist unklug, Gift im ganzen Haus zu versprühen, nur um Flöhe loszuwerden. Wenn es sich um eine echte Plage handelt, dann sollten Sie die betroffenen Teppiche oder Möbelstücke eine Woche lang im Freien lassen, außer Reichweite von Menschen und Tieren, von denen sich die Flöhe ernähren. Das sollte ihrem Leben auch ohne Spray ein Ende setzen. Wenn Sie aber gezwungen sind, Insektengift zu versprühen, dann ziehen Sie besser ein paar Tage zu Freunden, bis sich das Pestizid etwas verflüchtigt hat.

5. Fliegen

Wo immer es viel Dünger oder Kot, Abfall, anderes faulendes Material oder offen zugängliche Nahrungsmittel gibt, gibt es auch Fliegen. Wenn der Kot von Ihren eigenen Tieren stammt, sammeln Sie ihn am besten ein und werfen ihn auf den Komposthaufen, wo die Temperatur (und die schwarze Plastikplane, die Sie zum Abdecken benutzen sollten) die Fliegen fernhält. Feuchter Kot zieht sehr viel mehr Fliegen an als trockener. Wenn Sie also in Ihren Tiergehegen Stroh auslegen, trocknet der Kot schneller. Gut schließende Mülltonnen helfen sowohl gegen Ratten als auch gegen Fliegen. Sie können gegen Fliegen auch mit Insektenstreifen oder ähnlichen chemischen Fallen vorgehen, aber auf keinen Fall in Räumen, in denen Sie Essen vorbereiten oder verzehren – anderenfalls vergiften Sie eher sich selbst als die Insekten.

6. Wanzen

Wanzen wird man nur sehr schwer los, und Spray scheint die einzig sichere Methode zu sein. Viele Wanzen sind gegen etliche Insektengifte resistent. Daher brauchen Sie ein Spray, das das tödliche Malathion enthält. Das etwas weniger gefährliche, mittlerweile aber heftig umstrittene Pyrethrum ist ebenfalls zur Bekämpfung von Wanzen geeignet. Es muß allerdings mehrfach angewendet werden. Dazu feuchten Sie Lattenrost, Sprungfedern und Bettgestell gründlich an, arbeiten Sie also am besten im Freien. Sprühen Sie die Matratze separat ein – feuchten Sie sie an, aber lassen Sie sie nicht durch und durch naß werden. Achten Sie darauf, daß das Spray in alle Ritzen und Falten gelangt. Sprühen Sie auch die Fußleisten in der Nähe des Bettes, Ritzen in Wand und Fußboden und alle Stellen in der Nähe ein, wo sich Wanzen verstecken könnten. Warten Sie ab, bis die eingesprühte Matratze gründlich getrocknet ist, bevor Sie wieder darauf schlafen. Außerdem sollten Sie das Bett vielleicht ein oder zwei Wochen lang mit zwei Laken übereinander beziehen.

O. Lärmschutz

Der menschliche Organismus reagierte ursprünglich sehr sensibel auf Lärm: Das Leben unserer Vorfahren hing davon ab, daß sie das Herannahen räuberischer Lebewesen und andere Gefahren hören konnten. Falls Sie einmal längere Zeit in einer noch wilden Gegend zubringen sollten, die nicht ständig von Hubschraubern und Flugzeugen überflogen oder von Autos durchquert wird, dann wird es Sie verblüffen und vielleicht auch erschrecken, daß Sie in der Lage sind, noch das leiseste Knacken eines Zweiges oder ein Rascheln wahrzunehmen, das sich dann in der Phantasie in Klapperschlangen oder plündernde Bären verwandelt.

Diese sinnliche Empfindsamkeit wird von der Intensität der Geräusche überwältigt, der wir – besonders in den Städten – ständig ausgesetzt sind. Die Schallübertragung im Innenohr geschieht mit Hilfe winzig kleiner Haarzellen, die aber schon bei vielen Menschen durch lauten Lärm geschädigt sind. So werden Lastwagenfahrer, Rockmusiker und Arbeiter in der Schwerindustrie, die ständig einem heftigen Geräuschpegel ausgesetzt sind, nach einer gewissen Zeit taub. Eine Schädigung kann aber bereits bei einem Pegel von 85 Dezibel eintreten – eine Lautstärke, die oft schon von einem Staubsauger, einer Motorsäge, einem Rasenmäher oder einem Motorrad erreicht wird. Man nimmt an, daß der allgemeine Umweltlärm in hohem Maße für Taubheit und Hörverluste in den höheren Frequenzen verantwortlich ist.

Aber die Lärmbelästigung hat wahrscheinlich noch weit schlimmere Folgen für Gesundheit und Wohlbefinden. Die Evolution hat nämlich auch dafür gesorgt, daß wir mit »Erschrecken« auf laute Geräusche reagieren: Wenn unsere Vorfahren das Grollen eines Säbelzahntigers vernahmen, sprangen sie sofort in Deckung, Adrenalin schoß in ihre Muskeln, der Pulsschlag erhöhte sich und die Atmung wurde beschleunigt. Wenn Sie im Bett liegen und plötzlich donnert ein Lastwagen mit 100 Dezibel vorbei, reagiert Ihr Körper (der niemals ganz schläft) auf diesen Lastwagen wie auf einen Tiger. Einmal pro Nacht ist das vielleicht nicht so schlimm, aber wenn Sie an einer vielbefahrenen Straße wohnen, passiert das womöglich hundert Mal pro Nacht. Ihr Schlaf wird gestört, Ihre lebenswichtigen Organe und Ihr Organismus stehen unter Streß, und Ihre Reizbarkeit erhöht sich.

Deshalb müssen wir diese Belästigung eindämmen, so gut wir können. Sorgen Sie dafür, daß der Auspuff Ihres Autos in Ordnung ist. Wenn Sie mit einem kaputten Auspuff herumfahren, können Sie sich auch gleich ein großes Schild mit der Aufschrift »Arschloch« auf die Stirn heften. Wenn Ihre Nachbarn Autos mit kaputtem Auspuff fahren, teilen Sie Ihnen höflich mit, daß Sie davon wach werden, und weisen Sie sie darauf hin, daß sie von einer Werkstatt einen neuen einbauen lassen können. Wenn Sie durch ein besonders lautes Fahrzeug oder eines, das extrem viele Abgase ausstößt, belästigt werden, melden Sie das Kennzeichen der Polizei (wobei allerdings bezweifelt werden muß, daß sie sich darum kümmert).

Klimaanlagen und andere mechanische Gebäudeeinrichtungen verursachen oft ein leises, nervtötendes Brummgeräusch, das bei etlichen Menschen eine gewisse Anspannung und Unruhe auslöst. Auch viele Haushaltsgeräte produzieren lästigen und unberechenbaren Lärm. Und natürlich ist der ohrenbetäubende Fluglärm nicht nur unangenehm, sondern nachweisbar auch gesundheitsschädlich: Menschen, die in einer Flugschneise leben, werden öfter in eine psychiatrische Anstalt eingeliefert als Menschen, die woanders leben.

Wie können Sie sich gegen Lärm wehren? Zunächst können Sie natürlich versuchen, ihn im Alltag zu meiden – wohnen Sie möglichst nicht an einer vielbefahrenen Straße, arbeiten Sie nach Möglichkeit in Gebäuden ohne Klimaanlage und mit leisen Glühlampen oder geräuschlosen Leuchtstofflampen. Fahren Sie möglichst bei geschlossenem Fenster Auto, und sorgen Sie mit Hilfe der Lüftung für frische und kühle Luft. Wenn Sie, abgesehen von der Lärmbelästigung, mit Ihren Lebensumständen zufrieden sind, möchten Sie den Geräuschpegel vielleicht erheblich reduzieren: Doppelfenster dämpfen, besonders, wenn es sich um dickes Glas handelt, Außenlärm zum Beispiel ganz beträchtlich. Doppeltüren können Geräusche aus dem Flur oder aus angrenzenden Räumen dämpfen, wenn sie an den Kanten und der Türschwelle mit Dichtungsmaterial (z. B. Tesamoll) abgeklebt werden. Metallfenster lassen sich mit Hilfe von Dichtungsmaterial rundherum mit einer Dichtungsmanschette versehen, die überraschend viel Lärm abhält, der schon durch winzige Ritzen eindringen kann.

Manche Menschen benutzen Generatoren, die ein sogenanntes »weißes Rauschen« produzieren – also eine Art unbestimmtes Zischen, das aus allen Frequenzen des hörbaren Spektrums zusammengesetzt ist –, in der Hoffnung, daß dadurch unerwünschte Geräusche überdeckt werden. Ein kleiner Zimmerspringbrunnen, der sich mit

Hilfe einer Aquarienpumpe sehr leicht selbst konstruieren läßt, produziert ebenfalls weißes Rauschen und dient gleichzeitig der Luftbefeuchtung. Sie können auch Schallplatten oder CDs mit Wellenrauschen, Regenschauern usw. auflegen. Diese wirken aber am besten, wenn sie nur ganz leise abgespielt werden – und dann übertönen sie andere Geräusche kaum.

Schließlich können Sie natürlich zu Ohrstöpseln greifen. Ohrstöpsel aus Wachs passen sich dem Ohr an und sind ganz angenehm zu tragen. Ohrenschützer, die wie Kopfhörer aussehen, sind in unangenehm lauten Industriebetrieben nicht nur empfehlenswert, sondern auch vorgeschrieben.

KAPITEL 12
SICHERHEITSBEWUSST LEBEN

A. Vorbereitung auf Notfälle

Stadtmenschen sind es gewohnt, für eine Vielzahl von Aufgaben normalerweise die Dienste von Fachleuten in Anspruch zu nehmen. Landbewohner nehmen diese Dinge in der Regel selbst in die Hand, angefangen bei häuslichen Klempnerarbeiten bis hin zur Beseitigung von Sturmschäden. Wenn einem Stadtmenschen die notwendigen Dienstleistungen nicht zur Verfügung stehen, fühlt er sich völlig hilflos – das einzige, was er dann noch fertigbringt, ist, Politiker aus dem Amt zu wählen. Das passierte beispielsweise dem Bürgermeister von Chicago, nachdem die Stadt einen Winter lang nicht in der Lage gewesen war, die Schneeräumung zu organisieren.

Wir müssen nicht nur so selbständig und widerstandsfähig werden wie die Landbewohner, die es gewöhnt sind, kräftig zuzupacken und zu improvisieren, sondern uns auch ernsthaft Gedanken machen über mögliche Katastrophen und darüber, wie man sich darauf vorbereitet.

– Besprechen Sie mit allen Haushaltsmitgliedern, was im Falle eines Stromausfalls, eines Erdbebens oder eines schweren Schneesturms zu tun ist.

– Legen Sie eine Taschenlampe mit neuen Batterien sowie Kerzen und Streichhölzer an eine Stelle, wo sie jeder finden kann.

– Prägen Sie sich ein, wo sich die Hauptschalter für Wasser, Gas und Strom befinden.

– Sorgen Sie dafür, daß Sie genügend Grundnahrungs-

mittel wie Reis oder Weizen im Haus haben, um damit
ein paar Tage überstehen zu können.
– Pflegen Sie vor allem den Kontakt zu Ihren Nachbarn,
da im Notfall eine enge Zusammenarbeit fast immer
unerläßlich ist.

B. Feuerverhütung

Unter den verschiedenen Gefahren, die in einem Haushalt drohen, ist ein Feuer die furchterregendste. Jeder, der
einmal erlebt hat, daß sein Haus oder seine Wohnung
voller Rauch war, als er nach Hause kam (wie es mir einmal passiert ist, als meine kleinen Katzen ein Kopfkissen
über einen Heizlüfter auf dem Boden gezogen hatten),
kennt diese Angst. Allein in den USA brennen jährlich
etwa 300 000 Wohnungen ab.

Falls in Ihrem Zuhause ein Feuer ausbricht, und sei es
noch so klein, bringen Sie zuerst die Menschen (in erster
Linie Kinder und alte Leute) in Sicherheit, bevor Sie irgend etwas anderes unternehmen. Das Feuer könnte
größer und gefährlicher sein, als Sie zunächst glauben.
Feuer kann sich in Windeseile ausbreiten, den Weg zu den
Ausgängen abschneiden oder auf andere Zimmer übergreifen. Es kann sich mit Hilfe von verschüttetem Spei-
seöl, durch Farbe, Kerosin oder andere entzündliche
Flüssigkeiten weiter ausbreiten.

Dann schauen Sie nach, ob Sie das Feuer löschen können – mit Wasser aus Eimern oder einem Schlauch, mit einem Feuerlöscher oder (wenn sich Öl auf dem Herd entzündet hat) indem Sie Sand bzw. Salz ins Feuer kippen.
Wenn es sich schon zu weit ausgebreitet hat, sollten Sie
nicht den Helden spielen und in brennende Räume
zurücklaufen – es sei denn, es geht um Menschenleben.
Rufen Sie lieber von einem Nachbarn aus die Feuerwehr.

Die meisten Menschen denken nie ernsthaft über die
Möglichkeit eines Brandes nach, genausowenig wie über
Autounfälle – sie glauben, daß es immer nur anderen pas-

siert. Aber unter Umständen hängt das Leben Ihrer Kinder davon ab, daß Sie sich ein paar Gedanken gemacht haben. Ich selbst habe das von meinem Onkel gelernt, der als Feuerwehrmann ein Auge für Risiken und Gefahren hatte.

1. Notausgänge

Sehen Sie sich in Ihrem Haus genau um und überlegen Sie, welches im Notfall der schnellste Weg nach draußen ist. Sollte am einen Ende ein Feuer ausbrechen, gibt es dann am anderen Ende einen Notausgang – durch eine andere Tür, durch ein Fenster oder über das Dach? Falls im Flur ein Feuer ausbricht: Wie können die Leute aus den Zimmern gelangen? Wenn es keine Feuerleiter gibt, sollten Sie vielleicht neben einem Fenster ein schweres, geknotetes Tau deponieren, an dem Sie sicher nach unten rutschen können. (Befestigen Sie das Tau gut – wenn nötig, schrauben Sie einen kräftigen Haken in die Wand.)

2. Feuerlöscher

Sehen Sie nach, was im Notfall greifbar ist, um kleine Brände zu löschen. Steht in der Nähe der Küchenspüle jederzeit ein Eimer oder ein großer Topf? Haben Sie einen Gartenschlauch, der im Notfall bis ins Haus reicht? Können Sie sich einen kleinen Feuerlöscher leisten, der Elektrobrände, entzündetes Fett oder brennende Flüssigkeiten löscht? Liegen Decken bereit, um Flammen an Kleidung und Haaren von Menschen zu ersticken?

3. Risiken vermindern

Untersuchen Sie Ihre Wohnung und Ihren Garten auf unnötige Feuergefahren: Bündel aus ölgetränkten Kleidern oder Lappen zum Beispiel, Holzstapel, die in trockenem Gras stehen, Gerümpel im Keller oder auf dem Dachboden, brennbare Materialien über oder an einem Kamin, einer Heizung, einem Heißwasserbereiter oder einem Herd.

4. Rauchmelder

Rauchmelder retten jedes Jahr Tausende von Menschenleben. Bringen Sie einen oder mehrere an der Decke an, und zwar an Stellen, wo am ehesten Rauch entstehen könnte. Tauschen Sie sofort die Batterien aus, wenn das Gerät durch Piepsen signalisiert, daß die alten leer sind.

5. Kinder und Feuer

Bringen Sie Ihren Kindern schon von klein auf bei, daß sie mit Feuer nicht spielen dürfen. Kinder scheinen sich im Alter von vier oder fünf Jahren oft zu wahren Pyromanen zu entwickeln – sie lieben es geradezu, Streichhölzer anzuzünden und damit herumzuspielen. Viele Brände in Häusern oder Wäldern werden »versehentlich« von Kindern verursacht, die mit Feuer gespielt haben, in der Regel mit Streichhölzern. Bewahren Sie alle Streichhölzer außer Reich- und Sichtweite von Kindern auf. Zeigen Sie Ihren Kindern, wie Brände sich ausbreiten, vielleicht dadurch, daß Sie ein kleines, kontrollierbares Feuer entzünden. Erklären Sie ihnen auch, daß sie niemals ein Streichholz auf etwas Brennbares fallenlassen dürfen, selbst wenn das Streichholz gerade abgebrannt ist. (Werfen Sie keine Streichhölzer in Abfalleimer oder -tonnen, die dadurch in Brand gesteckt werden könnten.) Nehmen Sie ruhig in Kauf, daß Ihre Kinder sich einmal die Finger verbrennen. So lernen sie, daß Feuer wehtut.

Vielleicht sollten Sie auch einmal üben, wie man das Haus am schnellsten verläßt. Feuer, die nachts ausbrechen, fordern viele Menschenleben, weil die Menschen in ihrer Schlaftrunkenheit nicht schnell genug aus dem Haus kommen. Bedenken Sie auch, daß viele Opfer an einer Rauchvergiftung sterben. Wenn ein Zimmer oder der Flur voller Rauch ist, kriechen Sie am Boden entlang. Ein feuchtes Taschentuch oder ein nasser Waschlappen vor dem Gesicht mildert die giftige Wirkung etwas ab, aber beeilen Sie sich trotzdem.

Fernseher geraten manchmal ohne ersichtlichen Grund in Brand. Stellen Sie Ihr Gerät also nicht in die Nähe von

Vorhängen oder anderen brennbaren Materialien, damit das Feuer nicht übergreifen kann.

Einer der wenigen Nachteile weiter, locker fallender Kleidungsstücke (z. B. Kimonos, Morgen- und Bademäntel) ist, daß sie unter Umständen gefährlich sind – ein Ärmel beispielsweise kann über dem Herd Feuer fangen. Manche Baumwoll- und Synthetikstoffe brennen sehr leicht. Falls Ihre Kleidung oder Ihr Haar in Flammen stehen, schreien Sie um Hilfe und versuchen Sie, das Feuer zu ersticken, indem Sie sich in einen weiten Mantel, einen weichen Teppich oder eine Decke einrollen. Feuer benötigt Sauerstoff, um weiterzubrennen. Wenn Sie schwere Brandwunden haben und Stoff an Ihrer verbrannten Haut klebt, versuchen Sie keinesfalls, ihn abzuziehen. Suchen Sie sofort einen Arzt auf. Rauchen Sie nie im Bett – wenn Sie einschlafen und die Bettwäsche in Brand gerät, könnten Sie verbrennen.

C. Gefahren im Haushalt

Viele Putzmittel und Polituren, die in den letzten Jahren entwickelt wurden, sind gefährlich, besonders für Kinder.

- Reinigungsmittel für den Geschirrspüler enthalten unter Umständen Ätzkalk, der Augen und Verdauungstrakt auf schmerzhafte Weise schädigen kann.
- Möbelpolitur in Spraydosen, mit denen sich Kinder gegenseitig besprühen könnten, führt unter Umständen zur Erblindung.
- Reinigungsmittel sind manchmal so bunt und hübsch verpackt, daß Kinder verleitet sind, sie zu schlucken – mit tödlichen Folgen.
- Beschränken Sie die Anzahl der Reinigungsmittel auf das Allernötigste und bewahren Sie sie in einem abschließbaren Schrank auf, wenn Sie kleine Kinder haben.

Im folgenden eine Aufzählung verschiedener Gegen-

stände, die von verantwortungslosen Herstellern so konstruiert werden, daß sie die Benutzer gefährden.

- Manche Farbfernsehgeräte geben eine gefährliche
  Strahlung ab – Sie sollten mindestens drei Meter von
  der Mattscheibe entfernt sitzen.
- Manche Inhalationsgeräte, die durch Dampf Husten-
  reiz lindern sollen, enthalten kochendes Wasser. Wenn
  das Gerät aus Versehen umkippt, können Sie sich ver-
  brühen.
- Wenn kleinere Teppiche auf der Rückseite nicht
  rutschfest beschichtet sind, nähen Sie am besten selbst
  Gummiringe (wie sie beispielsweise für Einmachgläser
  verwendet werden) daran.
- Die Gitterstäbe mancher Kinderbetten und Laufställe
  stehen so weit auseinander, daß die Kinder ihren Kopf
  hindurchstecken können und dann festsitzen.
- Feuerwerkskörper verletzen jedes Jahr vor allem viele
  Kinder, obwohl der Verkauf an Minderjährige verboten ist.
- Leitern sind oft fehlkonstruiert oder altersschwach
  und daher wackelig. Sorgen Sie dafür, daß die Leiter sicher steht, wenn Sie sie benutzen.

D. Giftige Stoffe gehören nicht in die Hände von Kindern

Kinder sind in manchen Situationen noch unbedarfter als
Tiere – jedenfalls verschlucken sie erstaunlich oft giftige
(und übelschmeckende) Dinge. (Daran sind teilweise
auch die Hersteller Schuld, die giftigen Produkten das
Aussehen von Milch, Limonade oder anderen Köstlichkeiten geben.) Am häufigsten vergiften sich Kinder mit
Kosmetika (Dauerwellenflüssigkeit und Nagellackent-
ferner sind besonders schlimm), Schädlingsbekämp-
fungsmitteln, Petroleumprodukten (wie Kerosin, Reini-
gungs- oder Desinfektionsmittel und desodorierende
Mittel), mit Möbelpolitur und -wachs sowie Laugen oder

anderen ätzenden Präparaten. Diese Substanzen sollten in einem vernünftig geführten Haushalt Kindern auf gar keinen Fall zugänglich sein.

Lassen Sie niemals Medikamente auf dem Nachttisch oder am Waschbecken liegen. Die Kinder könnten Sie finden und schlucken, um Sie nachzuahmen.

Entzündliche, ätzende oder giftige Substanzen sollten in dicht verschlossenen Behältern auf Regalen oder in Schränken außerhalb der Reichweite kleiner Kinder aufbewahrt werden. Leben Sie Ihren Kindern vor, daß man übelriechende Mittel meiden sollte: Wenn Sie zum Saubermachen Ammoniak verwenden, können Sie beim Ausgießen beispielsweise das Gesicht verziehen.

Bei vielen Vergiftungserscheinungen gibt es ein Gegenmittel, aber manchmal muß zusätzlich auch der Magen ausgepumpt werden. Wenn Sie glauben, daß Ihr Kind etwas Giftiges gegessen oder getrunken hat, rufen Sie sofort einen Arzt oder ein Krankenhaus an und beschreiben Sie genau, was es war. (Wenn möglich, nehmen Sie das entsprechende Behältnis mit zum Telefon, damit Sie dem Arzt gegebenenfalls das Etikett mit den Inhaltsstoffen vorlesen können.) Dann bringen Sie das Kind so schnell wie möglich in ein Krankenhaus. In manchen Gegenden gibt es auch ein sogenanntes »Gifttelefon«. Sehen Sie dazu in Ihrem Telefonbuch nach oder erkundigen Sie sich bei der zuständigen Gesundheitsbehörde.

E. Vorsicht bei Spraydosen

Zwar ist der Gebrauch von Fluorchlorkohlenwasserstoffen (FCKW) als Treibgas in Spraydosen mittlerweile gesetzlich verboten, weil dadurch die Ozonschicht in der Atmosphäre geschädigt wird. Aber dennoch ist jede Spraydose eine potentielle Gefahr. Sie sollten sie daher nicht im Haus und schon gar nicht im Auto aufbewahren. Wenn sie zu heiß werden – was im Handschuhfach oder auf einer sonnigen Fensterbank durchaus passieren kann –, besteht die Gefahr, daß sie wie eine Handgranate explodieren. Sie verleiten Kinder zum Spielen – und dazu, sich oder andere im Spaß mit einer tödlichen Dosis Insektenspray oder Farbe zu besprühen. Selbst harmloses Haarspray ist gefährlich, wenn Sie es in einem kleinen Raum oder achtlos versprühen und einatmen. Es kann sich im Inneren Ihrer Lungen ablagern, die dann weniger Sauerstoff aufnehmen können. Auch andere Lungenschäden werden durch Sprühdosen verursacht.

Wenn es sich wirklich nicht vermeiden läßt, eine Flüssigkeit zu versprühen (was wahrscheinlich weitaus seltener der Fall ist, als Ihnen von der Werbung suggeriert wird), benutzen Sie eine Pumpflasche. Halten Sie sie weit vom Gesicht entfernt, benutzen Sie sie so rasch wie möglich und verlassen Sie anschließend den Raum, bis sich die winzigen, in der Raumluft verteilten Tröpfchen niedergelassen haben.

F. Erste Hilfe

Kenntnisse in Erster Hilfe können nicht nur das Leben anderer, sondern auch Ihr eigenes retten, besonders bei Autounfällen. Erste Hilfe können Sie nicht im Schnellverfahren lernen, Sie müssen sich das Wissen und die Erfahrung Stück für Stück aneignen, wann und wo immer Sie können. Da es aber Situationen gibt, in denen geringe Kenntnisse besser sind als gar keine, können die folgenden Informationen in Notfällen vielleicht weiterhelfen, wenn niemand sonst weiß, was zu tun ist, oder eine bessere Behandlung nicht möglich ist.

Die folgenden Informationen beruhen auf verläßlichen Quellen und sind von Ärzten überprüft worden, die selbst Erste-Hilfe-Kurse geben. Bedenken Sie jedoch immer: *Erste Hilfe ersetzt keine Behandlung.* Bei jeder schweren Verletzung muß so schnell wie möglich ein Arzt zu Rate gezogen werden.

Verletzungen von Kopf, Brust oder Bauch, verschmutzte Wunden und Verletzungen, die zu starkem

Blutverlust oder einem Schock führen können, erfordern mehr als nur sofortige Erste-Hilfe-Leistung. Sie müssen die Blutung stillen und den Patienten auf jeden Fall so schnell wie möglich ins nächste Krankenhaus bringen.

Blutungen, die als Folge einer Kopfverletzung auftreten, sind oft schwierig zu stillen. Weil die Gefahr eines Schädelbruchs besteht, sollten alle Kopfverletzungen, die schlimmer sind als eine einfache Beule, von einem Arzt untersucht werden, der feststellen kann, ob etwas gebrochen ist. Falls, und sei es nur für kurze Zeit, Ohnmacht, Verwirrung, Benommenheit oder Gedächtnisverlust auftreten, deutet das zumindest auf eine Gehirnerschütterung hin, eventuell auf Schlimmeres.

Kopfverletzungen können sehr schwerwiegende Folgen haben.

Brustverletzungen behindern unter Umständen die Atmung. Falls durch die Wunde Luft angesaugt wird, schmieren Sie sie dick mit Vaseline ein und legen Sie einen festen Verband an, damit keine Luft in die Wunde dringt. Bei einem absoluten Notfall legen Sie die Hand auf die Wunde. Bringen Sie den Patienten auf jeden Fall schnellstmöglich in eine Klinik.

Bauchverletzungen können zu inneren Blutungen führen und daher schwerwiegender sein, als es von außen den Anschein hat. Schock, Schmerzen, die sich über den ganzen Bauch ausbreiten, oder Muskeln, die sich bei Berührung des Bauches verkrampfen, deuten auf schwere Verletzungen hin. Rückenschmerzen, Erbrechen, ein angeschwollener Bauch und ein schlechter Allgemeinzustand sind ebenfalls Gefahrensignale.

Im folgenden ein paar Dinge, über die Sie sich in einem Erste-Hilfe-Kurs ausführlicher informieren sollten. (Das Deutsche Rote Kreuz bietet Kurse an – die Nummer steht im Telefonbuch.)

Wenn jemand verletzt wurde, sollten Sie versuchen, von Augenzeugen oder der verletzten Person selbst zu erfahren, was genau passiert ist. Bleiben Sie vor allem so ruhig wie möglich, während Sie die Lage einschätzen und überlegen, was zu tun ist. Wenn Sie dem Patienten das Gefühl vermitteln, daß Sie wissen, was Sie tun, wird es dem oder der Betreffenden gleich besser gehen und dazu beitragen, einen gefährlichen Schockzustand zu vermeiden. Wenn möglich, schicken Sie nach einem Arzt oder einem Krankenwagen, während Sie folgendes überprüfen:

Atmung

Lernen Sie Mund-zu-Mund-Beatmung. Grundsätzlich bedeutet dies, daß Sie in den Mund der anderen Person atmen. Tun Sie das so lange, bis er oder sie wieder von alleine atmet. Manchmal dauert das sehr lange – unter Umständen bis zu zwanzig Minuten. Geben Sie nicht auf.

Herz

In Spezialkursen können Sie die Art von Herzmassage erlernen, die das Herz nach einem Stillstand wieder zum Schlagen bringen kann.

Blutungen

Die beste Methode, eine Blutung zu stoppen, besteht darin, einen sterilen Verband, ein gefaltetes, sauberes Taschentuch, ein Stück Unterwäsche oder ein sonstiges sauberes Stück Stoff fest auf die Wunde zu pressen. Versuchen Sie es nicht mit einer Aderpresse, sie richtet mehr Schaden an, als daß sie hilft. Pressen Sie den Verband mindestens fünfzehn Minuten lang auf die Wunde, in den meisten Fällen hört die Blutung dann auf.

Legen Sie anschließend einen sauberen Verband an, der dick genug ist, um einen leichten Druck auf die Wunde auszuüben. Benutzen Sie kein flüssiges Antiseptikum – es verursacht brennende Schmerzen in einer offenen Wunde. Wenn die Wunde nicht besonders schlimm ist und eine Verzögerung keinen unnötigen Blutverlust bedeutet, können Sie sie mit klarem Wasser auswaschen, bevor Sie die Blutung stillen. Das verringert die Infektionsgefahr erheblich.

Schock

Jeder, der viel Blut verloren hat, muß wegen eines Schocks behandelt werden. Medizinisch gesehen bedeutet ein »Schock«, daß sich die Blutgefäße aufgrund einer körperlichen Verletzung ausdehnen und daher nicht mehr ausreichend durchblutet werden. Das Gehirn bekommt zu wenig Sauerstoff, und der Patient wird möglicherweise ohnmächtig. Um das zu verhindern, pumpt das Herz schneller, und die Adern in der Haut werden aktiviert, um mehr Blut zum Gehirn zu befördern. Anzeichen für einen Schock sind deshalb ein beschleunigter Puls (ungefähr 100 Schläge pro Minute), blasse Haut, kalter Schweiß, Nervosität oder sogar Bewußtlosigkeit.

Wenn es Anzeichen dafür gibt, daß jemand einen Liter oder mehr Blut verloren hat, braucht der Patient vermutlich eine Transfusion und sollte auf schnellstem Wege zur Notaufnahme ins Krankenhaus gebracht werden. Dabei geht es um Leben und Tod!

Einen Patienten, der unter Schock steht, aber nur leicht verletzt ist, legt man am besten flach auf den Boden, die Füße möglichst zehn bis fünfzehn Zentimeter erhöht. Wer lediglich ohnmächtig geworden ist, kommt meist nach ein oder zwei Minuten wieder zu sich.

Bei leichten Schocks ohne großen Blutverlust sollte der Patient ins Bett gebracht werden, um sich auszuruhen. Er sollte unter Beobachtung bleiben und sehr viel Flüssigkeit zu sich nehmen. Wenn er sehr viel getrunken, aber nicht wenigstens alle vier Stunden zwei Tassen Wasser gelassen hat, sind möglicherweise die Nieren geschädigt. In einem solchen Fall sollten Sie einen Arzt rufen.

Ein ähnlicher Zustand mit möglicherweise tödlichem Ausgang zeigt sich bei einer Hypothermie, einer schweren Unterkühlung. Die Ursache kann ein längerer Aufenthalt in kaltem Wasser, in frostig-kalten Temperaturen oder im Wind sein. Wind ist auch bei scheinbar milden Temperaturen nicht ungefährlich. Der unterkühlte Körper muß langsam aufgewärmt und vor Zugluft und weiterer Auskühlung geschützt werden, z. B. durch einen Schlafsack.

Wundinfektionen
Eine Wunde, die normal heilt und nicht infiziert ist, wird von einem kleinen, roten Rand aus empfindlicher Haut

umgeben. Die Gefahr einer Infektion besteht, wenn sich an der Wunde ein Abszeß bildet, der wie ein riesiger Pickel aussieht. Ein Großteil der Haut um die Wunde herum wird dann rot, heiß und empfindlich. Oder es zeichnen sich rote, zarte Linien auf der die Wunde umgebenden Haut ab. Eine Infektion wird normalerweise durch Fieber angezeigt. Jede dieser Erscheinungen deutet auf Komplikationen hin, die tödlich ausgehen können, daher sollten Sie so schnell wie möglich einen Arzt aufsuchen. Normalerweise behandelt man eine infizierte Wunde mit warmen Bädern (viermal täglich zehn bis fünfzehn Minuten). Wenn sie sich an Armen oder Beinen befindet, sollten diese möglichst die ganze Zeit hochgelegt werden. Eine Behandlung mit Antibiotika ist nur in wenigen Fällen empfehlenswert.

Tiefe und verschmutzte Wunden können Wundbrand oder Wundstarrkrampf zur Folge haben, beides äußerst gefährliche Erkrankungen. Nach der Erste-Hilfe-Leistung sollte ein Arzt konsultiert werden. Schwarzverfärbtes, totes, aufgedunsenes oder übelriechendes Gewebe um eine Wunde herum ist ein Zeichen für lebensgefährlichen Wundbrand. Wenn Sie sich vor Wundstarrkrampf schützen wollen, gehen Sie zum Arzt und lassen sich eine Tetanusspritze geben.

Aspirin lindert dumpfen und relativ schwachen Schmerz. Äußerst nervösen Patienten kann man einen Schluck Alkohol (nie mehr) zu trinken geben – ausgenommen diejenigen, die sicher oder möglicherweise unter Schock stehen. Durch Schmerz zeigt der Körper an, daß etwas nicht stimmt, bekämpfen Sie den Schmerz also nicht, ohne zu wissen, was ihn verursacht.

Brüche

Schwellungen, Empfindlichkeit, schief ausgerichtete Knochen und Schmerz bei Bewegung sind Anzeichen dafür, daß etwas gebrochen ist. Knochenbrüche sollten immer von einem Arzt untersucht werden, der normalerweise eine Röntgenaufnahme macht und dann den Bruch »richtet«. Versuchen Sie nicht, mit einem möglicherweise gebrochenen Bein zu laufen oder einen gebrochenen Arm zu bewegen. Wenn Sie einen Rippenbruch erkennen können oder vermuten, sollte der Patient nur von ausgebildeten Sanitätern bewegt werden, denn dabei besteht die Gefahr einer Lungenverletzung.

Erste-Hilfe-Bedarf

Jeder Haushalt braucht ein Erste-Hilfe-Schränkchen mit einer Grundausstattung, auch wenn man natürlich bei vielen Dingen, wie z. B. bei Bandagen improvisieren kann.

- Aspirin. Kaufen Sie das billigste Präparat, das Sie finden können und bewahren Sie es außer Reichweite von Kindern auf.
- Doppeltkohlensaures Natrium (gegen Sodbrennen oder Verstopfung). Es ist preiswerter als Markenprodukte mit Zusätzen und hilft genauso gut.
- Salbe, die bei Insektenstichen und Hautirritationen durch Brennesseln etc. hilft.
- Pflaster
- Eisbeutel (bei Kopfschmerzen, Kater, Verletzungen von Gelenken und Muskeln. Benutzen Sie bei solchen Verletzungen keine Wärmflasche und kein Heizkissen!)
- Thermometer (wenn Sie ein Baby haben, kaufen Sie eins, mit dem Sie rektal messen können).
- Pinzette, mit der Sie Splitter entfernen können.

Andere medizinische Alltagsprobleme

- Bei Nasenbluten halten Sie einige Minuten lang die Nase zu, das hilft besser als kalte Packungen oder andere Maßnahmen.
- Wenn jemand von einem Hund oder einem wilden Tier gebissen wurde, versuchen Sie, das Tier zu fangen, damit es von einem Tierarzt auf Tollwut untersucht werden kann. Anderenfalls müssen Sie selbst eine Reihe von schmerzhaften Impfungen gegen Tollwut über sich ergehen lassen.
- Bei Erfrierungen sollten Sie die betreffende Stelle nicht mit Schnee oder Eis einreiben, da dies das Gewebe ver-

letzen könnte. Bedecken Sie die Stelle mit einem Woll-
tuch. Wenn Sie zu Hause sind, baden Sie diese Stelle in
warmem (nicht in heißem) Wasser. Ein warmes Getränk (kein Alkohol!) kann ebenfalls helfen. Halten Sie
die erfrorene Stelle nicht an einen Herd, an ein Heizkissen oder eine Wärmflasche.

- Bei Schlangenbissen streiten sich die Experten, ob man
  versuchen sollte, mit Hilfe eines kreuzförmigen
  Schnittes auf der Bißwunde das Gift auszusaugen, oder
  ob man einfach Wasser über den Biß laufen lassen und
  das Opfer in ein Krankenhaus bringen sollte. Wenn Sie
  sich weit draußen in der Wildnis aufhalten, hilft vielleicht das Aussaugen. Aber sehen Sie sich beim Schneiden vor, daß Sie keine Arterien, Muskeln oder Gelenke
  verletzen!
- Bisse oder Stiche von Skorpionen, Spinnen, Bienen
  und Wespen können große Schmerzen verursachen. Es
  hilft, wenn man die Stelle mit Eis kühlt oder sie in kaltes Wasser hält.

Verbrennungen

Kaltes Wasser ist eine gute Soforthilfe bei jeder Art von
Verbrennung. Leichte Verbrennungen »ersten Grades«
(sie entsprechen einem Sonnenbrand) müssen meist nicht
weiter behandelt werden (auch wenn ein wirklich schlimmer Sonnenbrand Kopfschmerzen, Übelkeit und Über-
empfindlichkeit der Haut zur Folge haben kann). Schwerere Verbrennungen »zweiten Grades«, die Blasen
werfen, und Verbrennungen »dritten Grades«, bei denen
die Haut sich verzieht sowie taub und verkohlt ist, müssen sofort von einem Arzt behandelt werden. Verbrennungen im Gesicht oder auf den Händen erfordern unter
Umständen eine Operation und verheilen oft sehr
schlecht. Verbrennungen können ernsthafte Schockzu-
stände und schwere Infektionen nach sich ziehen. Wenn
an einer schwer verbrannten Stelle noch ein Stück Stoff
klebt, versuchen Sie nicht, es selbst abzuziehen, sonst ziehen Sie vielleicht die Haut mit ab.

Es gibt viele Hinweise darauf, daß Luft, die mit negativen Ionen aufgeladen ist, den Schmerz bei Verbrennungen lindert. Wenn Sie also zu Hause einen Ionisator haben, können Sie ihn zu der verletzten Person ins (möglichst kleine) Zimmer stellen.

KAPITEL 13
GUT LEBEN IN DER STADT

Zugegeben, viele amerikanische Städte sind schrecklich verwahrlost, und viele junge Amerikaner überlegen sich, ob sie nicht wieder aufs Land ziehen und sich von der Lebensweise der indianischen Ureinwohner inspirieren lassen sollen. Einer der größten Vorteile des Landlebens liegt darin, daß man sich mit etwas Erfindungsgabe und Kreativität für sehr wenig Geld verpflegen und ein Dach über dem Kopf verschaffen kann. Man muß zwar auf die Vorteile des Stadtlebens verzichten, entkommt aber auch seinen Nachteilen. So könnte man sich z. B. in der Stadt für dasselbe Geld nur eine Wohnung in einer sehr heruntergekommenen Gegend leisten. Außerdem lebt man auf dem Land in einem natürlicheren Rhythmus und ganz allgemein streßfreier.

Die ablehnende Haltung gegenüber dem Leben in der Stadt ist jedoch ein typisch amerikanisches Phänomen. In Europa gibt es das Problem nicht. Europäische Städte sind viel angenehmer, und aktive, intelligente, zukunftsorientierte Menschen schätzen die Stadt als attraktiven und anregenden Lebensraum.

Doch kann man genau wie auf dem Land auch in der Stadt viel für seine Gesundheit und eine größere Unabhängigkeit tun. Man kann auch hier viel Zeit an der frischen Luft verbringen, beispielsweise in Stadtparks oder in Vierteln, die am Wasser liegen. Stadtbewohner können genau wie Landbewohner lernen, den Bäumen, Pflanzen, Vögeln und Insekten um sie herum mehr Beachtung zu schenken. Auf jedem unbebauten Gelände in der Stadt gibt es sicher 50 verschiedene Arten von Lebewesen. Jedes Fenster, jeder Balkon und etliche Dächer der Stadt bieten Raum für viele Pflanzen. Wenn Ihnen erst einmal bewußt wird, daß die Stadt nicht nur aus Beton und Glas besteht, werden Sie sich über die Fülle der verschiedenen Möglichkeiten wundern.

Weil das Pendeln in die Vorstädte so teuer und nerven-aufreibend geworden ist, stellen viele Leute fest, daß sie sich teure Mieten oder Häuser in der Stadt leisten können und trotzdem besser leben – weil sie nicht mehr vom Auto (und den damit verbundenen Kosten) abhängig sind. Das Interesse der Mittelschicht am Leben in den Innenstädten hat zugenommen, und so wird allmählich vieles renoviert und restauriert. Das verbessert in vielen Stadtteilen die Lebensqualität.

Heruntergekommene Hafengebiete werden in Parks und Einkaufsviertel umgewandelt, und manchmal werden Gewässer durch Umweltschutzmaßnahmen wieder so sauber, daß man darin schwimmen kann. Städte sind keineswegs das todgeweihte Endprodukt einer dem Niedergang entgegengehenden, industriell geprägten Zivilisation. Im Gegenteil, seit Beginn der Menschheitsgeschichte spielten Städte eine zentrale Rolle für die menschliche Entwicklung. Jane Jacobs vertritt in ihrer Studie *The Economy of Cities* sogar die Ansicht, daß selbst die Landwirtschaft in den Siedlungen der Jungsteinzeit ihren Anfang genommen hat.

Heutzutage lebt der größte Teil der Weltbevölkerung in Städten. Dort entstehen auch die meisten neuen Ideen – wissenschaftliche, künstlerische, politische und philosophische ebenso wie Gedanken zum Umweltschutz und zum Leben auf dem Land. In den Städten gibt es Arbeitsplätze, und die Städte sind die Zentren des Geldes und der politischen Macht. Vor allem aber haben die Menschen in der Stadt zahlreiche Gelegenheiten, sich mit den verschiedensten Menschen zu treffen: Sie können reden, streiten, träumen, sich mit Gleichgesinnten austauschen, planen, entwerfen, kaufen und verkaufen. Das wirkliche Problem besteht also nicht darin, den Städten zu entfliehen oder sie zu zerstören, sondern sie zu umweltfreundlicheren und menschenfreundlicheren Lebensräumen zu machen.

Romantische Vorstellungen von den einfachen Freuden des Landlebens werden meist von denen gepflegt, die bei einem kurzen Urlaub – finanziert mit in der Stadt verdientem Geld – einen Eindruck davon gewonnen haben. Als jemand, der zwölf Jahre lang auf dem Land gelebt hat, kann ich bestätigen, daß das Landleben in vieler Hinsicht sehr angenehm und Balsam für die Seele ist, aber intellektuell anregend ist es auf keinen Fall. Das Leben auf dem Land ist körperlich anstrengender als das Leben in der Stadt. Die Menschen auf dem Land sind ärmer, arbeiten mehr und haben eine schlechtere ärztliche und zahnärztliche Versorgung, ja, sie ernähren sich sogar schlechter als die Städter.

A. Nachbarschaftshilfe

Nachbarschaftshilfe und Stadtteilgruppen sind eine gute Möglichkeit, Menschen zusammenzubringen: um Aufräumarbeiten zu erledigen, um Druck auf Schulen auszuüben, um die Stadtverwaltung zu besseren Versorgungsleistungen zu bewegen, um Geld für Parks oder Verkehrsampeln bewilligt zu bekommen usw. Sie setzen außerdem der Unpersönlichkeit und der Vereinzelung vieler Haushalte etwas entgegen. In den USA sind in den letzten Jahren Tausende solcher Zusammenschlüsse entstanden, in ganz unterschiedlichen Stadtvierteln und mit ganz verschiedenen Zielen.

Um eine Nachbarschaftshilfe aufzubauen, braucht man Unterstützung. Sehen Sie sich in Ihrer Gegend um und sprechen Sie mit den Nachbarn, von denen Sie glauben, daß sie Interesse daran haben. Fragen Sie sie, was ihrer Meinung nach getan werden müßte und wen man noch fragen könnte. Vielleicht stellen Sie in Ihrer Straße ein Schwarzes Brett für Ankündigungen, Mitteilungen Verkaufsangebote etc. auf. Wenn Bewegung in die Sache kommt, sollten Sie ein Picknick, ein Straßenfest oder eine ähnliche Veranstaltung durchführen und Handzettel drucken, die Sie an jede Wohnung und jedes Haus verteilen – und die auch Ihre Vorschläge für eine organisierte Nachbarschaftshilfe enthalten.

Man sollte eine solche Gruppe nicht aus Pflichtgefühl ins Leben rufen, sondern weil man sich dadurch das tägliche Leben leichter machen und neue Freunde gewinnen will.

B. Freunde

In einer Gesellschaft wie der unseren, die durch Entfremdung und Vereinzelung gekennzeichnet ist, in der Familien instabiler werden, Liebesbeziehungen (oder Ehen) immer weniger belastbar bzw. nicht von langer Dauer sind, werden Freundschaften immer kostbarer. Doch erstaunlicherweise machen sich die wenigsten Leute ernsthaft Gedanken über ihren Freundeskreis. Ein Freundeskreis, auf den man sich verlassen kann, hilft, selbst die schlimmsten Lebenskrisen zu überstehen und das tägliche Leben interessanter, abwechslungsreicher und produktiver zu gestalten. Manchmal können wir auf der Basis lange bestehender Freundschaften auch neue Formen des Zusammenlebens ausprobieren – z. B. Wohn-, Haus- oder Haushaltsgemeinschaften –, um die Lücke zu füllen, die das Verschwinden der Kernfamilie hinterlassen hat. Unter solcherart veränderten Lebensumständen können wir auch neue Unternehmungen in Angriff nehmen oder uns neuen Herausforderungen stellen, die wir alleine niemals hätten meistern können.

Die US-amerikanische Gesellschaft hat immer die Bedeutung des Individuums betont, was dazu führte, daß jedes Mitglied dieser Gesellschaft auf seinen eigenen Vorteil bedacht war. Aber heute müssen wir lernen, nicht gegen-, sondern miteinander zu leben. In der psychologischen Literatur findet sich eine Vielzahl von Büchern über die Bewältigung persönlicher oder partnerschaftlicher Probleme. Es wird Zeit, daß wir diese narzißtische Haltung aufgeben und unsere Aufmerksamkeit nach außen richten, auf unsere Freunde und unsere Beziehung zur Gesellschaft. Wir müssen unseren Freundschaften genügend Aufmerksamkeit widmen und sie pflegen, denn schließlich sind sie eine der wichtigsten Voraussetzungen für unser Überleben.

Romantische Liebe und Freundschaft schließen sich in verschiedener Hinsicht gegenseitig aus. Manche Menschen erleben das, wenn sie sich unsterblich verlieben und darüber all ihre Freunde vergessen. Die romantische Tradition impliziert, daß Leidenschaft zum Glücklichsein genügt, daß der Idealzustand des menschlichen Lebens die fortwährende Verzauberung durch den Geliebten oder die Geliebte sei. Aber die Verzauberung entspringt der Phantasie und währt nicht ewig. Im Gegensatz zur Freundschaft hält sie den Anforderungen des Alltags nicht lange stand. Wenn Liebe sich nicht auf Freundschaft gründet, ist sie naturgemäß vergänglich. Hinzu kommt, daß wir die Freunde, die wir gestern noch im Stich gelassen haben, dringend brauchen, wenn der oder die Geliebte uns verläßt. Wir tun also gut daran, das, was uns an Freundschaften wichtig ist (Vertrauen, Loyalität, Gleichberechtigung und gegenseitiger Respekt), als Grundlage für dauerhafte Beziehungen zu betrachten, die erfreulicherweise gelegentlich durch Leidenschaft erweitert werden.

C. Feiertage neu entdecken

Unsere traditionellen Feiertage sind eigentlich nichts anderes als abgeschwächte Formen sehr alter Festlichkeiten. Weihnachten geht auf das römische Saturnfest zurück, und davor auf die heidnischen Feiern zur Wintersonnwende – den Tag, an dem die Sonne ihren tiefsten Punkt erreicht, und die Zeit, in der die Tage am kürzesten sind.

Anschließend können wir uns dann auf den herannahenden Frühling freuen. Ostern ist das Frühlingsfest der Wiedergeburt und folgt ungefähr einen Monat nach der Tag- und Nachtgleiche im Frühling. Die Mittsommernacht wird in Skandinavien noch immer gefeiert: Es ist die Sommersonnwende, der Tag, an dem die Sonne am höchsten steht, und die Zeit, in der die Tage am längsten sind. In vorgeschichtlicher Zeit und bis ins Mittelalter hinein beging man in Westeuropa diese heidnischen Feiertage mit Fruchtbarkeitsriten, Opfern und oftmals auch mit sexueller Freizügigkeit.

Der sexuelle Teil der traditionellen Feierlichkeiten ist heutzutage durch andere Exzesse ersetzt worden: hauptsächlich durch Essen und Einkaufen. Beide werden zunehmend zu unangenehmen Verpflichtungen. Im allgemeinen wird erwartet, daß man an Weihnachten zuviel ißt und sich zuviel schenkt und daß man an Silvester zuviel trinkt – und dabei glücklich ist, obwohl man sich vielleicht ziemlich schrecklich fühlt. (Tatsache ist, daß im Winter die Selbstmordrate steigt.) Wir müssen die ursprüngliche Bedeutung unserer Feiertage wieder aufleben lassen: die festliche Begehung der einzelnen Phasen des Jahreszyklus hier auf der Erde. Wir sind vom landwirtschaftlichen Standpunkt aus von diesem ewigen Zyklus genauso abhängig wie unsere Ahnen, auch wenn nur noch wenige von uns tatsächlich mit Säen und Ernten beschäftigt sind. Eine gewisse Dankbarkeit gegenüber der Erde und der Sonne würde uns genauso gut zu Gesicht stehen wie unseren Vorfahren. Wir sollten in der Lage sein, dieser Dankbarkeit neuen Ausdruck zu verleihen. Hier einige Beispiele für andere traditionelle Feiertage, deren Wiederbelebung sich vielleicht lohnen würde:

Traumfest der Irokesen (Mitte Januar)
Während dieses Festes wurde angenommen, daß die Menschen verrückt und somit nicht verantwortlich für Ihr Tun waren. Sie liefen maskiert herum, zerstörten Dinge und beglichen ganz allgemein alte Rechnungen.

Valentinstag (14. Februar)
Ursprünglich sehr viel erotischer als unsere kommerzielle
Postkarten- und Blumenstraußversion. Man nahm an,
daß sich an diesem Tag Vögel und andere Tiere ihre Part-
ner suchten. Die Menschen taten es ihnen, mit Hilfe von
Zauberei oder Zufallsspielen, nach. In Rom galt der erste
Mensch, dem man an diesem Tag begegnete, als die große
Liebe. In anderen Versionen wird aus einem großen Topf
ein Name gezogen.

Maifeiertag (1. Mai)
Dieser Feiertag hat eine doppelte Bedeutung, sowohl eine
erotische als auch eine politische. Für den erotischen Teil
braucht man einen Maibaum, der umtanzt wird, sowie
Wiesen und Wälder, wo Fruchtbarkeitsriten gefeiert werden. Für den politischen Aspekt sollte man sich daran erinnern, daß die festen Schritte Tausender Arbeiter die
Unternehmer schon oft in Angst und Schrecken versetzt
haben, indem sie den Geist des Generalstreiks und der
Revolution heraufbeschworen.

Drachenbootrennen (Anfang Juni)
Es wird zu Ehren von Tschu Yuan gefeiert, einem chinesischen Gelehrten, der im 3. Jahrhundert v. Chr. lebte.
Als seine Vorschläge zur Reform eines korrupten Kaiser-
hofes auf taube Ohren stießen, sprang er in den Fluß. Dieses Fest erinnert an die Suche nach seinem Körper – mit
fröhlich geschmückten Booten, Trommeln und Gongs
sowie vielen Rennen den Fluß hinauf und hinunter. Doch
es gibt kein Ziel und keine Richter, so daß der Tag einfach
nur Gelegenheit zum Picknicken und Trinken bietet und
zeigt, daß Yin und Yang im Gleichgewicht sind.

Französischer Nationalfeiertag (14. Juli)
1789 stürmte das französische Volk die verhaßte Bastille
und vernichtete Polizeiakten, wie dies auch andere Un-
terdrückte getan haben und wieder tun werden. In Frankreich beginnen die Feierlichkeiten am Vorabend mit Musik und Tanz in den Straßen, gefolgt von Feuerwerk und
noch mehr Tanz am darauffolgenden Tag.

Allerseelen (2. November)

In Mexiko und in anderen Kulturen gilt die traditionelle Totenwache als Symbol dafür, daß das Leben weitergeht. Dort ist es selbstverständlich, die Toten zu ehren. An diesem Tag werden in Mexiko Picknicks abgehalten, und die Menschen strömen lange vor Sonnenaufgang mit Kerzen, Blumen und Essen auf die Friedhöfe. Sie bringen den Toten Süßigkeiten, Kuchen und andere Leckereien in Form von Totenschädeln mit – auch wenn die Lebenden die Mitbringsel selbst verzehren –, und Dichter und Musiker schreiben und singen über den Tod.

Vielleicht finden Sie ja auch an einigen der traditionellen religiösen Feiertage Gefallen. Moderne Religionen sind meist langweilig, kommerzialisiert und banal, und sie versuchen, ihre Feiertage denen anderer Religionen möglichst anzupassen. Wenn Sie sich nach gehaltvolleren Feiertagen sehnen, müssen Sie sich eine alte religiöse Gruppierung suchen, die ihre Rituale noch ernst nimmt. Es gibt sie.

D. Partys und Feiern

Eine gute Party braucht einen Mittelpunkt, und damit ist nicht der Alkohol gemeint. Ein solcher Festmittelpunkt ergibt sich jedoch selten automatisch. Vielleicht kennen Sie ja zufällig ein paar Musiker: Live-Musik ist auf einer großen Party wirklich wunderbar. Wenn eine Band spielt, macht auch das Tanzen viel mehr Spaß, als wenn nur Platten oder CDs aufgelegt werden. Wenn für Essen gesorgt ist, haben die Leute etwas, worüber sie reden können, vor allem dann, wenn alle etwas zu essen mitbringen (gut für jede Menge Überraschungen) oder Sie etwas Besonderes vorbereiten, beispielsweise einen großen Fisch. Selbst Partys, auf denen gearbeitet wird, sind meist ein größerer Erfolg als solche ohne einen Anlaß: Es macht Spaß, mit Freunden zusammen eine Wohnung zu streichen, ein Rundschreiben zu verfassen oder etwas anderes zu erledigen, das zwar viel Zeit braucht, bei dem man sich aber auch unterhalten kann. Es stimmt natürlich, daß die besten Partys sich spontan ergeben können – verschiedene Leute, die sich gut verstehen, kommen einfach vorbei, man macht etwas zusammen, und jeder fühlt sich wohl.

Man kann auch Partys arrangieren, weil es etwas zu feiern gibt: eine Geburt oder einen Geburtstag, eine Hochzeit, eine neue Wohnung, eine Entdeckung, eine Abreise oder Wiederkehr, ein Erfolgserlebnis. Bei jeder dieser Gelegenheiten spielt gute Musik eine wichtige Rolle, weil Tanzen die ursprünglichste Art ist, etwas zu feiern oder wichtige Ereignisse zu begehen, und weil Tanzen unnötigen Small-talk verhindert.

Eine Cocktailparty ist im wesentlichen dazu da, andere zu beeindrucken. Aber von solchen Anlässen haben wir heutzutage eigentlich schon mehr als genug. Was wir sehr viel mehr brauchen, sind Gelegenheiten, bei denen wir einander näherkommen, auf andere eingehen und unsere Gefühle ausdrücken können. Wir müssen unser Leben und unsere Freunde ernster nehmen. Eine gelungene Party gibt uns die Möglichkeit, diese wichtigen Bedürfnisse gemeinsam zu befriedigen.

E. Gemeinsam kochen und essen

Gemeinsame Mahlzeiten mit Freunden sind eine gute Möglichkeit, den täglichen einsamen Essensvorbereitungen zu entkommen, auch wenn man sonst nicht mit anderen zusammenleben will. Außerdem macht es eine Menge Spaß, ab und zu zusammen mit vielen Leuten zu essen. Bei einer gemeinsamen Mahlzeit lassen sich menschliche Beziehungen sehr viel besser vertiefen als bei einem Trinkgelage.

Befreundete Nachbarn können sich das Kochen auch teilen. Wenn fünf Familien sich daran beteiligen, muß jede Familie lediglich an einem Abend pro Woche eine

Mahlzeit für alle vorbereiten. Vielleicht gibt man sich bei der Planung und Vorbereitung sogar mehr Mühe, als wenn man für sich alleine kochen würde, und läßt die Mahlzeit so zu einer festlichen Angelegenheit werden, die den Gaumen kitzelt. Außerdem spart man dadurch wahrscheinlich Zeit und Geld und hat das Gefühl, auswärts zu essen, ohne viel Geld für Restaurantbesuche ausgeben zu müssen.

F. Bäume pflanzen

Holz ist eines der schönsten und angenehmsten Materialien, um Wohnungen auszustatten und Möbel anzufertigen. Bäume sind außerdem maßgeblich dafür verantwortlich, daß die Erde bewohnbar ist. In den Städten sorgen sie für ein gesundes und angenehmes Klima. In einem Stadtviertel ohne Bäume ist es ungefähr 5 Grad wärmer als in einem Viertel mit alten Baumbestand. (Die Temperaturunterschiede sind noch extremer, wenn in dem baumlosen Viertel große Flächen asphaltiert sind.) Bäume in Wohnvierteln erhöhen den Grundstückswert; außerdem werden sie in Zukunft eine zunehmend wichtigere Quelle für Brennholz werden. Vielleicht werden künftig städtische Waldparzellen zweifach genutzt: als Parks, aber auch zu Energiegewinnungszwecken. Auf städtischem Brachland könnte man schnellwachsende Baumsorten anpflanzen, um diese Gebiete zu nutzen. Und die meisten Hinterhöfe könnten noch ein bis zwei zusätzliche Obstbäume vertragen. (Für sehr kleine Gärten oder Höfe gibt es auch kleine Baumsorten.)

Bäume geben Sauerstoff an die Umgebung ab. Sie schlucken und dämpfen Lärm und verringern so die Lärmbelästigung. Die welkenden Blätter versorgen den Boden mit Humus (verbrennen Sie sie also nicht, sondern werfen Sie sie auf den Komposthaufen).

Bäume sind außerdem einer der wichtigsten Verbündeten im Kampf gegen Bodenerosion durch Wind und Wasser. Ihre Schönheit und ihre buchstäbliche Standfestigkeit sind in dieser hektischen Zeit eine große Wohltat. Einen Baum zu pflanzen, ist nicht nur gut für unsere Erde, es tut auch Ihrer Seele gut. Vielleicht erleben auch Sie das langsame Wachsen »Ihres« Baumes als Brückenschlag zur nächsten Generation, die sich an seiner Schönheit und seinem Schatten noch lange nach Ihrem Tod erfreuen wird.

Manchmal kann man Setzlinge kostenlos bekommen, doch sind kleine Bäume auch in einer Baumschule überraschend preiswert zu haben. Gehen Sie allerdings zunächst in die Bibliothek und schlagen Sie nach, welche Baumarten in Ihrer Region gedeihen. Wenn Sie in Ihrer Straße einen Baum pflanzen möchten, erkundigen Sie sich vorher bei der Stadtverwaltung. Wahrscheinlich gibt es bestimmte Vorschriften darüber, welche Bäume gepflanzt werden dürfen. Möglicherweise stellt man Ihnen kostenlos Bäume zur Verfügung, oder überläßt sie Ihnen zu einem geringen Preis. Vielleicht bekommen Sie auch Rat oder sogar tatkräftige Hilfe bezüglich des Pflanzlochs, das ausgehoben werden muß.

Das Hauptproblem beim Bäumepflanzen ist ein ausreichend großes Loch. Nehmen Sie sich dazu genügend Zeit und besorgen Sie sich eine gute Schaufel. Das Loch muß ungefähr doppelt so groß und doppelt so tief sein wie der Wurzelballen, damit die Wurzeln mit ausreichend viel guter, weicher Erde umgeben werden können. (Mischen Sie auch etwas Kompost unter die ausgehobene Erde.) Wässern Sie anschließend den Baum genau nach Vorschrift. Die ersten Tage und Wochen nach dem Einpflanzen sind für einen Baum sehr kritisch. Doch wenn die Wurzeln erst einmal festgewachsen sind, kommen die meisten gut ohne weitere Pflege zurecht.

Machen Sie sich vorher genaue Gedanken darüber, wie der ausgewachsene Baum die Lichtverhältnisse beeinflussen wird. Man kann Bäume zwar stutzen, aber Sie wollen sicher nicht, daß ein dichter, immergrüner Baum Ihren sonnigen Balkon, auf dem Sie Sonnenbäder nehmen wollen, in den Schatten rückt. Und ein kleiner Garten oder Hof soll ja auch nicht völlig zuwachsen. Auf der Südseite eines Gebäudes eignen sich meist Laubbäume am besten: Sie spenden im Sommer Schatten, lassen aber im Winter das wärmende Sonnenlicht ans Haus. Wenn Sie nicht genau wissen, wo Sie Ihren Baum pflanzen sollen, können Sie ihn zuerst einmal in einen Pflanzbehälter stellen. Ein Kasten mit einem Quadratmeter Grundfläche und 60 Zentimeter Höhe kann bei entsprechender Pflege einen Baum von sechs bis sieben Metern Höhe tragen. So können Sie den Baum wachsen lassen und sich daran erfreuen, bevor Sie ihn später endgültig einpflanzen.

Bäume bringen Hektar für Hektar mehr Eßbares und mehr Brennmaterial hervor als alles, was man sonst noch anbauen kann (das wußten schon die Indianer, die sich hauptsächlich von Eicheln ernährten). Vielleicht haben Sie ja auch die Möglichkeit, Nußbäume oder, wenn es Ihr Klima erlaubt, Olivenbäume zu pflanzen, die Früchte tragen und gleichzeitig die Umgebung verschönern.

KAPITEL 14
ÜBERLEBEN MIT UND OHNE ARBEIT

A. Effiziente Arbeitssuche

Zu bestimmten Zeitpunkten Ihres Lebens werden auch Sie sich auf dem Arbeitsmarkt wiederfinden und versuchen, Ihre Arbeitskraft, Ihre Fähigkeiten und Ihre Leistung zu verkaufen. Die Arbeitssuche ist, wie Basketball, im Grunde eine statistische Angelegenheit: die Erfolgschancen steigen, wenn man möglichst viele Versuche startet. Hier eine kurze Zusammenfassung der geltenden Regeln:

1. Nicht in Panik geraten
Wer verzweifelt ist und die erstbeste Arbeit annimmt, wird es wahrscheinlich über kurz oder lang bereuen und sich nach etwas anderem umsehen. Deshalb...

2. Auf Arbeitssuche gehen, solange man noch Arbeit hat
Der schlechteste Zeitpunkt zur Jobsuche, ist der, wenn man dringend auf Arbeit angewiesen ist. Wie alles andere ist auch ein Arbeitsplatz leichter zu finden, wenn man eigentlich gar keinen braucht. Wenn Sie entlassen worden sind, sollten Sie unverzüglich Arbeitslosengeld beantragen. Außerdem können Sie Geld sparen und dadurch etwas Zeit gewinnen, wenn Sie im Falle einer Arbeitslosigkeit vorübergehend zu Verwandten oder Freunden ziehen.

Wenn Sie eine zeitlich begrenzte Arbeit haben, sollten Sie ein paar Krankheits- oder Urlaubstage dazu nutzen, sich nach einer anderen Arbeit umzusehen – lange bevor ihr Vertrag tatsächlich endet. Wenn Sie nicht sofort einen Job brauchen, können Sie mit potentiellen Arbeitgebern entspannter reden. Andererseits schätzen es Arbeitgeber gar nicht, wenn ihnen jemand total gleichgültig gegenübersteht. Sie wünschen sich einen Mitarbeiter, der so gut ist, daß er keine Angst vor der Arbeitslosigkeit zu haben braucht, und der trotzdem bestrebt ist, sich voll einzusetzen, wenn er die richtige Arbeitsstelle gefunden hat.

Wenn man wirklich eine neue Stelle braucht und keine findet, besteht die Gefahr, jeden Tag deprimierter und ängstlicher zu werden. Es ist äußerst wichtig, gegen diese Gefühle anzugehen. Bei einem Vorstellungsgespräch entsteht sonst leicht der Eindruck, man sei nicht geeignet. Wer sich frühzeitig um eine neue Arbeit bemüht, umgeht auch das ansonsten schwierige Problem, ob er den erstbesten Job annehmen oder andere Angebote abwarten soll (woraufhin die erste Stelle vielleicht anderweitig besetzt wird). Wenn man aber noch Arbeit hat, dann wissen die potentiellen Arbeitgeber, daß sie einem etwas Besseres bieten müssen, bevor man die Stelle wechselt.

3. Ganz gezielt den Freundeskreis einspannen

Da die meisten Menschen irgendeiner Arbeit nachgehen, ist fast jeder Bekannte eine potentielle Informationsquelle für einen neuen Job. Hinzu kommt, daß die wirklich interessanten Stellen oft nicht in der Zeitung stehen, sondern per Mundpropaganda mit Bekannten von Angestellten der betreffenden Firma besetzt werden. Wenn Sie also auf Arbeitssuche sind, sollten Sie der Reihe nach alle Leute anrufen, die Sie kennen, ihnen mitteilen, daß Sie etwas suchen, und sie bitten, Ihnen Bescheid zu sagen, wenn sie etwas hören. Nur keine Hemmungen, jeder braucht irgendwann einen Job!

Fragen Sie Ihre Freunde auch, ob sie noch jemanden kennen, den Sie anrufen könnten. Schreiben Sie sich alles auf, damit Sie später darauf zurückgreifen können. Vergessen Sie auch Ihre Verwandten nicht. Und wenn

Sie einer Kirche, einer Partei, einem Klub, einer Freizeit-
organisation o.ä. angehören, können Sie dort ebenfalls
Bescheid sagen.

4. Sich auf die eigenen Fähigkeiten konzentrieren

Die furchtbare Frage »Was können Sie denn?« erschreckt
nicht nur diejenigen, die sich zum ersten Mal bewerben,
sondern auch viele erfahrene Arbeitsuchende. Viele Arbeitgeber sind der Meinung, daß jemand, der keine Erfahrung mit der angebotenen Arbeit hat, unmöglich die
Erwartungen erfüllen kann. Es ist sehr schwer, dieser
Haltung etwas entgegenzusetzen. Aber vielleicht hilft es
ja, wenn Sie sich schon vor einem Vorstellungsgespräch
einen Überblick über die eigenen Fähigkeiten verschaffen, und zwar so, wie Sie diese selbst sehen (und nicht so,
wie ein möglicher Arbeitgeber sie Ihrer Meinung nach
einschätzen sollte). Viele Menschen, die fürchten, daß sie
»gar nichts können«, können in Wirklichkeit eine ganze
Menge, bringen aber diese Fähigkeiten nicht in Zusammenhang mit einer Arbeit: Sie können vielleicht sehr gut
mit Kindern umgehen, sind ein raffinierter Schwindler,
sind sehr gepflegt und ordentlich oder können sehr gut
mit Leuten reden. Das Problem besteht einfach darin,
eine Stelle zu finden, bei der man einige seiner ureigensten
Fähigkeiten – die Dinge, die man wirklich gut und gerne
macht – auch einsetzen kann. (Wenn man das nicht kann,
verkauft man seine Seele und verschwendet seine Zeit.)

5. Was produziert die Firma oder Organisation?

Die Atmosphäre in einer Firma wird stark von den Produkten, die sie herstellt, bestimmt. Es ist auf jeden Fall
besser, für eine Firma zu arbeiten, deren Produkte man
schätzt oder die man zumindest nicht für schädlich hält.

6. Den zukünftigen Arbeitgeber auskundschaften

Manchmal kann man sich bei einer Firma umschauen, bevor man sich dort bewirbt, oder sogar mit einigen Leuten
sprechen, mit denen man dort zusammenarbeiten würde.

Kantinen sind manchmal halböffentliche Einrichtungen; gehen Sie einfach hin und trinken sie eine Tasse Kaffee. Scheuen Sie sich nicht, den Leuten zu sagen, daß Sie einen Job suchen – in der Regel erzählen sie Ihnen gerne etwas über ihre Arbeit und geben Ihnen vielleicht ein paar Tips. Auf diese Weise können Sie sehr viel über die Atmosphäre erfahren und sich so von Jobs fernhalten, die echte Schinderei bedeuten. Vielleicht finden Sie auch dort eine Arbeit, wo Sie sich ohnehin gerne aufhalten – als Kellnerin in einem Café, als Angestellter in einer Fach- oder Buchhandlung, als Museumsführerin oder -wärter, als Bootsmechaniker in einem Yachthafen oder ähnliches. Es ist sehr viel wert, irgendwo zu arbeiten, wo die Kollegen interessant sind und wo man sich nicht ständig über die Arbeit und die Vorgesetzten ärgern muß.

Gibt es eine Aufsicht, die Sie beobachtet oder Ihre Telefonate überwacht? Können sie sich frei bewegen oder müssen Sie dafür um Erlaubnis bitten? Sind Ihre Vorgesetzten oder Kollegen engstirnig oder eher locker und tolerant? Jede Firma hat ihr eigenes »Klima«. Halten Sie sich also von denen fern, die Ihnen unangenehm sind.

7. Lebenslauf

Für die meisten Tätigkeiten benötigt man einen Lebenslauf – ein Blatt Papier, auf dem Sie ganz oben Namen, Adresse und Telefonnummer angeben. Danach werden die Schulausbildung sowie frühere Tätigkeiten genau aufgeführt. Wenn Sie nicht ununterbrochen gearbeitet haben, sortieren Sie all Ihre früheren Jobs am besten nach Art der Tätigkeit und lassen die Daten weg (die können Sie dann im Vorstellungsgespräch erwähnen). Man sollte die Schulen der Reihe nach aufführen und eventuelle Spezialgebiete deutlich werden lassen. Tippen Sie den Lebenslauf sehr sauber ab und fertigen Sie davon Kopien an bzw. speichern Sie ihn in ihrem Computer. Geben Sie ein paar davon an einflußreiche Freunde weiter, andere schicken Sie »blind« an Firmen, die möglicherweise eine freie Stelle haben, und einige auch an Zeitarbeitsfirmen.

Wenn Sie selbst aktiv werden und sich nicht in das Schicksal der Arbeitslosigkeit fügen, fällt Ihnen auch der Gang zum Arbeitsamt leichter.

8. Vorbereitet sein

Bewerbungen kosten Zeit. Sie müssen bereit sein, sich diese Zeit zu nehmen, sonst brauchen Sie sich erst gar nicht zu bewerben. Sie werden bei jeder Firma Formulare ausfüllen müssen, ob Sie nun einen Lebenslauf vorgelegt haben oder nicht. Sie werden auch bei jedem Vorstellungsgespräch dazu Stellung nehmen müssen, warum Sie Ihre früheren Stellen aufgegeben haben (reden Sie nie schlecht über ehemalige Vorgesetzte – geben Sie sich loyal, aber entmutigt, was Aufstiegschancen etc. betrifft), was Sie in der Zeit zwischen zwei Jobs angefangen haben, warum Sie die Stelle in dieser betreffenden Firma wollen, was Sie in Ihrem Leben sonst noch vorhaben usw. Befolgen Sie die Anweisungen – das ist eine der grundlegenden Anforderungen jeder Arbeitsstelle. Vielleicht werden Sie auch Eignungstests, Schreibmaschinentests oder psychologischen Tests unterzogen. Außerdem werden meist Zeugnisse von früheren Vorgesetzten oder Empfehlungen von Lehrern oder anderen Autoritäten verlangt.

Wenn jemand für Sie ein Zeugnis schreibt, besprechen Sie sich auf jeden Fall vorher mit der betreffenden Person und scheuen Sie sich nicht, zu fragen, ob sie Ihnen ein wirklich gutes Empfehlungsschreiben ausstellt. Bei der Jobsuche kann niemand falsche Freunde gebrauchen, und außerdem gibt es rechtliche Vorschriften, auf denen Sie bestehen sollten. Seien Sie vorsichtig, wenn Sie sich um eine neue Stelle bemühen, während Sie noch bei der alten Stelle arbeiten: Ihr zukünftiger Chef fragt Sie vielleicht, ob Ihr gegenwärtiger Vorgesetzter weiß, daß Sie sich nach etwas Neuem umsehen. Falls nicht, fragt er sich womöglich, ob sie ihn nicht auch irgendwann sitzenlassen.

Sie sollten bei der Stellensuche immer einen funktionierenden Stift bei sich haben, um Formulare ausfüllen und um sich Notizen machen zu können, die später viel-

leicht nützlich sind. Notieren Sie sich Vorstellungsgespräche und Kontaktpersonen in einem Notizbuch oder
auf Karteikarten, damit Sie nicht durcheinanderbringen,
was Sie oder Ihr Gesprächspartner gesagt haben.

9. Die richtige Kleidung

Sie bewerben sich um eine Rolle in einem Stück, in dem
nur bestimmte Kostümierungen erlaubt sind. Die Kinder
des Generaldirektors können Jeans, Rüschenhemden
oder Samtmäntel tragen, aber außer in der Werbung,
beim Film oder in anderen »kreativen« Branchen kleiden
Sie sich am besten konventionell: Für Männer und
Frauen, die sich auf gehobene Positionen bewerben, bedeutet das Anzug oder Kostüm, bei anderen Stellen
wählen Sie schlichte und attraktive, aber etwas weniger
förmliche Kleidung. (Wenn Sie unbedingt eine Stelle bei
einer ganz bestimmten Firma haben wollen, finden Sie
heraus, wie sich die Mitarbeiter kleiden, indem Sie die
Firmenkantine aufsuchen oder die Angestellten beobachten, wenn sie nach Feierabend die Firma verlassen).

10. Die Personalabteilung

Vielleicht sind Sie vor einem Bewerbungsgespräch etwas
weniger aufgeregt, wenn Sie bedenken, daß die Leute in
den Personalabteilungen meist nur eine Vorauswahl treffen, indem sie einen Teil der Bewerber herausfiltern. Die
letztgültige Entscheidung treffen in größeren Firmen in
der Regel die Abteilungsleiter. Auch sitzen in den Personalabteilungen mitunter Leute, die sich in anderen Fir-
menbereichen nicht durchsetzen konnten und die ins
Personalwesen abgeschoben wurden, weil sie dort nur
wenig Schaden anrichten können. Sie sind natürlich
mächtig genug, um Sie abzuweisen, falls sie Sie irgendwie
nicht mögen, aber es sind keine Übermenschen, die Gedanken lesen könnten. Begrüßen Sie sie mit einem festen
Händedruck, unterhalten Sie sich mit ihnen lebhaft, aber
bleiben Sie auf der geschäftlichen Ebene.

Sitzen Sie bei einem Vorstellungsgespräch ruhig auf

dem Stuhl, sehen Sie Ihrem Gegenüber so oft wie möglich in die Augen, rauchen Sie nicht, es sei denn, es wird Ihnen angeboten, und erscheinen Sie immer ein paar Minuten vor der vereinbarten Zeit. Ein wenig Nervosität in einem solchen Gespräch schadet überhaupt nichts. Wenn Sie sich zu gelassen geben, könnte Ihr Gesprächspartner den Eindruck bekommen, daß Sie den Job gar nicht wollen.

11. Glaubhafte Erklärungen für Beschäftigungslücken
Früher wurde ein Arbeitgeber oft schnell mißtrauisch, wenn ein Bewerber keinen lückenlosen Beschäftigungsnachweis erbringen konnte. Eine dreimonatige Lücke im Lebenslauf ließ sofort auf einen Gefängnisaufenthalt oder auf Unzuverlässigkeit schließen. Heutzutage besuchen so viele Leute erst diese, dann jene Schule, reisen durch die Welt, machen eine Zusatzausbildung oder gründen ein eigenes kleines Unternehmen, daß es keine Schande ist, auch über die Zeiten, in denen man nicht gearbeitet hat, Auskunft zu geben.

Fertigen Sie also eine Liste Ihrer bisherigen Stellungen an und lassen Sie sich Erklärungen für die Zeiträume einfallen, in denen Sie nicht angestellt waren. Strengen Sie Ihre Phantasie ein wenig an und malen Sie sich auch die Details genau aus. Wenn Sie selbst es für realistisch halten, wird es auch beim Vorstellungsgespräch realistisch klingen. Es versteht sich von selbst, daß Sie sich, wenn möglich, an die Wahrheit halten. Wenn Sie noch einmal die Schule oder die Universität besucht oder eine Zusatzausbildung absolviert haben, dann sagen Sie das, selbst wenn es für die Stelle, auf die Sie sich bewerben, nicht von Bedeutung ist.

B. Zeitarbeitsfirmen

Bevor Sie auf der Arbeitssuche völlig verzweifeln, versuchen Sie es bei einer Zeitarbeitsfirma. Diese Agenturen sind oft mehr als einfach nur ein letzter Ausweg. Studieren Sie die Stellenangebote und suchen Sie sich die Firmen heraus, die für Sie geeignete Stellen anbieten. Wenn Sie sich dann bewerben, sollten Sie sich so kleiden und benehmen, als würden Sie sich bei einem normalen Arbeitgeber vorstellen.

Unseriöse Firmen schreiben gelegentlich ein paar sehr attraktive, aber frei erfundene Stellen aus und versuchen dann, Sie auf einen anderen Posten abzuschieben. Lassen Sie sich nicht auf Firmen ein, die schon vor der Vermittlung eine wie auch immer geartete »Gebühr« verlangen. Wenn Sie sich bei einer Zeitarbeitsfirma in die Kartei aufnehmen lassen, müssen Sie einen Vertrag unterschreiben. Lesen Sie ihn sorgfältig durch. Achten Sie vor allem auf »Strafklauseln«: Sie ermöglichen der Firma in manchen Fällen, auch dann eine Gebühr zu verlangen, wenn Sie die Stelle selbst oder mit Hilfe einer anderen Firma gefunden haben. Manchmal werden Sie auch zu empfindlichen Gebühren verdonnert, wenn Sie eine Stelle annehmen, aber bei Arbeitsbeginn nicht erscheinen, oder wenn sich die Arbeit als unerträglich herausstellt und Sie kündigen oder entlassen werden. Unterzeichnen Sie einen solchen Vertrag auf keinen Fall, egal wie sehr Sie die Arbeit brauchen oder wie »nett« die Leute bei der Zeitarbeitsfirma sind. (Wenn sie wirklich nett wären, würden sie diese Klauseln aus dem Vertrag streichen.)

Zeitarbeitsfirmen sind besonders praktisch, wenn Sie nach einer neuen Stelle suchen, während Sie noch angestellt sind. Auf diese Weise kommen Sie nie in die Verlegenheit, auf eine Chiffreanzeige zu antworten, die Ihre eigene Firma geschaltet hat. Außerdem umgehen Sie mit einer Zeitarbeitsfirma das ständige Ausfüllen neuer Personalbögen.

Wer nicht jahrelang ganztags arbeiten möchte, kann von bestimmten Zeitarbeitsfirmen auch auf Halbtagsstellen oder zeitlich begrenzte Stellen vermittelt werden. Vor allem für ältere Menschen, die zwar hochqualifiziert sind, aber keinen Arbeitgeber mehr finden, der sie unbefristet einstellt, kann eine solche Lösung attraktiv sein. Manche

Zeitarbeitsvermittler haben sich auf Buchhaltung oder andere Arbeitsgebiete spezialisiert, aber die meisten bieten ein breites Spektrum an Bürotätigkeiten für Männer und Frauen an. Viele vermitteln auch handwerkliche oder körperliche Arbeit, überwiegend für Männer, aber gelegentlich auch für Frauen. Zeitarbeitsfirmen gibt es in jeder Stadt. Die Bezahlung liegt meist unter dem, was man mit einer Festanstellung in einem Betrieb verdienen würde – aber man ist nicht fest an eine bestimmte Stelle gebunden.

Arbeitet man für eine Zeitarbeitsfirma, ist man de facto bei ihr angestellt. Diese Firma stellt Sie dann einem anderen Unternehmen zur Verfügung – für einen Tag, eine Woche oder ein paar Monate. Wenn die Tätigkeit beendet ist, wird man in ein anderes Unternehmen geschickt. Angesichts der Tatsache, daß die meisten Jobs ziemlich langweilig sind, bietet Zeitarbeit auf angenehme Weise sehr viel Abwechslung. Und irgendwie ist es nicht so schlimm, niedrige Tätigkeiten zu verrichten, wenn man nur vorübergehend »Eigentum« des Chefs ist. Sie können der Zeitarbeitsfirma sagen, wieviel Sie ungefähr arbeiten wollen. (Denken Sie in Ruhe darüber nach und legen Sie sich dann auf eine realistische Zeitspanne fest.) Der Firma ist es in der Regel gleichgültig, ob Sie nur halbtags, nur die erste Jahreshälfte oder nur den Sommer über arbeiten wollen.

Die Bezahlung, Lohnsteuer, Krankenkassen- und Sozialversicherungsbeiträge usw. regelt die Zeitarbeitsfirma. Sie müssen keine Personalbögen ausfüllen, keine Vorstellungsgespräche über sich ergehen lassen oder sich sonstige Sorgen machen – man geht einfach nur zur Arbeit.

Erkundigen Sie sich nach der besten Zeitarbeitsfirma in der Stadt. Sie sollte eine gleitende Lohn- und Gehaltsskala haben und Sie Ihren Fähigkeiten entsprechend bezahlen. Oft bezahlen kleinere, ortsansässige Zeitarbeitsfirmen besser als überregional arbeitende Agenturen.

C. Selbständigkeit und Hilfsarbeiten

Ein Nachteil der meisten normalen Tätigkeiten ist, daß man nach der Pfeife eines anderen tanzen muß. Auch wenn der Chef ein ganz angenehmer Mensch ist, haben Sie vielleicht so ihre Schwierigkeiten damit. Aber man kann sich auch ohne viel Eigenkapital selbständig machen. Die Möglichkeiten sind regional unterschiedlich, aber für die im folgenden beschriebenen Tätigkeiten besteht fast überall Bedarf:

Tippen

Eine gute freiberufliche Schreibkraft kann genauso viel verdienen wie eine festangestellte, arbeitet aber zu Hause und teilt sich die Zeit selbst ein. Vor allem in der Nähe von Universitäten und in großen Städten fallen viele Schreibarbeiten an. Sie brauchen dazu nichts weiter als einen Computer und ein paar Visitenkarten, die Sie an Schwarzen Brettern aufhängen oder an Leute verteilen. Auch Inserate in Studentenzeitungen sind sinnvoll.

Kinderbetreuung

Da heutzutage sehr viele Eltern arbeiten und noch längst nicht alle Kinder auch einen Kindergartenplatz bekommen, herrscht ein großer Mangel an guten Kinderbetreuern. Wenn Sie also gerne mit Kindern zusammen sind, finden sich in der Nachbarschaft sicher einige, auf die Sie aufpassen könnten. Bei den derzeitigen Tarifen können Sie mit einem halben Dutzend Kinder so viel verdienen, daß Sie davon leben können. Auch Männer übernehmen jetzt immer häufiger solche Dienste. Viele Kinder leben bei ihrer Mutter und haben wenig Kontakt zu Männern. Dabei sind solche Kontakte enorm wichtig. Am besten arbeiten Sie mit ein oder zwei anderen Leuten zusammen, die ebenfalls Kinder gern haben und mit denen Sie sich gut verstehen. Vielleicht können Sie sich dann zusammen nach besseren Räumlichkeiten umsehen und diese möglicherweise zu einem Kindergarten oder Kinderhort ausbauen. Sie sollten auch auf Auseinandersetzungen mit örtlichen Behörden und Nachbarn vorbereitet sein und sich einen Rechtsanwalt suchen, der Sie berät und Ihnen hilft.

Erfrischungsstände

Dazu braucht man keinen festen Laden. Auch ein Kleinbus oder ein Handkarren läßt sich entsprechend herrichten. Bietet man wirklich gute Ware an, kann man an jedem belebten Platz ein gutes Geschäft machen. Vor allem gute kalte Getränke verkaufen sich hervorragend. Viele normale Imbißstände verkaufen minderwertige, künstliche Getränke, so daß Limonade, Orangensaft, Apfelsaft oder andere Erfrischungsgetränke von sehr guter Qualität bei Jahrmärkten, Open-Air-Konzerten, in Parks oder an der Straße reißenden Absatz finden. Eisstände sind in der Stadt natürlich ein Klassiker. Aber man kann auch warme Brezeln, Süßigkeiten, Obst und andere Leckereien verkaufen – die einzigen Voraussetzungen dafür sind ein Gewerbeschein und die strikte Einhaltung der Hygienevorschriften.

Unterrichten

Wenn man etwas sehr gut kann, findet man sicher auch Schüler, die genau das lernen wollen. Viele leben davon, daß sie Tennis, Englisch, Programmieren, Musik, Schwimmen, Lesen, Tanzen, Fremdsprachen o.ä. unterrichten.

Datenverarbeitung

Die elektronische Datentechnologie ist so vielschichtig, daß viele Firmen oft Engpässe haben, bei denen sie sehr kurzfristig und nur für begrenzte Zeit Hilfe von außen brauchen. Auch viele Forschungsprojekte und Studenten sind auf die elektronische Datenverarbeitung angewiesen, kommen aber mit der Technik nicht immer zurecht. Wenn Sie sich also mit Programmiersprachen auskennen und ein wenig Erfindungsgabe besitzen, können Sie Geld damit verdienen, diesen Leuten zu helfen.

Hausmeisterei und Hausverwaltung

Überall im Land gibt es – oftmals sehr abgelegene – Besitztümer, die bewacht werden müssen: Ferienhäuser, Jagd- oder Fischerhütten, leerstehende Fabrikgebäude,

Anwesen mit (noch) ungeklärten Eigentumsverhältnissen usw. Jeder wertvolle Besitz, der abbrennen oder auf andere Art und Weise Schaden nehmen könnte, jedes Gebäude, von dem Gefahren ausgehen oder das rechtliche Schwierigkeiten provozieren könnte, braucht unter Umständen jemanden, der sich darum kümmert. Normalerweise wird bei solchen Tätigkeiten auch eine Wohnung gestellt, die aber unter Umständen ziemlich einfach sein kann.

Solche Verwalterstellen werden in der Regel in der Lokalzeitung ausgeschrieben. Bewirbt man sich um eine solche Stelle, sollte man seriös aussehen und glaubwürdige Empfehlungsschreiben in der Tasche haben.

Die städtische Entsprechung zu einer solchen Verwaltertätigkeit ist die Stelle eines Hausmeisters oder Wohnungsverwalters. Meist gehört zu der Stelle eine Wohnung – kostenlos oder für eine geringe Miete. Und manchmal erhält man auch ein kleines Gehalt dafür, wenn man sich um ein Gebäude kümmert: leerstehende Wohnungen vermietet, Dinge repariert, sich um Grünanlagen usw. kümmert – also eine angenehme und nicht sehr zeitaufwendige Arbeit.

D. Arbeitslosigkeit

Arbeitslosigkeit ist heute millionenfaches Schicksal und kann ohne persönliches Verschulden die meisten von uns jederzeit treffen. Wenn Sie gekündigt werden und Ihren Arbeitsplatz verlieren, gibt es keinen Grund, auf die Hilfen des Staates zu verzichten, auf die Sie einen Rechtsanspruch haben. Alles andere ist falscher Stolz.

Wenn Sie gekündigt werden, sollten Sie zunächst fachkundigen Rat beim Betriebsrat, bei Ihrer Gewerkschaft oder bei einem Rechtsanwalt einholen. (Letzteres kann allerdings teuer werden; klären Sie das Honorar vorab.) Sie müssen in jedem Fall prüfen, ob Sie gegen die Kündigung vor dem Arbeitsgericht eine Kündigungsschutzklage erheben. Unter Umständen trägt Ihre Rechtsschutzversicherung die Kosten eines Verfahrens vor dem Arbeitsgericht. Vergewissern Sie sich!

Wenn Sie gekündigt werden, sollten Sie sofort zum Arbeitsamt gehen und den Antrag auf Arbeitslosengeld stellen, selbst dann, wenn Sie davon überzeugt sind, daß Ihre Kündigung unwirksam ist. So müssen Sie nicht so lange auf Ihr Arbeitslosengeld warten, denn die Bearbeitung der Anträge dauert oft Wochen und mitunter sogar Monate.

Den Paragraphendschungel des Arbeitsamtes zu durchdringen, würde ein eigenes Buch erfordern. Zum Glück gibt es schon eines, das sein Geld (12 DM) wert ist. Kaufen Sie sich den über 400 Seiten starken *Leitfaden für Arbeitslose* (ISBN 3-923098-58-8), der vom Arbeitslosenprojekt TUWAS am Fachbereich Sozialpädagogik der Fachhochschule Frankfurt am Main erstellt worden ist. Es gibt ihn problemlos im Buchhandel, und er enthält alles Wissens- und Bedenkenswerte im Umgang mit der Arbeitsbürokratie. Viele Beispiele, Musteranträge und Tabellen erleichtern Ihnen die Antragstellung für ihr Arbeitslosengeld. Der Leitfaden ist bereits in der 11. Auflage und wird alle zwei Jahre aktualisiert. Auch die Besonderheiten der Arbeitslosenhilfe sind berücksichtigt.

Ganz egal, ob Sie gerade gekündigt worden oder schon länger arbeitslos sind, Sie sollten in jedem Fall versuchen, auf eigene Initiative eine neue Stelle zu finden und sich auf die Vermittlung des Arbeitsamtes keinesfalls verlassen. Durch Stellenstreichungen sind die Mitarbeiter dort oft hoffnungslos überfordert, meist erhalten Sie nach der Arbeitslosmeldung ein, zwei Stellenangebote – und damit hat es sich. Ein großer Teil der offenen Stellen wird aber – durch Stellenanzeigen oder unter der Hand – am Arbeitsamt vorbei besetzt. Werfen Sie daher die Flinte nicht ins Korn und versuchen Sie es mit den Ihnen zur Verfügung stehenden Mitteln (inkl. Freunde, Verwandte, Bekannte) weiterhin auf eigene Faust.

Erkundigen Sie sich auch bei den Wohngeldstellen der

Einwohnermeldeämter, ob Sie bezugsberechtigt sind, denn ein Zuschuß zur Miete könnte Ihre Lage womöglich entspannen. Der Bezug von Wohngeld ist übrigens nicht an den Bezug von Arbeitslosengeld/-hilfe gebunden. Klären Sie, ob Sie mit Ihrem regulären Einkommen nicht vielleicht ebenfalls Wohngeld erhalten können.

E. Sozialhilfe beantragen

Konservative Politiker schwingen gerne Reden über die schwarzen Schafe, die Sozialhilfe beantragen, und ein paar nutzen das Wohlfahrtssystem sicher auch aus. Doch die meisten Sozialhilfeempfänger sind Menschen wie du und ich, die eben sehr viel Pech im Leben gehabt haben. Und das kann schließlich jedem passieren. Sie haben ein Recht auf Sozialhilfe, wenn Sie sich in einer entsprechenden Lage befinden. Es gibt also keinen Grund, sich zu schämen oder Angst davor zu haben, sie zu beantragen. Gehen Sie zum zuständigen Sozialamt in Ihrer Nähe und erkundigen Sie sich nach den Bedingungen des Bezugs von Sozialhilfe. Lassen Sie sich vor allem von den bürokratischen Prozeduren nicht einschüchtern und bringen Sie Zeit mit. Sie werden nicht der einzige sein.

F. Die Lehre

Für viele hochqualifizierte Berufe absolviert man eine Lehre. Dieses System reicht bis ins Mittelalter zurück, als ein Junge rechtlich so lange an einen Meister gebunden war – einen Goldschmied, Weber usw. –, bis er sein Handwerk gelernt hatte. Facharbeiter verdienen mehr als ungelernte Arbeiter. Wenn man ein schwieriges Handwerk gelernt hat und ausgebildeter Drucker, Maschinenschlosser, Zimmermann, Installateur, Automechaniker, Elektriker, Elektroniker usw. ist, hat man außerdem den unschätzbaren Vorteil, daß man mit hoher Wahrscheinlichkeit jederzeit und überall, in der Stadt oder auf dem Land, Arbeit findet.

Und man ist nicht, wie so viele Menschen, die einer Bürotätigkeit nachgehen, gezwungen, ständig ganztags zu arbeiten, und braucht sich auch nicht um unzufriedene Vorgesetzte zu kümmern. Manche Arbeiten sind saisonabhängig, wie beispielsweise das Zimmerhandwerk auf dem Bau. Andere sind zeitlich begrenzt, und wenn ein Projekt fertiggestellt ist, kann man erst einmal Pause machen, wenn einem danach ist. Es ist nicht leicht, Halbtagsstellen zu finden, aber manchmal geht auch das, beispielsweise in kleinen Autowerkstätten oder anderen unabhängigen Betrieben.

Mit fortschreitender Automatisierung werden immer mehr Facharbeiter benötigt – nicht weniger –, um die Maschinen zu bauen und zu warten, die von ungelernten oder angelernten Arbeitern bedient werden. Facharbeiter bekommen meist abwechslungsreichere und anspruchsvollere Stellen. Und wenn man, wie viele Mechanikerteams, bei der Arbeit etwas herumkommt, hat man auch genügend Ausfallzeiten, um Kaffee zu trinken und sich zu unterhalten. Dazu kommt die Unterstützung einer starken Gewerkschaft bei Auseinandersetzungen und wenn es um den Erhalt und die Verbesserung von Gehältern und Arbeitsbedingungen geht. (Viele Gewerkschaften haben nach wie vor eine bürokratische, eher undemokratische Struktur, aber sie stehen auch unter starkem öffentlichem Druck. Daher ist es sehr sinnvoll, sich gerade innerhalb der Gewerkschaft immer wieder für weitere Verbesserungen einzusetzen.)

Eine Lehrlingsstelle unterscheidet sich im Grunde nicht sehr von einer normalen Arbeitsstelle. Man hat einen ganz normalen Achtstundentag und arbeitet mit erfahrenen Kollegen zusammen, die einem alles beibringen sollen. Zwar bekommt man in der Lehre einen sehr viel geringeren Lohn als sie, doch danach gibt es regelmäßige, tariflich festgelegte Gehaltserhöhungen. Manche Lehre dauert zwei Jahre, andere bis zu vier Jahren. Außerdem muß man zwischen zwei und sechs Stunden in der Woche die Berufsschule besuchen. Theoretisch ist der Ausbildungsvertrag für beide Seiten bindend, und er verpflichtet die Firma, in der vorgeschriebenen Zeit das volle Lehrprogramm durchzuführen. Man kann aber selbst kündigen, wenn man will. Nur die Firma kann zur Vertragserfüllung verpflichtet werden.

Manche Firmen (und gemeinnützige Organisationen) bieten auch Praktika an, in denen man für wenig Geld oder umsonst arbeitet, aber viel lernt, und mit deren Hilfe man vielleicht einen richtigen Job bekommt. Ein Praktikum ist auch ein gutes Mittel, herauszufinden, ob einem ein Berufszweig gefällt. Informationen über Lehrstellen erhält man auch beim örtlichen Arbeitsamt.

G. Keine voreiligen Umzüge

Die meisten Menschen ziehen in eine andere Stadt oder eine andere Region, weil sie hoffen, daß sie dort leichter Arbeit finden. Meistens ziehen sie dorthin, wo sie Verwandte oder Freunde haben, die ihnen helfen können, sich einzuleben. Leider stellt sich oft heraus, daß Gerüchte, die von vielen Arbeitsplätzen in anderen Regionen berichten, nicht der Realität entsprechen. Wenn Sie sich einen Umzug überlegen, dann versuchen Sie, verläßliche Informationen über den Arbeitsmarkt der Stadt oder Region zu erhalten, in die Sie ziehen wollen. Studieren Sie die Stellen- und Wohnungsanzeigen etc. in der Lokalpresse, um ein Gefühl dafür zu bekommen, ob Ihnen die Stadt oder die Region zusagt, sonst erleben Sie vielleicht eine böse Überraschung.

Inhalt

KAPITEL 14

Weltgesellschaft im Umbruch

ROTBUCH *Taschenbuch*

Rony Brauman
Hilfe als Spektakel
Das Beispiel Ruanda
Aus dem Französischen von
Barbara Kleiner
ISBN 3-88022-377-7

Richard Wagner
Völker ohne Signale
Zum Epochenumbruch in Osteuropa
ISBN 3-88022-066-2

Richard Wagner
Sonderweg Rumänien
Bericht aus einem Entwicklungsland
ISBN 3-88022-047-6

Michael Sontheimer
Im Schatten des Friedens
Ein Bericht aus Vietnam
und Kamputschea
ISBN 3-88022-013-1

Ernest Gellner
Nationalismus und Moderne
ISBN 3-88022-358-0

Walter Gorenflos
Keine Angst vor der Völkerwanderung
ISBN 3-88022-371-8

ROTBUCH *Taschenbuch*

Ernest Callenbach

ÖKOTOPIA

Rotbuch

ISBN 3-88022-040-9

»Ökotopia ist ein Zukunftsentwurf für eine Gesellschaft nach menschlichem Maß.« *FAZ*

»Das Schöne an diesem Buch besteht darin, daß man auf jeder Seite weiß: Es handelt sich um eine Utopie, ein Märchen. Aber eben um eine mögliche Utopie, wie sie, hier und heute, Wirklichkeit werden könnte.« *Deutsches Allgemeines Sonntagsblatt*